Prefazione

Grazie mille per aver scelto questo libro!

Sei interessato alla progettazione e alla simulazione di oggetti tridimensionali utilizzando "Inventor" di Autodesk? Non hai alcuna conoscenza di CAD o hai già acquisito una prima esperienza con altri programmi CAD, ma vorresti passare a "Inventor" o continuare la tua formazione?

Allora questo è esattamente il libro giusto per te! Sono un ingegnere e vorrei presentarti il programma professionale "Inventor" nell'applicazione pratica in modo semplice e facile da capire!

Ecco il link per il download e la versione di prova gratuita:

https://www.autodesk.it/products/inventor/overview

Questo corso completo e dettagliato è rivolto specificamente ai principianti e mostra fin dall'inizio come i progetti CAD, le animazioni e le simulazioni FEM hanno successo. Oltre alle spiegazioni teoriche sull'uso del software e sull'approccio, in questo corso imparerai principalmente attraverso progetti di design pratici ed emozionanti!

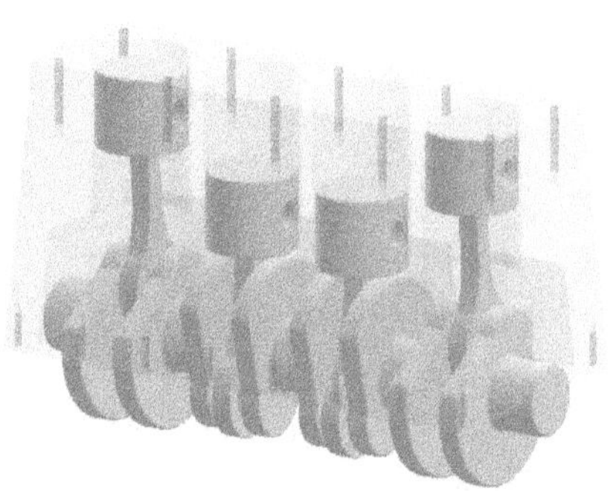
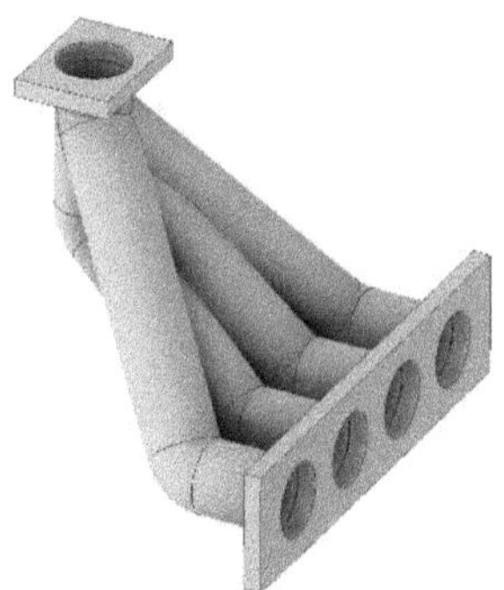

In questo corso imparerai tutto quello che devi sapere come principiante su "Inventor" e la progettazione CAD o la simulazione FEM! Inizia oggi con questo libro nell'affascinante mondo di "Inventor"! Andiamo!

Tabella dei contenuti

1 Introduzione: Ambito del corso e software

1.1 Cosa aspettarsi e cosa imparerai in questo corso

Benvenuto al corso "Inventor" per principianti!
Grazie per aver scelto questo corso!

In questo corso troverai un'introduzione alle basi del grande programma CAD "Inventor" di Autodesk e in particolare conoscerai e capirai la progettazione CAD in dettaglio. Come ingegnere, ti mostrerò, passo dopo passo, le mie conoscenze derivanti dai miei studi e dalla pratica professionale, in modo che tu possa ottenere un successo di apprendimento ottimale con basi teoriche da un lato, ma soprattutto con esempi pratici dall'altro. Dopo un'introduzione teorica, questo corso include molti progetti pratici di design per imparare il design e il programma da zero.

E con "Inventor" di Autodesk, come con altri programmi CAD, non solo puoi progettare. Piuttosto, questo programma combina e collega diverse discipline ingegneristiche, come il CAD ("Computer Aided Design") e il FEM ("Finite Element Method"), in un'unica piattaforma. Con "Inventor" puoi quindi non solo creare componenti o assiemi, ma anche effettuare simulazioni e animazioni e creare rendering. Il focus principale di questo corso è la progettazione con "Inventor", cioè la parte CAD del programma. Tuttavia, le altre funzioni non saranno trascurate, non preoccuparti!

Come già detto, l'abbreviazione CAD sta per "Computer Aided Design". Cos'è il software CAD comunque? Il software CAD è utilizzato per creare o modificare virtualmente oggetti tridimensionali. Partendo da semplici parti individuali, passando per parti complesse, fino a interi gruppi che possono essere assemblati virtualmente.

In questo corso, che è rivolto specificamente ai principianti, imparerai come è strutturato l'ambiente Inventor e come utilizzare al meglio le singole caratteristiche per creare oggetti tridimensionali. Ogni progetto del corso può essere seguito passo dopo passo e in modo individuale, dandoti una facile introduzione al materiale e rendendoti più familiare con le molte funzioni del programma ad ogni lezione.

In poche parole, questo significa che puoi imparare quanto segue in dettaglio in questo corso:

- Trova la tua strada nel programma "Inventor" velocemente e con sicurezza
- Padroneggia tutte le funzioni importanti di "Inventor" velocemente e con sicurezza
- Imparare le basi della progettazione CAD e i diversi modi di lavorare / metodi.
- Conoscere lo sketch 2D e la creazione di oggetti 3D
- Creare parti e assemblaggi individuali

- Rendering e animazione di parti individuali e assemblaggi
- Simulare parti individuali e assemblaggi, cioè applicare carichi e visualizzare sollecitazioni e deformazioni (simulazioni FEM).
- Conoscere l'ambiente dei disegni tecnici e creare disegni tecnici

È meglio attenersi all'ordine dato nel corso, poiché le lezioni si costruiscono l'una sull'altra. Se non capisci subito le singole funzioni o comandi o ti manca la spiegazione di una funzione, continua a seguirla, il corso è strutturato in modo tale che tutte le funzioni importanti e di base siano spiegate sufficientemente e in modo intuitivo. Pertanto, le spiegazioni nei capitoli possono sovrapporsi o alcune funzioni possono non essere trattate in dettaglio fino ad un capitolo successivo.

1.2 Il programma CAD "Inventor"

Il programma CAD professionale "Inventor" di Autodesk offre un'interfaccia utente chiara e semplice, ma ha anche il suo prezzo! Una licenza attualmente costa circa 350 euro al mese e circa 2.900 euro all'anno. Se acquisti una licenza per un periodo più lungo, puoi risparmiare un po'. Alunni e studenti hanno la possibilità di ottenere una licenza per la durata dei loro studi. Tutti gli altri possono provare il programma nella sua interezza per almeno 30 giorni gratuitamente. Non è più possibile acquistare direttamente il software, c'è solo la possibilità di abbonarsi al software per un certo periodo di tempo. Con un abbonamento, "Inventor" può essere installato su un massimo di tre computer. Tuttavia, può essere utilizzato solo su un computer alla volta e solo con i dati di accesso dell'acquirente. La struttura delle caratteristiche del disegno è relativamente identica in tutti i comuni programmi CAD utilizzati da ingegneri e tecnici nel loro lavoro quotidiano. C'è una selezione di base di programmi CAD professionali. Oltre a "Inventor", i più noti sono: SolidWorks, Catia, SolidEdge, Pro/Engineer, conosciuto anche come Creo, e probabilmente il più noto di tutti: AutoCAD. Non ci sono fondamentalmente grandi differenze di prezzo, quindi questi programmi di solito valgono solo per utenti professionali e lavoratori autonomi.

E ora si parte! Prima di arrivare alle basi della progettazione CAD, faremo delle impostazioni generali del programma e familiarizzeremo con l'interfaccia e le funzioni del programma.

2 Preparazione: primi passi con "Inventor"

2.1 Effettuare le impostazioni generali

Quando avviamo il programma per la prima volta, inizialmente ci vengono mostrate tre finestre e tre barre di menu. Nella barra del menu "Get started" troviamo opzioni standard come la creazione di un nuovo file o l'apertura di un file già creato. Inoltre, possiamo lavorare attraverso i tutorial, vedere cosa c'è di nuovo in una versione aggiornata di "Inventor" e richiedere o cercare aiuto.

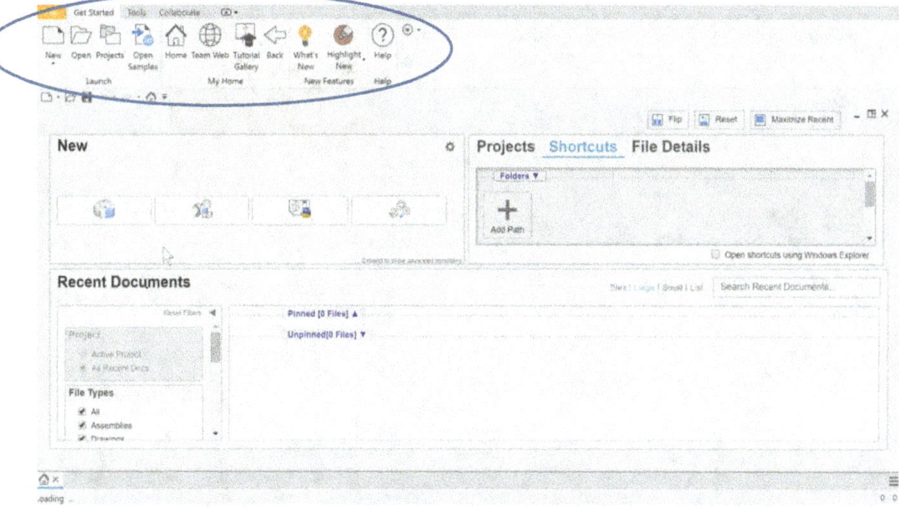

Figura 1: Quando il software viene avviato per la prima volta, appare questa schermata; scheda "Get started" selezionata

Nella barra del menu "Tools", possiamo utilizzare il pulsante "Application Options" per fare le impostazioni iniziali del programma o riattivare le impostazioni esistenti. Con l'aiuto di queste impostazioni, il programma può essere personalizzato in una certa misura, ad esempio il colore dello sfondo può essere impostato nella sezione "Colors" - io preferisco il layout bianco "Presentation" - o le impostazioni grafiche, a seconda dell'hardware, possono essere fatte nella scheda del menu "Hardware".

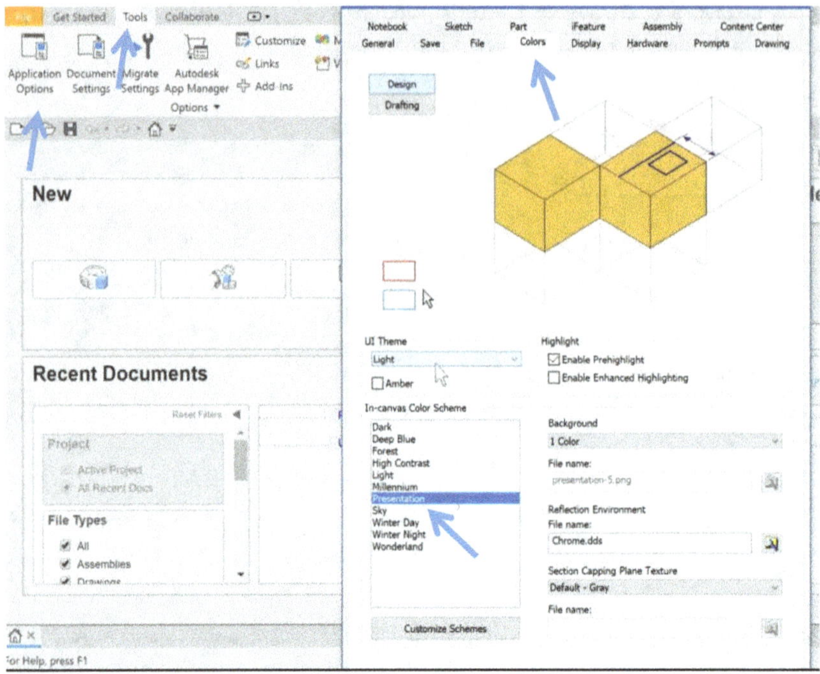

Figura 2: Fare le prime impostazioni nella scheda "Tools" con "Application Options"

Qui dobbiamo decidere tra la qualità del display o le prestazioni, a seconda dell'attrezzatura del PC. Nel menu "Sketch" attiviamo due funzioni, ovvero "Grid lines" e "Snap to grid", in modo che venga visualizzata una griglia quando si disegna nell'ambiente 2D e possiamo selezionare i punti della griglia più facilmente con il cursore. Tuttavia, questa impostazione è davvero solo una questione di gusti.

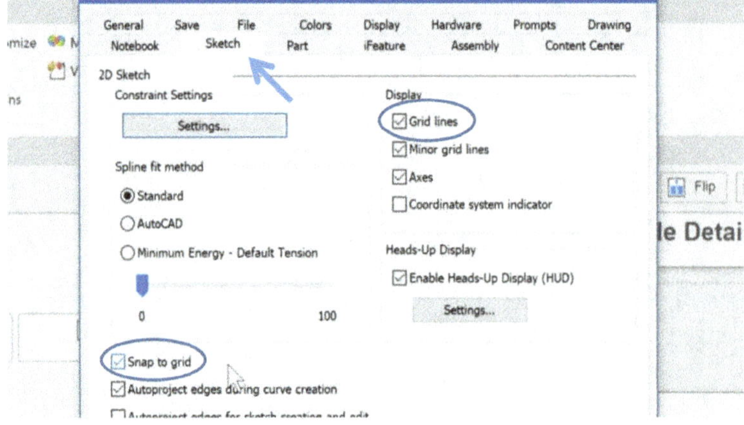

Figura 3: Attiva le opzioni "Grid lines" & "Snap to grid" nella scheda "Sketch"

Infine, vorremmo fare un'impostazione per le unità in "File". Con un clic su "Configure Default Template" possiamo cambiarlo in "mm" e impostare lo "Drawing Standard" su "ISO".

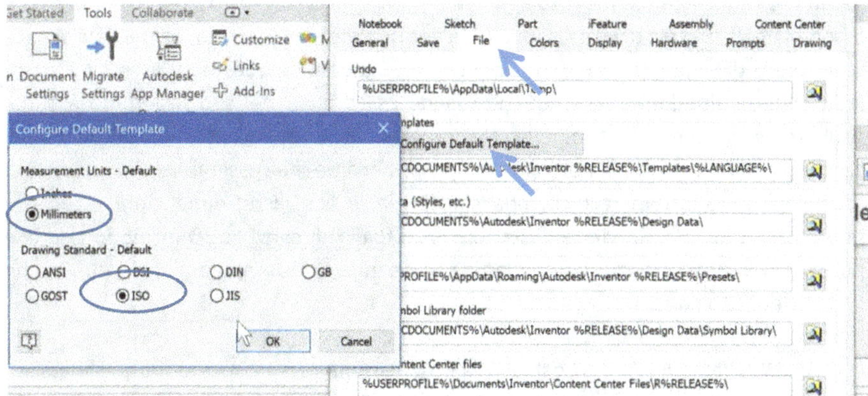

Figura 4: "Configure Default Template" impostato su "mm" e "ISO"; scheda del menu "File"

Per ragioni organizzative, la lingua del programma rimane l'inglese. Questo è anche vantaggioso per te, da un lato, per orientarti meglio nell'ambiente di lavoro internazionale e, dall'altro, nei forum o nella comunità internet per lo più di lingua inglese. Non abbiamo bisogno di altre impostazioni per il momento, sono troppo specifiche per l'inizio e possono essere lasciate ai valori predefiniti.

Ora siamo ancora nella finestra iniziale del programma, in cui ci sono ancora le tre sezioni "New", "Projects" e "Recent Documents". Questi sono relativamente autoesplicativi; "Recent Documents" ti mostra i file usati più di recente dopo che i primi file sono stati creati. Nella sezione "New" possiamo scegliere tra la creazione di una parte individuale "Part", un assemblaggio "Assembly", un disegno tecnico "Drawing" e una "Presentation".

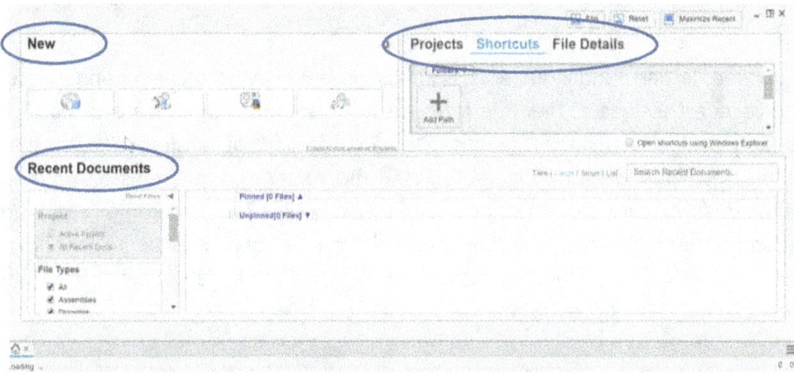

Figura 5: Le tre aree della finestra di avvio

Se non hai mai lavorato con un programma CAD prima d'ora, potresti chiederti quale sia la differenza tra una singola parte: "Part" e un assemblaggio: "Assembly" e perché viene fatta una distinzione qui. Pensala come una cosa semplice. Proprio come nel mondo reale, nell'ambiente virtuale di un programma CAD, ogni parte più complessa è assemblata da diverse parti individuali. Un'automobile, per esempio, ha migliaia di parti individuali, dal volante alle più piccole viti. Ognuna di queste parti è una parte individuale indipendente che, quando viene assemblata nel suo insieme, dà come risultato un insieme, l'automobile. Nel programma CAD, un assemblaggio è quindi composto da tutte le singole parti - proprio come nell'assemblaggio reale. Con "Drawing", un disegno tecnico, una singola parte con viste, dimensioni e tutte le informazioni necessarie viene descritta su un foglio di carta in 2D in modo tale che possa essere prodotta in un'azienda da un dipendente. Un assemblaggio può anche essere descritto con un disegno tecnico.

Dato che vogliamo iniziare a costruire la nostra prima parte - ancora molto semplice - il prima possibile, ora selezioniamo prima la creazione di una nuova parte individuale: "Part".

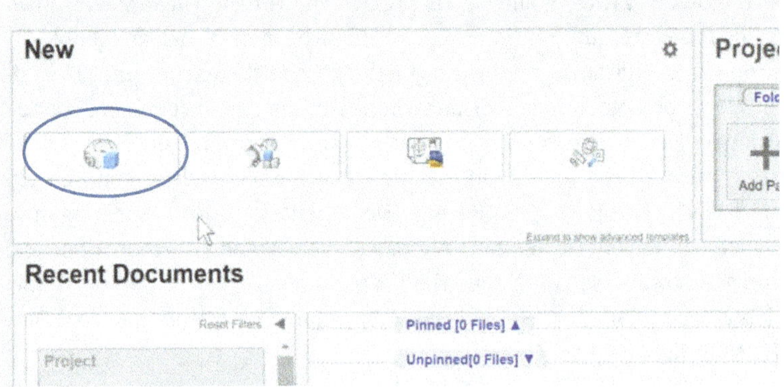

Figura 6: Creazione di una nuova parte individuale: "Part"

A proposito, la parte individuale, l'assemblaggio e il disegno tecnico hanno ciascuno una diversa estensione di file. In questo caso, l'estensione ". ipt" sta per "part", cioè parti individuali, l'estensione ". iam" per "assembly", cioè sottoinsiemi e l'estensione ". dwg" o ". idw" per "drawing", cioè disegni tecnici. Uno sguardo a queste terminazioni ti aiuta ad identificare con cosa hai a che fare in un file. Poi arriviamo all'ambiente di programma vero e proprio di "Inventor", in questo caso l'ambiente per le parti individuali ("Parts"). A proposito, possiamo tornare alla finestra iniziale cliccando sulla piccola casella nella barra inferiore.

Nel prossimo capitolo daremo un primo sguardo all'ambiente di programma e alle funzioni di Autodesk "Inventor".

2.2 Panoramica dell'ambiente e delle funzioni del programma

Diamo prima un'occhiata all'ambiente del programma e alle barre dei menu, che si trovano nell'area superiore e laterale.

Le barre del menu nell'area superiore sono diverse per ognuno dei quattro ambienti: "Part", "Assembly", "Drawing" e "Presentazione". Ci sono sempre alcune schede che appaiono in diversi o in tutti gli ambienti, come "3D Model" o "Sketch", ma generalmente ci sono diverse schede e funzioni a seconda dell'ambiente. Scopriremo quali sono le differenze durante il corso.

Quindi ora siamo nell'ambiente: "Part".

In alto a sinistra, "File" ti permette di aprire, salvare o esportare file e altri comandi di base.

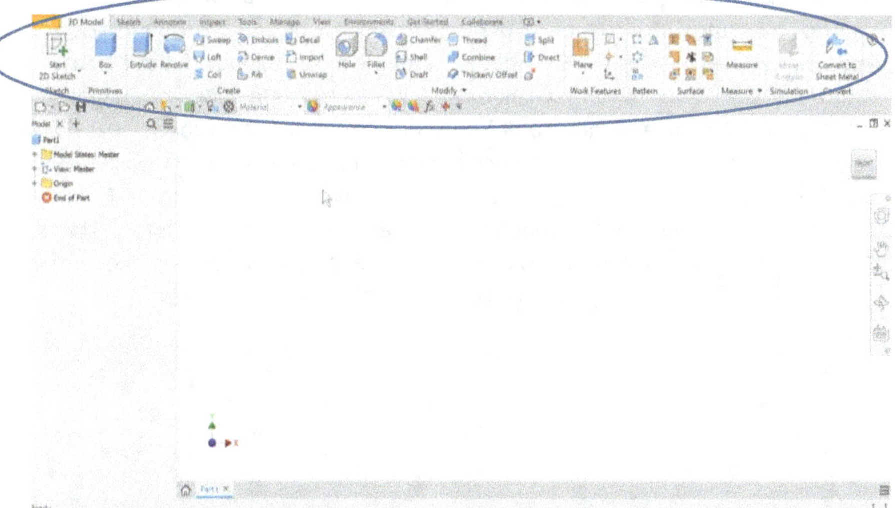

Figura 7: ambiente "Part" con schede di selezione, barre, caratteristiche e ambiente di disegno

Le schede di selezione a lato di "File" possono essere utilizzate per passare da un sottomenu all'altro per le caratteristiche del rispettivo ambiente. In questa prima sezione, "Part", trattiamo prima le caratteristiche di progettazione di una singola parte. Ci sono dieci diverse schede qui: "3D Model", "Sketch", "Annotate", "Inspect", "Tools", "Manage", "View", "Environments", "Get started" e "Collaborate".

Figura 8: Le dieci diverse schede nell'ambiente "Part"

Nella scheda del menu "Modello 3D" troverai tutte le funzioni necessarie per creare o modificare un oggetto tridimensionale. Nella sezione "Create" troverai tutte le funzioni per creare una parte 3D. Nella sezione "Modify" troverai tutte le funzioni per modificare una parte 3D. Cosa possono fare queste funzioni e come usarle, lo impareremo in dettaglio e passo dopo passo durante il corso.

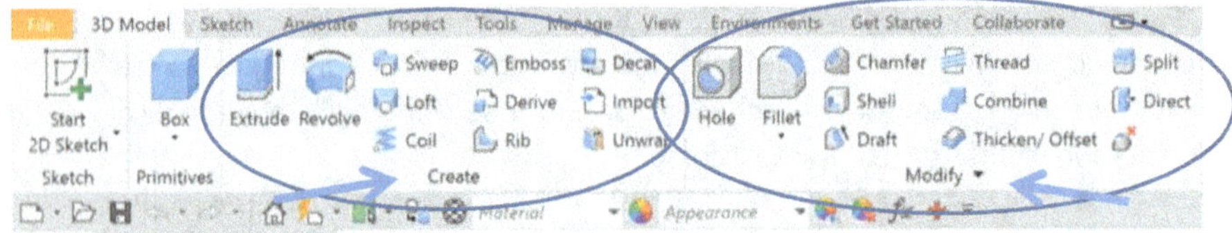

Figura 9: Le sezioni "Create" e "Modify" nella scheda "3D Model"

In questo capitolo vogliamo innanzitutto avere una panoramica. Il "Shape Generator" può essere utilizzato per creare una struttura ottimizzata dei componenti basata su una situazione di carico (parola chiave: ottimizzazione della topologia). Nelle "Work Features" troviamo tutti gli strumenti per la costruzione, cioè assi, piani, punti e sistemi di coordinate. Nell'area "Pattern", si può risparmiare molto tempo e fatica durante la costruzione con l'aiuto di un comando modello. Le due aree "Create Freeform / Surface" sono destinate al metodo di lavoro della modellazione a forma libera o di superficie. Tuttavia, non tratteremo questo metodo di lavoro CAD avanzato in questo corso per principianti. È anche necessario solo per parti molto complesse. E con gli ultimi due punti "Simulation" e "Convert", da un lato si può avviare un'analisi di carico FEM o costruire una parte in lamiera. Queste due sezioni, invece, saranno coperte in questo corso perché sono importanti ed emozionanti.

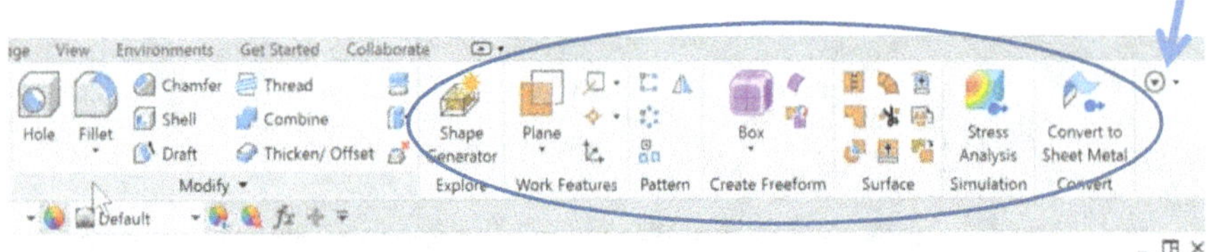

Figura 10: Altre caratteristiche della scheda "3D Model"

A proposito, con la piccola freccia all'estrema destra, questa barra può essere personalizzata in ciascuna delle schede del menu, cioè le sezioni che sono necessarie o non necessarie possono essere mostrate o nascoste. Di nostro interesse è, per esempio, "Primitive", con cui si possono creare direttamente corpi semplici come un cubo, e la funzione "Measure", con cui puoi misurare qualcosa nell'ambiente 3D. In cambio, nascondiamo "Explore" e "Create Freeform".

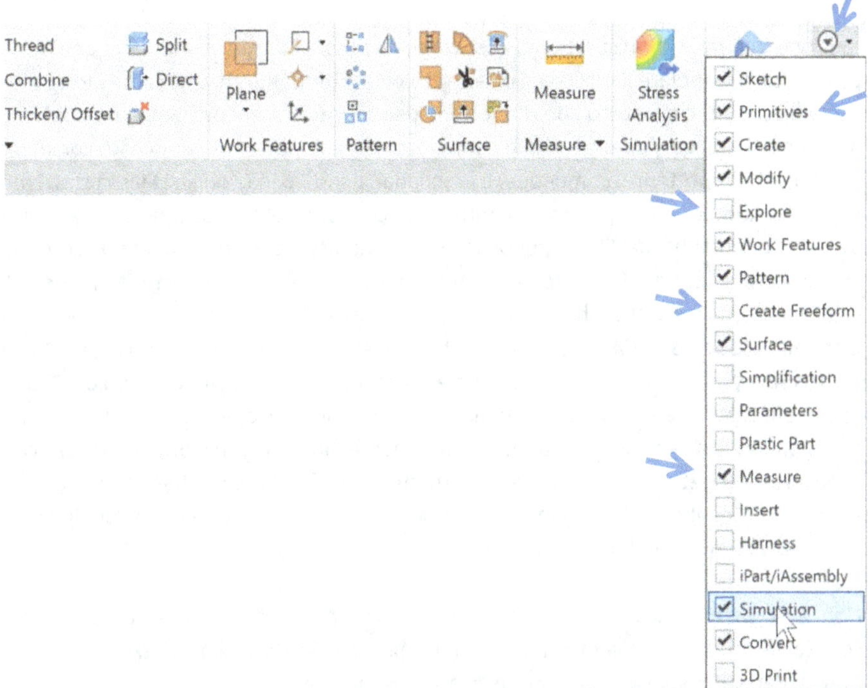

Figura 11: Fare le impostazioni per le caratteristiche visualizzate

Sei anche invitato a dare un'occhiata alle altre possibili sezioni. Nella sezione successiva "Sketch", che è destinata agli schizzi 2D, troviamo prima "Create", "Modify" e "Pattern" di nuovo. Linee, cerchi o altre geometrie 2D possono essere create o modificate qui.

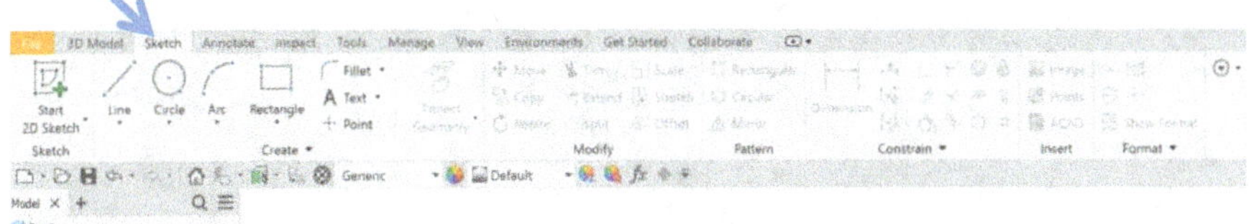

Figura 12: Le caratteristiche nella scheda del menu "Sketch".

Se non hai conoscenze precedenti, devi dividere mentalmente il programma CAD e la costruzione di una singola parte in una zona bidimensionale e una tridimensionale. Inizi con uno schizzo 2D e poi crei un corpo 3D da esso. Ma ne parleremo più tardi!

Nella scheda del menu "Annotate", tolleranze, dimensioni, dettagli di superficie e altre osservazioni possono essere applicate direttamente al componente 3D come annotazione. Tuttavia, questo di solito non è assolutamente necessario e viene solitamente annotato su un disegno tecnico. Tuttavia, applicare queste annotazioni direttamente al componente 3D può avere dei vantaggi se il modello 3D viene trasferito in produzione in aggiunta ad un disegno. Un'analisi delle tolleranze può essere avviata anche in quest'area. Nelle schede del menu "Inspect" e "Tools" troverai di nuovo la funzione generale di misurazione, così come la possibilità di avviare varie analisi, la possibilità di cambiare il materiale o l'aspetto di un componente, così come alcuni altri comandi che sono piuttosto poco importanti per noi per il momento. Saltiamo la scheda del menu "Manage", dato che il suo contenuto non è importante per questo corso per principianti. Importante, comunque, è la scheda "View", con la quale la visualizzazione dei nostri componenti può essere controllata. Qui, oltre alla visualizzazione generale dei componenti ("Visual Style"), puoi anche visualizzare il centro di gravità o le ombre, così come uno sfondo. Ne parleremo più tardi. L'ultima area importante è la scheda " Environment". In questa scheda puoi passare ai rispettivi altri ambienti di "Inventor". Oltre alla costruzione CAD, puoi anche effettuare una simulazione di carico FEM con "Stress Analysis" o creare un'animazione e un rendering con "Inventor Studio". Si può anche effettuare l'analisi delle tolleranze e c'è un ambiente specifico per la creazione di fusioni e altro. Per noi, la già menzionata possibilità di costruzione in lamiera con "Convert to Sheet Metal" è ancora importante. Le ultime due schede del menu "Get started" e "Collaborate" sono molto autoesplicative e contengono comandi piuttosto generici, quindi sentiti libero di cliccare qui se ne hai bisogno.

Non aver paura della moltitudine di elementi e caratteristiche! Durante il corso conosceremo i singoli elementi passo dopo passo e in dettaglio utilizzando esempi pratici. Pertanto, solo questa breve e chiara spiegazione.

Se ora guardiamo l'area del livello di disegno, troviamo la struttura ad albero del file di costruzione nell'area di sinistra.

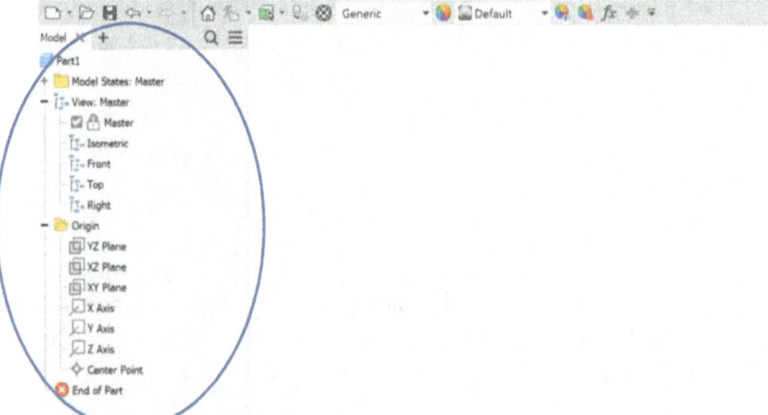

Figura 13: La struttura ad albero del file di costruzione è mostrata sulla sinistra.

Se non viene visualizzato o se lo hai chiuso per errore, clicca sul piccolo simbolo più e seleziona "Model Browser".

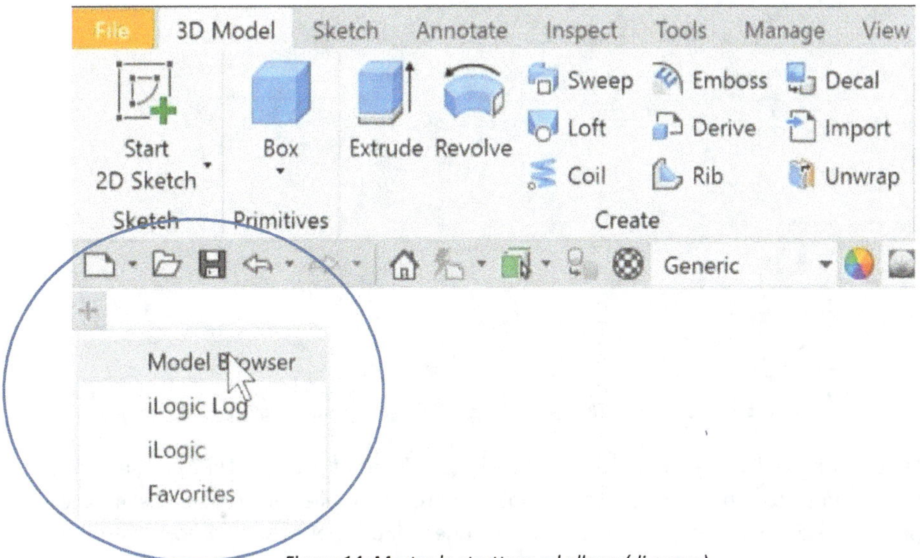

Figura 14: Mostra la struttura ad albero (di nuovo)

Questa struttura ad albero contiene tutte le viste, così come l'origine, i livelli e gli assi di un file. Tuttavia, la funzione principale di questa struttura ad albero è quella di elencare gli schizzi, gli elementi di costruzione, ecc. che sono stati creati. La funzione principale di questa struttura ad albero, tuttavia, è quella di elencare cronologicamente gli schizzi creati, gli elementi di costruzione, ecc. per poterli attivare/disattivare o modificare con un clic destro su di essi. Vedremo più avanti come funziona. È anche molto buono prendere l'abitudine di dare un nome ai singoli componenti e possibilmente agli schizzi e ai livelli fin dall'inizio in modo da trovare più facilmente la tua strada in una costruzione complessa in seguito. Fai semplicemente doppio clic sull'elemento e inserisci un nuovo nome.

Nella barra stretta sopra questa struttura ad albero, troverai ancora una volta funzioni generali come "Apri", "Salva", "Annulla", "Ripeti" e le impostazioni per selezionare elementi o caratteristiche, così come le impostazioni per il materiale e l'aspetto. Può essere che questa barra sia visualizzata anche in alto, con un clic sulla piccola freccia all'estrema destra, puoi cambiare la posizione di visualizzazione se necessario.

Figura 15: Barra dei comandi generali sopra la struttura ad albero o in alto

Nell'area in alto a destra c'è il cubo dell'orbita. Qui puoi selezionare le viste della costruzione corrente e ruotare l'ambiente di disegno incluso l'oggetto.

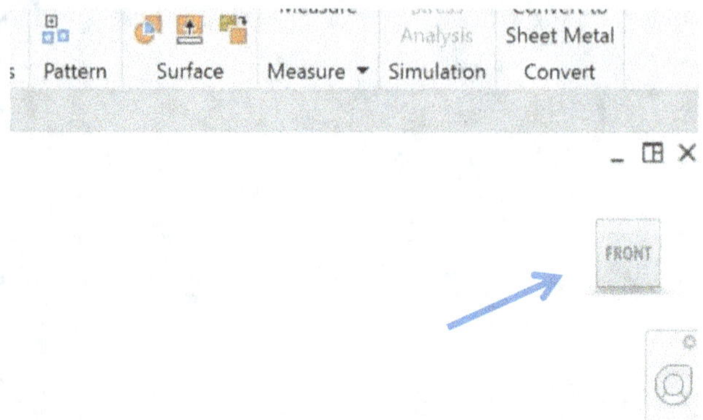

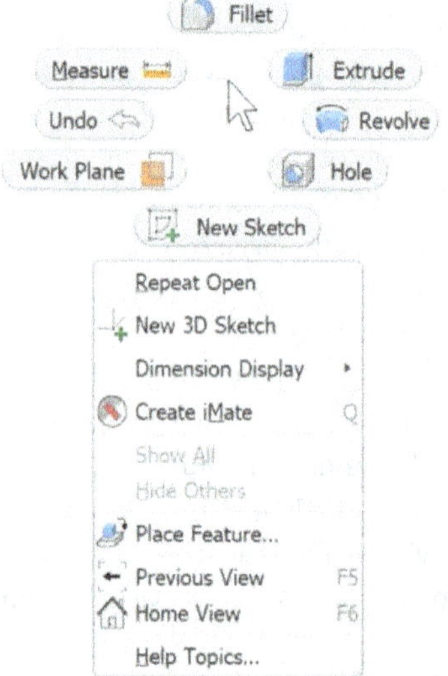

Figura 16: Il cubo dell'orbita per le rotazioni e l'allineamento degli oggetti

La rotazione dell'ambiente di disegno è anche possibile con il tasto SHIFT premuto e il mouse spostato allo stesso tempo. Lo spostamento è possibile con la rotella del mouse premuta e un movimento del mouse. La funzione di zoom viene eseguita come al solito ruotando la rotella del mouse.

Con un clic destro sull'ambiente di disegno, possiamo richiamare il menu di selezione rapida, con il quale una varietà di comandi può essere eseguita rapidamente.

Figura 17: menu di selezione rapida di "Inventor"; si apre con un clic destro sul livello di disegno

Nell'area inferiore dell'ambiente di disegno possiamo passare tra diversi file aperti.

La barra sul lato destro sotto il cubo dell'orbita ci dà anche l'opzione di spostare o ruotare l'ambiente così come il comando "Look at", con il quale è molto facile guardare verticalmente un'area selezionata di un componente. Inoltre, una rotella di navigazione può essere attivata in questa barra, che viene poi visualizzata in modo permanente e serve come una sorta di menu di selezione rapida. Qui puoi anche scegliere tra diversi design.

Figura 18: Barra di selezione rapida (destra) e rotella di navigazione attivata (sinistra)

Molto bene, dopo questo capitolo ci muoviamo nell'ambiente del programma con relativa facilità e possiamo iniziare con il prossimo capitolo. Come già detto, i comuni programmi CAD funzionano in modo molto simile. Vorremmo ora esaminare questo modo di lavorare in dettaglio nel seguito.

Sezione I: Costruzione / Progettazione CAD

3 Fondamenti del CAD: funzione e modalità di funzionamento

3.1 Ambiente di disegno 2D

Ogni componente 3D deve prima essere iniziato come uno schizzo 2D. Con questo definiamo il "piano terra" dell'oggetto, per così dire. Immagina di guardare la parte superiore di un semplice oggetto tridimensionale. Per esempio, cosa vedi in un cilindro quando lo guardi dall'alto, con un perfetto angolo retto rispetto all'asse?

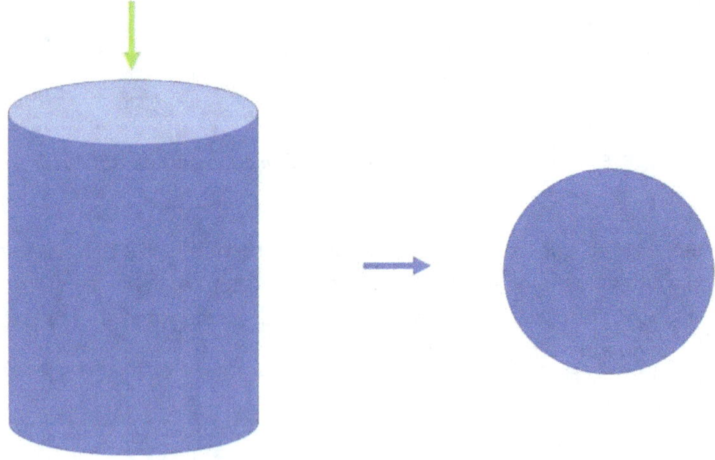

Figura 19: Un cilindro tridimensionale ha un cerchio 2D come forma base

Esatto, un cerchio bidimensionale, nient'altro. Ed è proprio da questa forma 2D che il cilindro, analogo a tutti gli altri elementi, viene creato nel programma CAD. È proprio questa geometria del cerchio che dobbiamo disegnare per questo oggetto, ad esempio nel primo passo. La forma tridimensionale è poi ottenuta attraverso ulteriori passi di comando. Per lo schizzo 2D, per esempio, può essere considerata anche la superficie superiore di un oggetto o una superficie laterale, o anche una superficie parziale. Questo richiede un po' di immaginazione spaziale.

Per ogni componente 3D, dobbiamo prima fare uno schizzo bidimensionale. Vedremo come funziona la creazione di uno schizzo 2D in dettaglio in questo capitolo. All'inizio di uno schizzo, nell'area "3D Model", alternativamente anche in "Sketch", seleziona il comando "Start 2D Sketch".

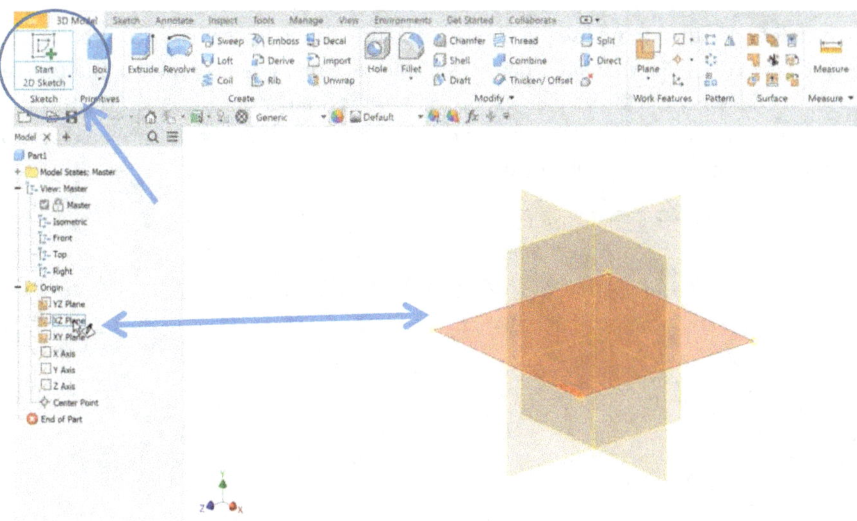

Figura 20: Iniziare uno schizzo 2D e selezionare un livello

Poi ci vengono mostrati i piani del sistema di coordinate e dobbiamo decidere un piano dello spazio tridimensionale sul quale vogliamo disegnare il nostro schizzo 2D. Nel nostro esempio, vogliamo guardare dall'alto la superficie circolare o la superficie superiore, quindi dovremmo scegliere il piano x-z, cioè il piano che forma gli assi x e z. Quale piano scegli è fondamentalmente importante solo per l'allineamento delle viste. Il programma apre quindi il piano di schizzo selezionato. Come noterai, la barra del menu "Sketch" si apre automaticamente nell'area superiore, dove puoi trovare tutti i comandi 2D.

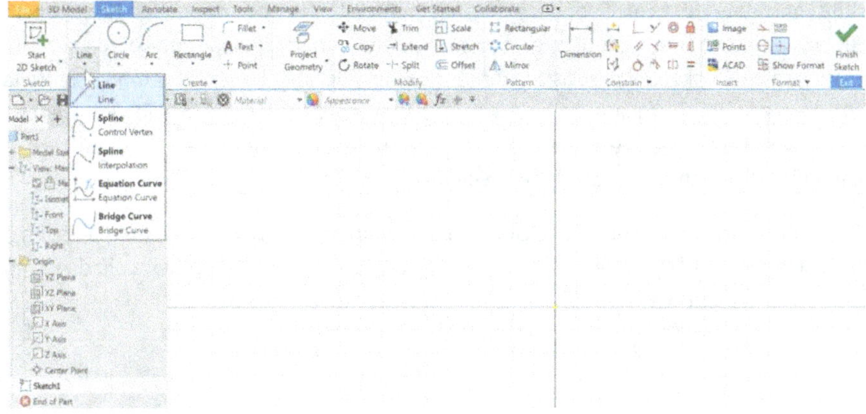

Figura 21: ambiente di disegno 2D con la barra "Sketch" e la griglia di disegno

Una varietà di elementi di disegno di base sono ora disponibili per creare la geometria di uno schizzo 2D. Selezionando una "linea", per esempio, una geometria può essere formata da elementi a forma di linea. Proviamo questo. Per farlo, basta cliccare su un punto qualsiasi, ad esempio sul centro del sistema di coordinate, e iniziare un disegno cliccando e trascinando con il mouse.

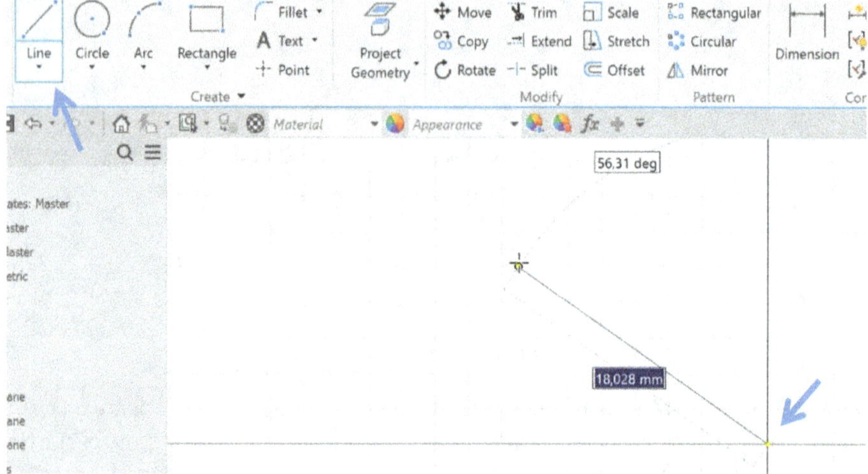

Figura 22: Creazione di una prima linea

Clicca nuovamente per creare la linea. Se poi vuoi continuare a disegnare direttamente dopo questa linea, continua semplicemente a disegnare, altrimenti usa il tasto "ESC" e ricomincia da un'altra posizione.

Il disegno dovrebbe corrispondere, per esempio, alla sezione trasversale dell'oggetto 3D desiderato o, nel caso di oggetti semplici, alla superficie superiore o alla sezione trasversale dell'oggetto. Inserisci le dimensioni desiderate allo stesso tempo usando la tua tastiera. Puoi passare dalla misura all'angolo usando il tasto tab. Puoi anche disegnare liberamente e utilizzare i valori visualizzati come guida, o aggiungere o cambiare le dimensioni e gli angoli in seguito.

I piccoli simboli che vengono visualizzati per un rettangolo, per esempio, sono i "Constraints" o le "dipendenze" delle rispettive linee. Daremo un'occhiata più da vicino a questi tra un momento.

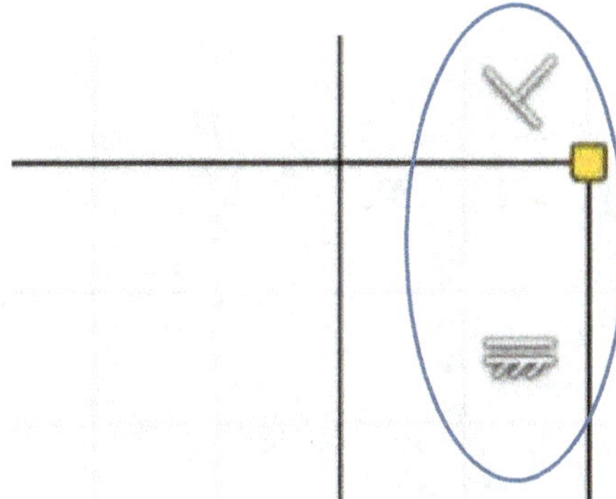

Figura 23: I "Constraints" o le condizioni / dipendenze degli elementi dello schizzo

Oltre ad una linea, puoi anche creare un cerchio, un'ellisse, una curva a forma libera, un arco, un foro oblungo o un rettangolo. Proviamole una dopo l'altra.

Nel menu "Create" troverai anche: un punto, diversi archi e vari altri elementi.

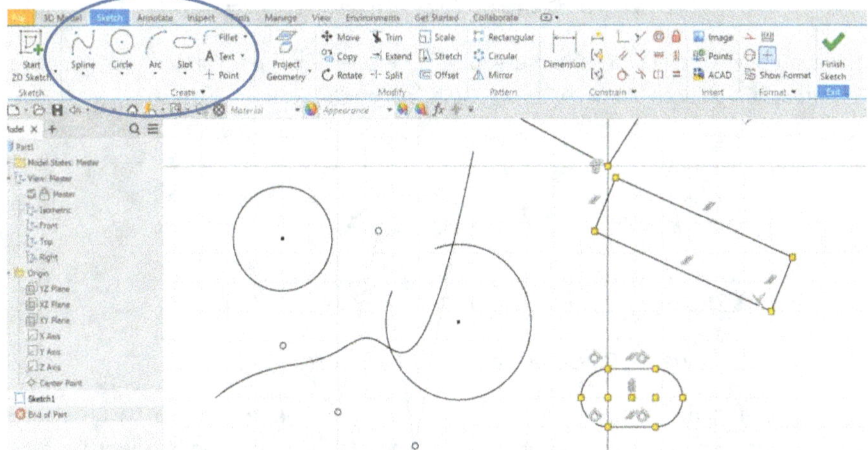

Figura 24: esercizi di disegno con diversi comandi, come cerchio, rettangolo, foro oblungo, ecc.

È meglio provare semplicemente tutti gli elementi almeno una volta. Per farlo, metti semplicemente in pausa brevemente e inizia indipendentemente nell'ambiente di sketching del programma CAD. È meglio utilizzare questa procedura durante tutto il corso. Questo è il modo più efficace per imparare.

Un altro consiglio sugli elementi geometrici prefabbricati, come il rettangolo o il cerchio: quando disegni, noterai che il rettangolo, per esempio, inizia da un angolo. Tuttavia, se vuoi che il rettangolo inizi dal centro, puoi anche selezionare un "rettangolo centrale" o "rettangolo centrale" o "rettangolo a 2 punti" utilizzando il menu a tendina per "Rettangolo". Con il cerchio puoi - se lo desideri - creare anche un cerchio tangenziale invece di un cerchio centrale.

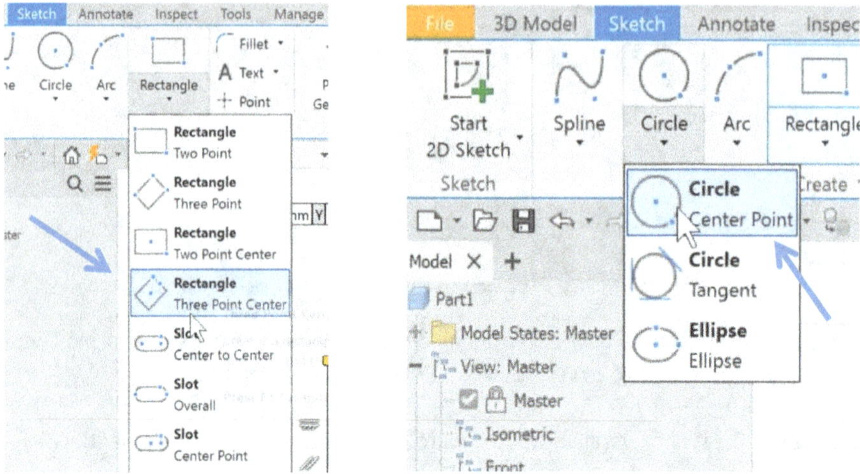

Figura 25: Non dimenticare il menu a tendina degli elementi 2D

Nella sezione Modifica possiamo eseguire varie operazioni per cambiare uno schizzo. Diamo prima un'occhiata ai comandi "Move", "Copy", "Scale" e "Stretch".

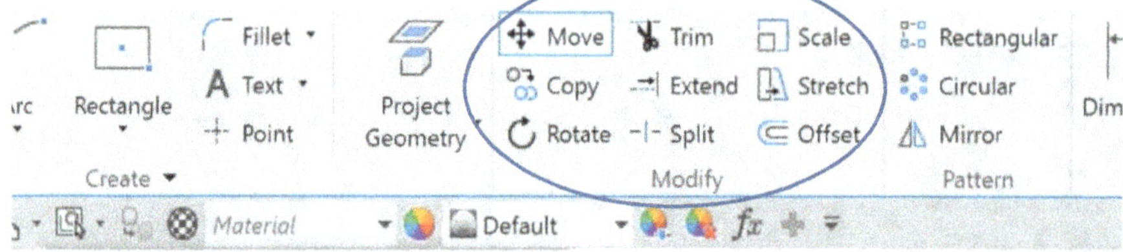

Figura 26: La sezione del menu "Modify" nella barra "Sketch"

Questi funzionano in modo molto simile, ma naturalmente ognuno ha un effetto diverso. Proviamo i comandi sull'esempio di un rettangolo. Il modo in cui funziona è il seguente. Prima seleziona il comando, ad esempio "Move", poi seleziona il cursore "Select" nella finestra. Nel passo successivo, seleziona il rettangolo o le singole linee o un altro elemento geometrico con il mouse. Poi seleziona il cursore "Base point" nella finestra di comando e definisci un punto di riferimento sul piano di disegno. Se ora muoviamo il nostro mouse, possiamo vedere come possiamo spostare la parte usando il punto di riferimento.

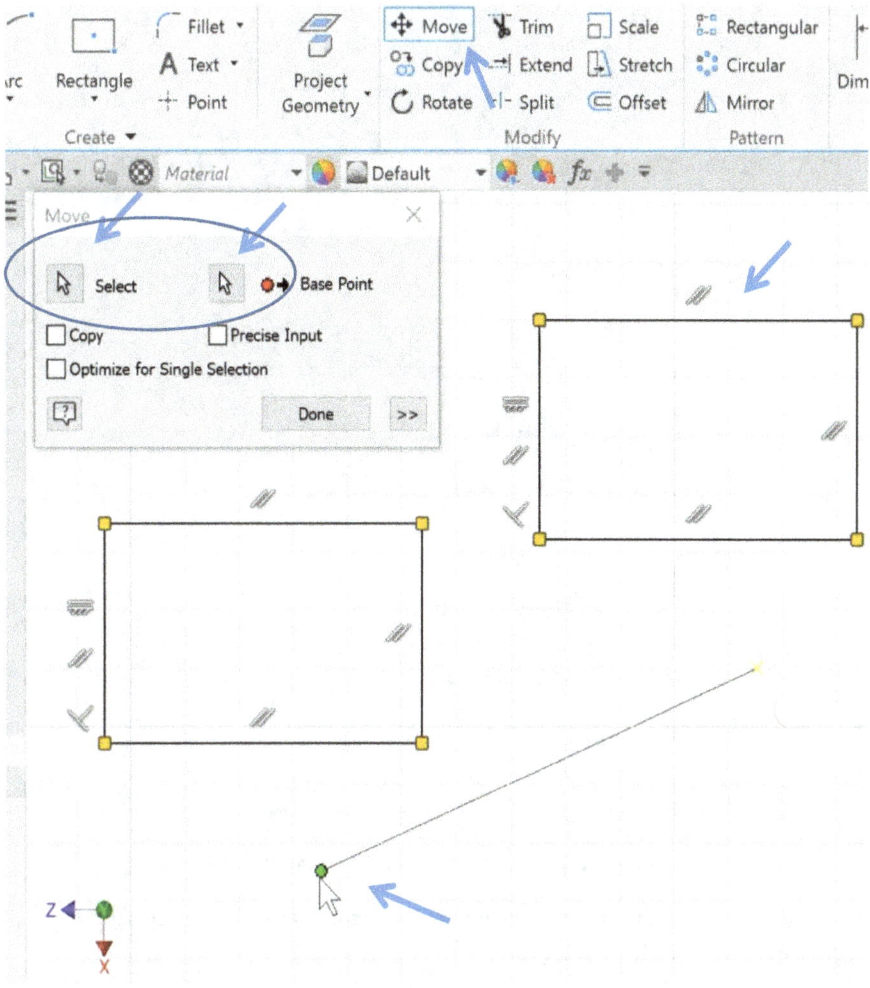

Figura 27: Il comando "Move" nell'applicazione; il rettangolo in alto a destra deve già esistere, quindi disegnalo semplicemente; quello in basso a sinistra viene poi creato con il comando

Il rettangolo può quindi essere posizionato nella posizione desiderata con un clic. Per "Copy", "Scale" e "Stretch" questo funziona - come già detto - in modo identico. Per "Rotate" non abbiamo bisogno di un "Base Point", ma dobbiamo inserire un angolo per la rotazione. "Trim" e "Extend" possono essere utilizzati per accorciare o allungare un segmento di linea. Con "Split" può essere utilizzato per dividere una linea in due linee nel punto più vicino. E con "Offset" puoi creare un elemento geometrico identico con una distanza da quello originale.

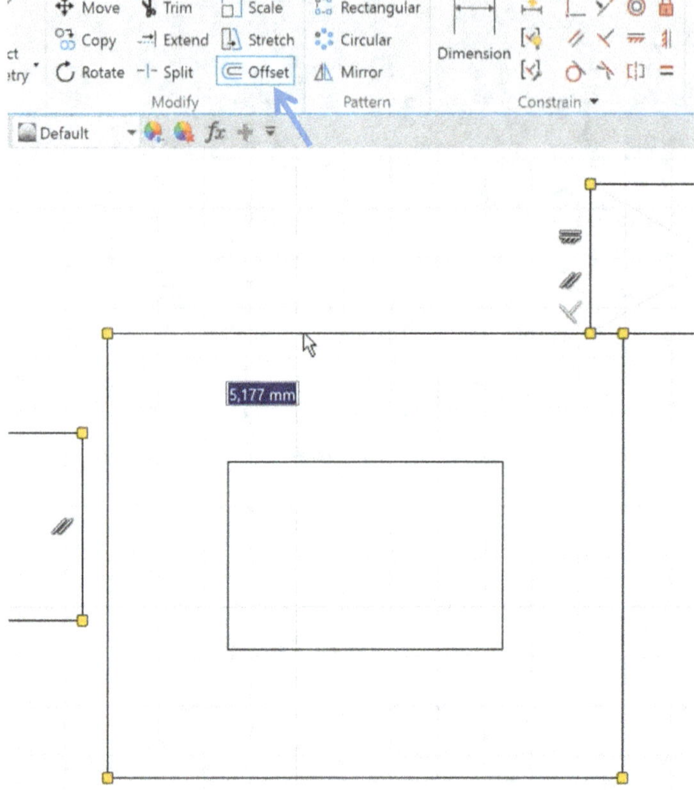

Figura 28: Crea un altro rettangolo con spaziatura usando la funzione "Offset"

Qui puoi eseguire operazioni di disegno relativamente basilari. Conosceremo l'area di menu "Pattern" più avanti nel corso.

Prima di concludere questo capitolo, andiamo a conoscere il mondo dei "Constraints" / "dipendenze" come promesso. Puoi utilizzarli nell'ambiente di sketching 2D e usarli per creare condizioni tra i singoli elementi geometrici. Questo a volte, ma non sempre, è necessario o utile. A proposito, in quest'area troverai anche la funzione "Dimension" per creare dimensioni.

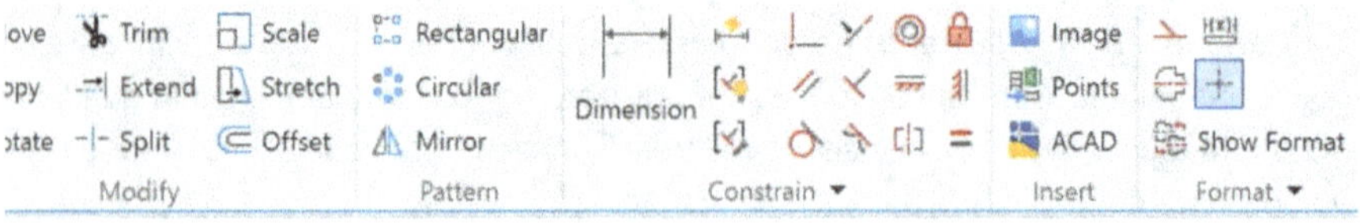

Figura 29: L'area "Constrain" nella barra "Schizzo"

Ora daremo un'occhiata più da vicino ai "Constraints" più importanti. Iniziamo con i vincoli orizzontali e verticali. Supponiamo di provare a disegnare un rettangolo a mano libera e di ottenere un poligono le cui linee purtroppo non rappresentano un rettangolo.

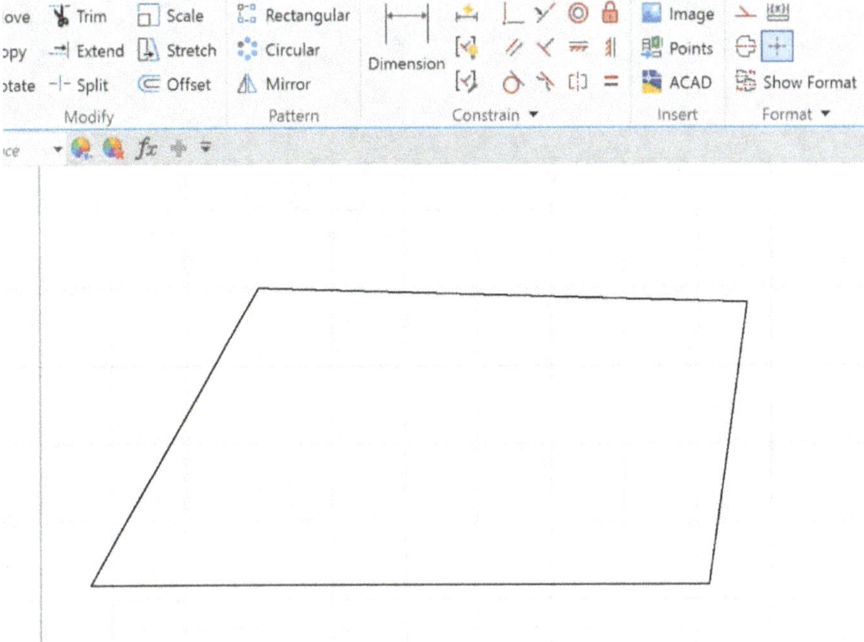

Figura 30: Per l'esercizio, disegna il seguente poligono da linee individuali; seleziona semplicemente le dimensioni / angoli come desideri

Selezionando la condizione "horizontal" possiamo creare due linee perfettamente orizzontali cliccando sulla linea superiore e inferiore. In modo identico applichiamo la condizione "vertical" alle linee laterali e alla fine otteniamo un rettangolo. Come puoi vedere, queste condizioni ci vengono mostrate come piccoli simboli accanto alla rispettiva linea e sono anche già suggerite quando si crea uno schizzo.

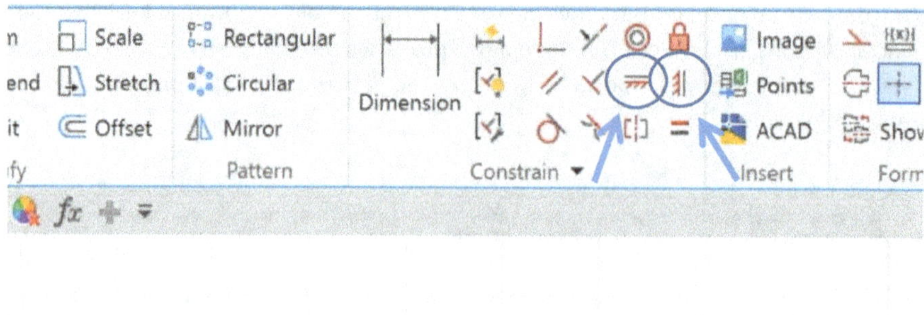

Figura 31: Applica il vincolo "horizontal" e "vertical"; clicca sempre sulle linee opposte dopo che il comando è stato selezionato.

Nella barra in basso puoi anche nascondere la visualizzazione di queste condizioni. Inoltre, puoi usare "Snap to Grid" per impostare se il cursore deve scattare ai punti della griglia quando disegni, cioè se deve rimanere attaccato ai punti della griglia come un magnete per facilitare lo schizzo, o no.

Figura 32: Mostra / Nascondi le dipendenze ("Constrain") & Attiva / Disattiva "Snap to Grid"

Torniamo ai "Constraints". Con la relazione "concentric" / "concentrico" due strutture circolari possono essere posizionate concentricamente l'una rispetto all'altra. Per esempio, disegniamo un cerchio grande e uno leggermente più piccolo. Vogliamo ottenere due cerchi concentrici, cioè due cerchi in cui i centri sono congruenti. Otteniamo questo selezionando la dipendenza corrispondente e i due cerchi.

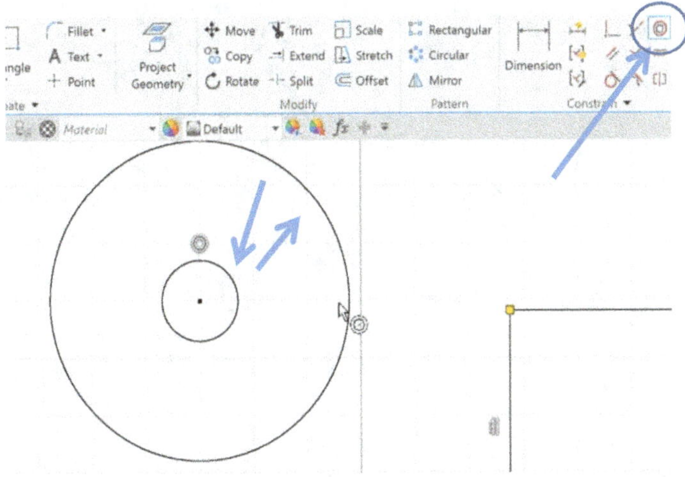

Figura 33: La dipendenza "concentric"; seleziona il comando e seleziona i cerchi uno dopo l'altro

I due "Constraints": "Perpendicular" e "Parallel" sono relativamente autoesplicativi. Tuttavia, guardiamo un piccolo esempio con due righe ciascuno. Per la funzione "Perpendicular" disegniamo le seguenti due linee. Selezionando la condizione e selezionando le linee, otteniamo come risultato due linee che sono perpendicolari tra loro.

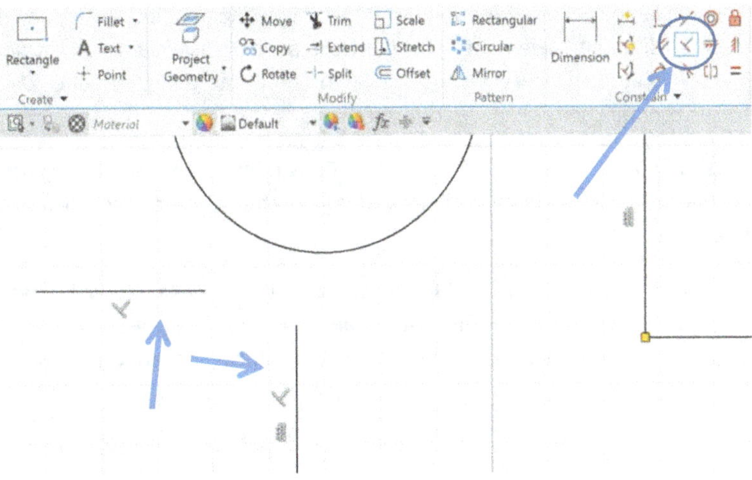

Figura 34: La dipendenza "Perpendicular"

27

Per "Parallel" disegniamo altre due linee e otteniamo due linee perfettamente parallele selezionando la condizione.

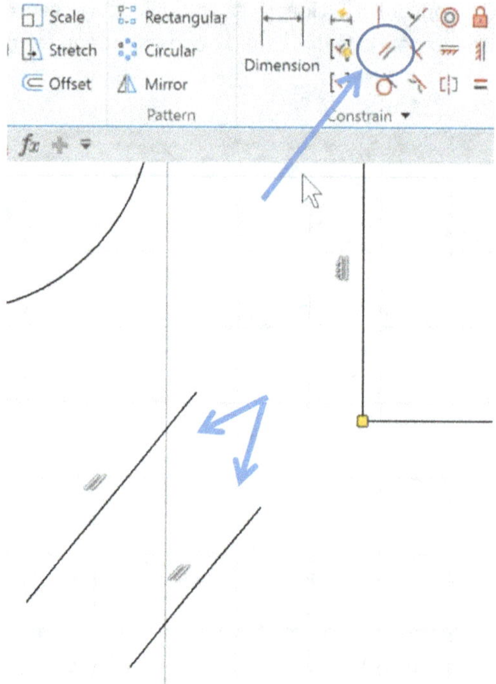

Figura 35: La dipendenza "Parallel".

Usiamo i "Constraints": "Coincident", cioè congruente e "Colinear", cioè colineare, ogni volta che vogliamo collegare due punti o portare una linea in dipendenza lineare con un'altra linea di un altro elemento. Per illustrare questo, disegniamo un rettangolo e due linee. Vogliamo collegare la prima linea con un punto d'angolo del rettangolo e rendere la seconda linea colineare con l'altra linea.

A proposito: puoi anche applicare diversi "Constraints". Per esempio, potremmo ancora applicare il vincolo in orizzontale ad una linea che ha già un altro vincolo - tranne che in verticale.

Diamo un'occhiata alla condizione "Tangent". Come il nome e la piccola immagine già indicano, possiamo usarlo per impostare una linea tangente ad un cerchio, per esempio. Proviamo. Prima disegna il cerchio, poi una linea e poi applica la condizione.

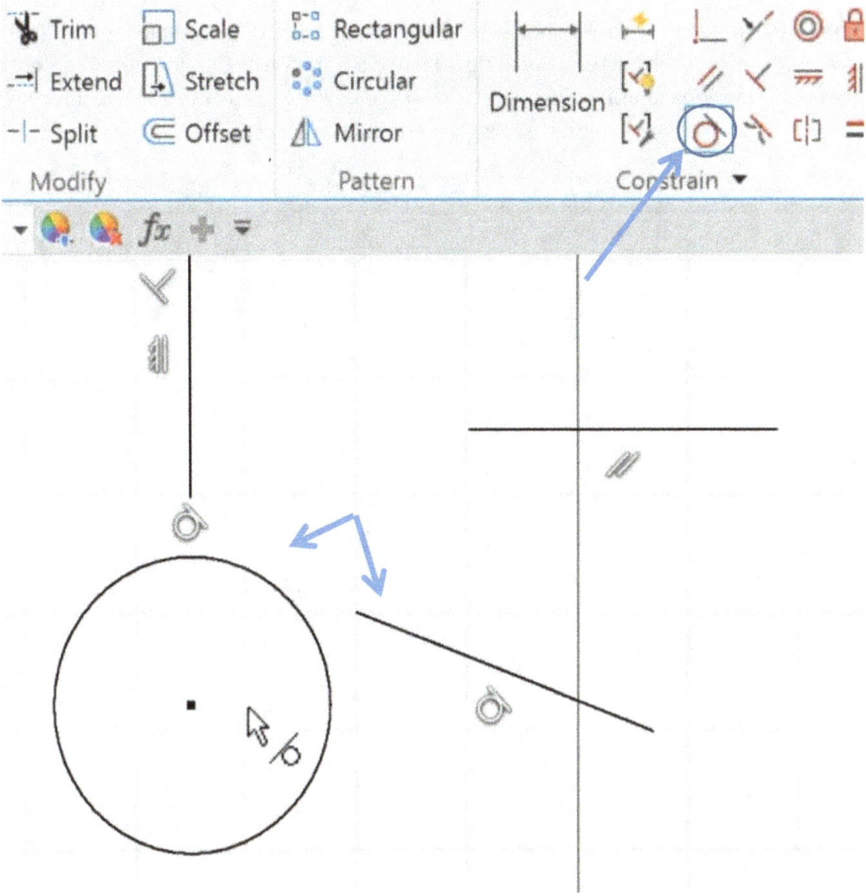

Figura 36: La dipendenza "Tangent"

Prova tu stesso i due "Constraints": "Fix" e "Equal". Non puoi sbagliare e il nome è relativamente autoesplicativo. Il vincolo "Fix" fissa semplicemente un elemento in posizione nel piano di disegno e "Equal" assicura che la stessa dimensione esista tra gli elementi.

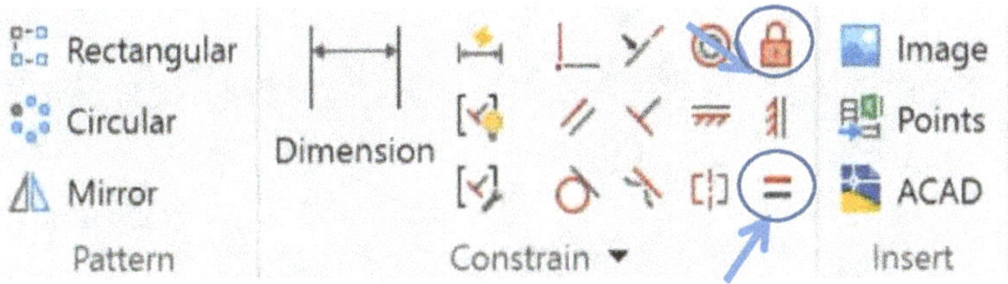

Figura 37: Le dipendenze "Fix" e "Equal"

Con "Symmetric" puoi impostare due elementi, ad esempio due linee, simmetricamente ad una terza linea, cioè un asse di simmetria. Disegna semplicemente tre linee, seleziona la prima linea, la seconda linea e infine la terza linea e le due linee esterne sono allineate in modo assialsimmetrico alla linea centrale.

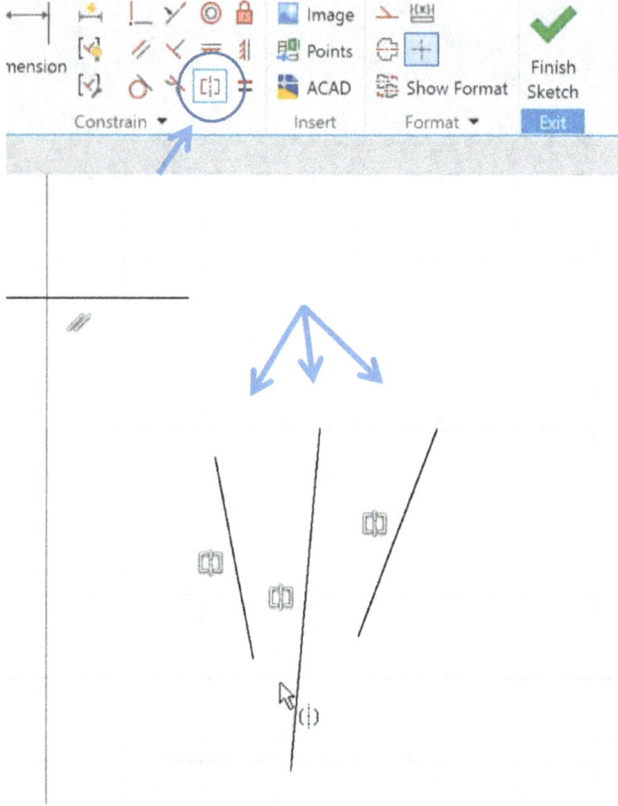

Figura 38: La dipendenza "Symmetric" usando l'esempio di tre linee

Con il comando "Image" potremmo inserire un'immagine nell'ambiente di disegno se, per esempio, vogliamo semplicemente tracciare una geometria.

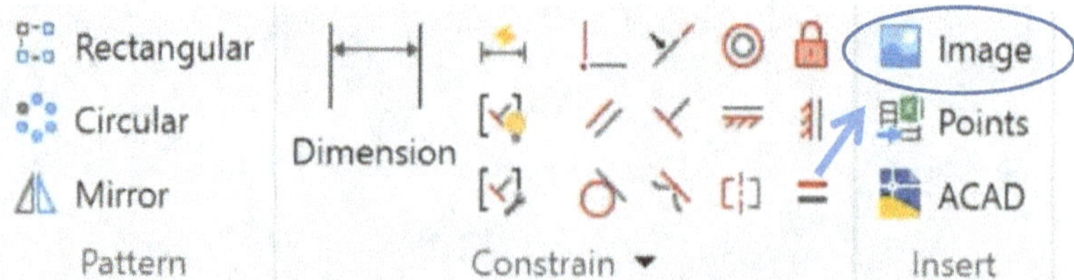

Figura 39: Il comando "Image" dalla sezione "Insert"

Per concludere questi primi esercizi di schizzo 2D, disegna un altro cerchio in un nuovo file, che potrai poi dotare di dimensioni fittizie utilizzando la funzione "Dimension". Per esempio, seleziona un diametro di 50 mm. Disegna semplicemente il cerchio e seleziona lo strumento "Dimension". Ci sono due modi con le dimensioni, entrambi i quali portano all'obiettivo. Puoi disegnare un cerchio con le dimensioni già corrette inserendo i valori con la tastiera mentre disegni. Usa il tasto tab per passare da un campo all'altro per inserire le dimensioni. In alternativa, puoi disegnare qualsiasi cerchio e poi cambiare le dimensioni. Lo fai con la funzione "Dimension" / "Dimensione" e un doppio clic sulla dimensione. Poi inserisci il valore desiderato e conferma con il tasto Invio.

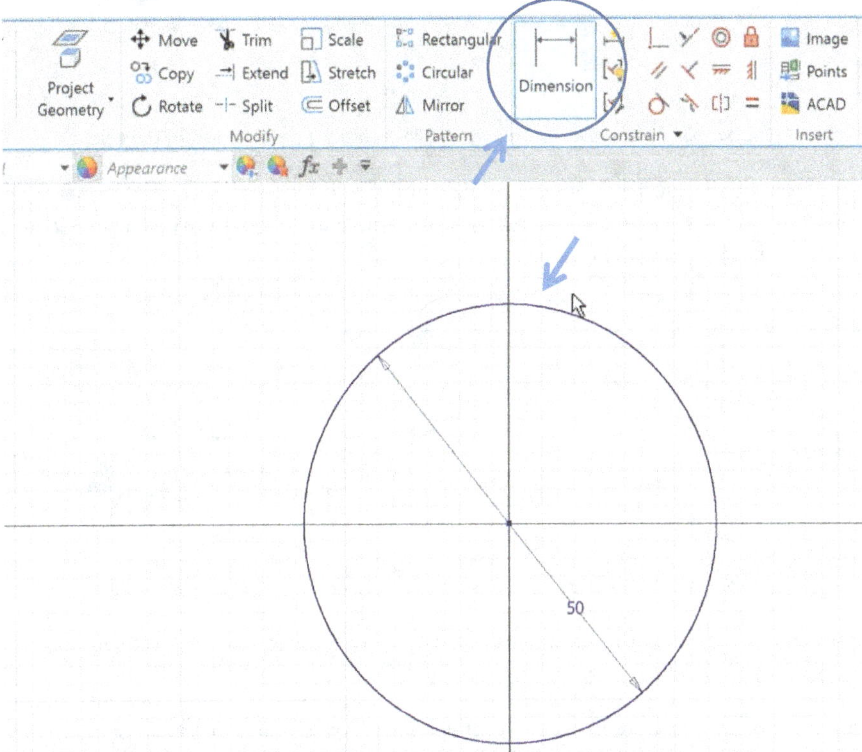

Figura 40: Disegna un cerchio con un diametro di 50 mm e quotalo con "Dimension"

Puoi anche utilizzare questo comando per dimensionare la distanza tra due linee. Per farlo, clicca semplicemente prima sulla prima linea e poi sulla seconda linea di cui vuoi dimensionare la distanza.

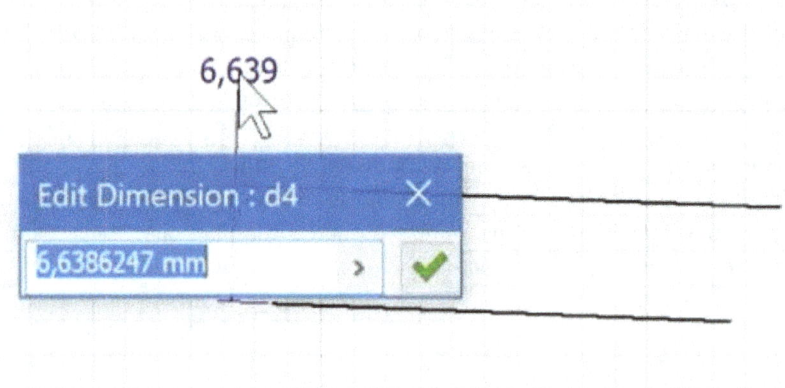

Figura 41: Dimensionare la distanza tra due linee parallele con il comando "Dimension"

Puoi uscire dalla modalità di schizzo 2D con il segno di spunta verde nella barra del menu superiore. Il programma passa quindi all'ambiente 3D e ci mostra il nostro schizzo come profilo sul piano selezionato.

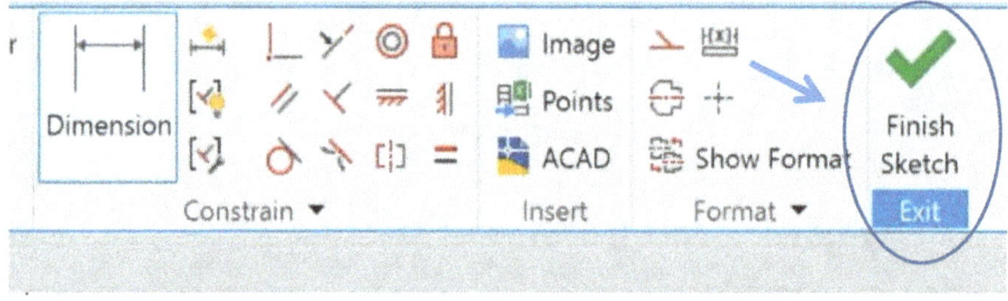

Figura 42: Uscire dalla modalità schizzo 2D e quindi tornare alla modalità 3D

Per creare un oggetto tridimensionale, è importante che lo schizzo 2D sia completamente chiuso e non abbia spazi vuoti.

A proposito, con un doppio clic sulla rotellina del mouse puoi inserire un oggetto nella vista corrente. Questo è molto utile se ti trovi molto lontano nello spazio virtuale e non riesci più a vedere un oggetto.

Nel prossimo capitolo creeremo un oggetto tridimensionale dallo schizzo 2D che abbiamo fatto. Molto bene, stai facendo buoni progressi! Presto arriveremo già al primo vero progetto di costruzione!

3.2 Ambiente degli oggetti 3D

In questo capitolo vorremmo creare un oggetto 3D dalla superficie 2D precedentemente abbozzata. Per farlo, useremo le funzioni della sezione "Create" nell'area "3D Model". Per creare un cilindro, usiamo probabilmente la funzione più usata da questo menu. Usiamo il comando "Extrude" / "Extrusion". Questa funzione è un cosiddetto comando di estrusione. In altri programmi CAD troverai quindi spesso la designazione "Estrusione" o "Estrusione lineare" o simili.

Ora basta selezionare la funzione e il profilo è normalmente già estruso automaticamente.

In caso contrario, clicca semplicemente sul profilo. Trascina la freccia arancione visualizzata con il tuo mouse entro la gamma di movimento possibile e cambia le dimensioni dell'oggetto 3D in questo modo. In alternativa, puoi anche inserire la dimensione desiderata e confermare con Invio.

Nella finestra che si apre quando il comando "Extrude" è selezionato e si chiama "Properties", il profilo può essere selezionato o deselezionato e può essere determinata la direzione dell'estrusione, cioè verso quale lato deve essere estruso o se deve essere estruso simmetricamente in due direzioni dal piano di schizzo. Sotto "Advanced Properties" troverai l'opzione per rendere l'oggetto conico.

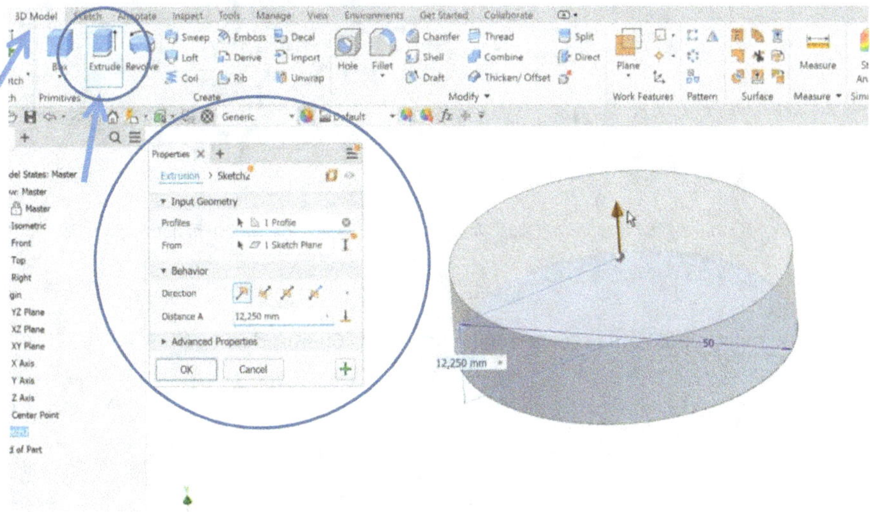

Figura 43: Il comando "Extrude" nell'applicazione; inserisci 50 mm come dimensione

Prima di affrontare gli altri comandi del menu "Create", usiamo il cilindro costruito per conoscere prima i comandi più importanti della sezione "Modify". Usiamo sempre questa sezione quando vogliamo cambiare un oggetto già costruito.

Per esempio, possiamo arrotondare uno o più bordi con la funzione "Fillet". Seleziona semplicemente la funzione e seleziona uno o più bordi. Appare di nuovo una freccia, che usiamo come per il comando "Extrude". Nella finestra "Properties" possiamo poi cambiare altre opzioni.

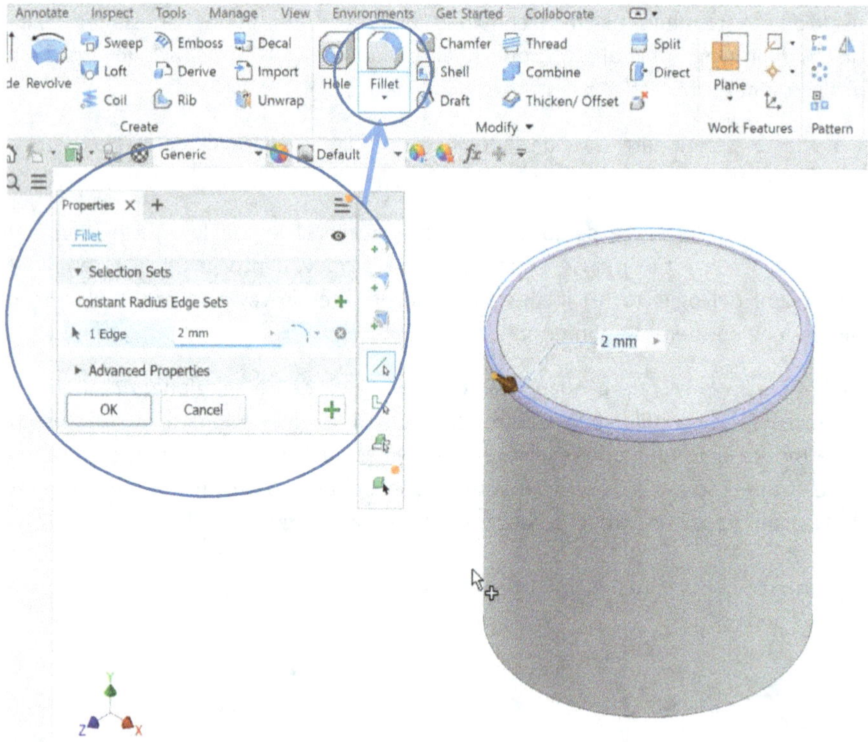

Figura 44: Il comando "Fillet" dalla sezione "Modify" per i filetti di bordo

In modo analogo possiamo creare uno smusso con "Chamfer".

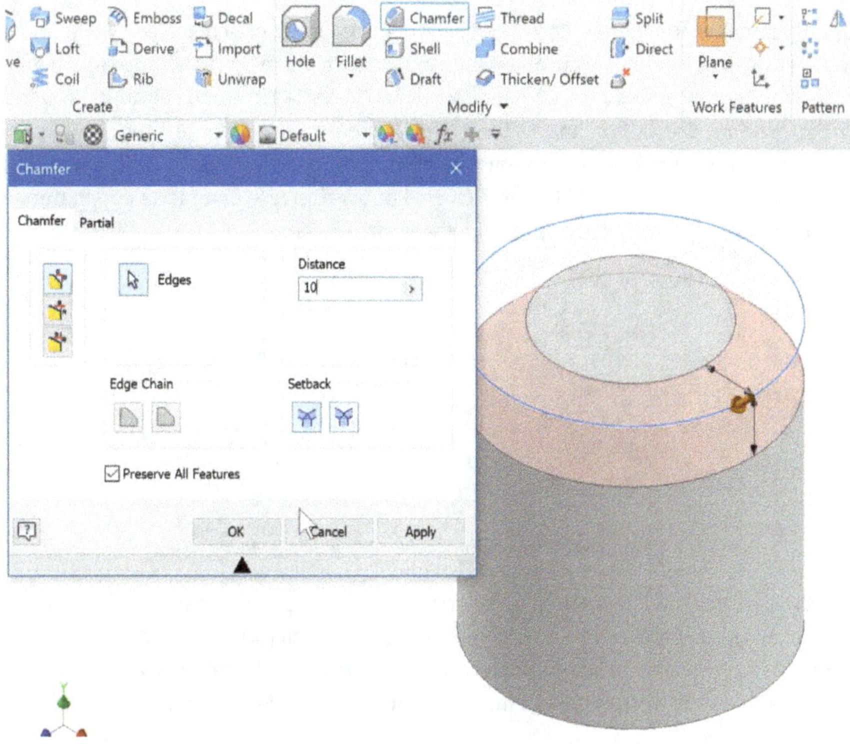

Figura 45: Creazione di uno smusso con "Chamfer"

Un altro comando importante è "Shell". Con l'aiuto di questo comando, un oggetto può essere facilmente scavato, cioè può essere creato un oggetto 3D con pareti sottili. Seleziona il comando e la superficie superiore del cilindro e inserisci uno spessore della parete o usa la freccia. Abbastanza semplice, vero?

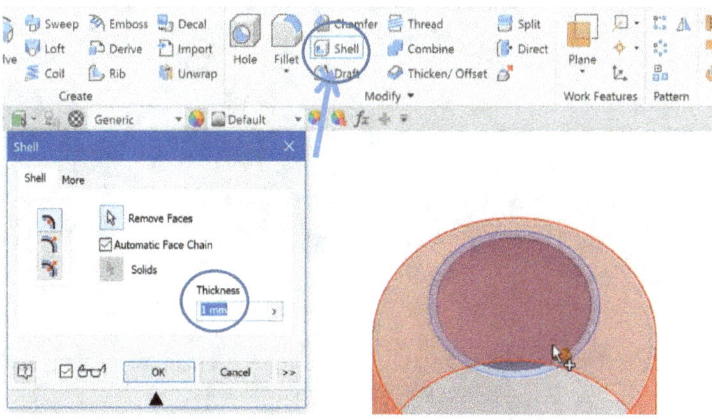

Figura 46: scavare un oggetto con "Shell"

Gli altri comandi sono altrettanto semplici. Un foro può essere creato con Hole, un filo con Thread. Con Combine, i corpi possono essere uniti e con Split possono essere divisi di nuovo. Guarderemo questi comandi più avanti in dettaglio e con l'aiuto dei progetti di costruzione. Con il comando "Draft", puoi creare rapidamente una pendenza o un'inclinazione. Seleziona semplicemente due superfici di un oggetto 3D e inserisci un angolo di inclinazione. Con "Thicken / Offset" puoi rafforzare una faccia con materiale aggiuntivo e con "Delete Face" puoi eliminare una faccia.

Figura 47: I comandi rimanenti della sezione "Modify"

Ora che conosciamo i comandi più importanti di questa sezione, passiamo ancora una volta al menu "Create". Oltre a "Extrude", troviamo gli importanti comandi "Revolve", "Sweep", "Loft" e altri. Le spiegazioni e le immagini di esempio del software sono molto chiare e utili e ci danno una prima indicazione di ciò che questi comandi possono fare.

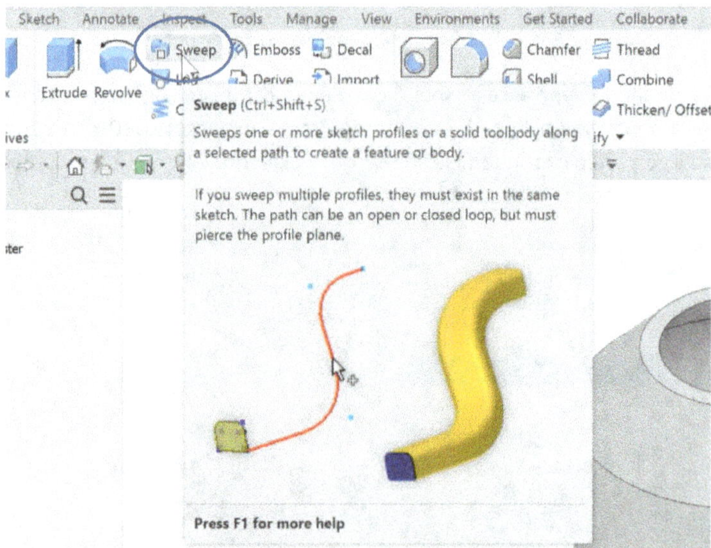

Figura 48: Se rimani un po' più a lungo con il cursore su una caratteristica, spesso appare una spiegazione del rispettivo comando

Vedremo come usarli in modo più dettagliato nel prossimo capitolo, dato che questo è legato al modo in cui lavoriamo nella progettazione CAD.

In "Inventor", tra l'altro, è anche possibile per alcuni elementi abbreviare il processo dallo schizzo 2D all'oggetto 3D combinando entrambi i passaggi, il che può certamente far risparmiare del tempo. Per esempio, nella sezione "Primitives" di "3D Model" possiamo immediatamente costruire un cuboide, un cilindro, una sfera e altri elementi con il rispettivo comando.

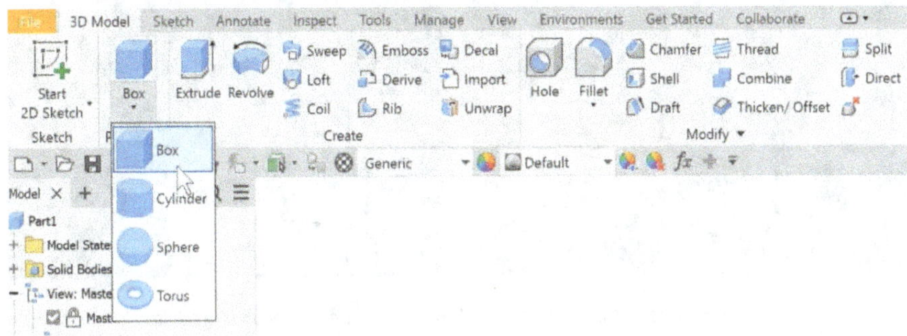

Figura 49: Creazione di elementi 3D prefabbricati senza deviazione

Seleziona semplicemente il comando, disegna la base su un piano dello spazio 3D ed estrudi l'elemento.

E ora, al prossimo capitolo!

3.3 Metodi di lavoro di costruzione

Come già accennato brevemente nel capitolo precedente, ci sono diversi approcci alla progettazione di oggetti 3D. Un possibile approccio alla progettazione è, per esempio, quello di progettare come l'effettiva lavorazione - per esempio una fresatura o tornitura di un materiale di partenza, il cosiddetto prodotto semilavorato - avrebbe luogo.

Figura 50: "Tornitura" (sinistra) e "Fresatura" (destra) di un materiale

Nel programma CAD, si crea prima il materiale grezzo, in questo caso il materiale cuboide, e poi si lavora su di esso in fasi successive - con l'aiuto di ritagli, fori, filetti e altre caratteristiche di progettazione virtuale - in modo da ottenere l'elemento finale. Ecco perché questo metodo di costruzione è chiamato sottrattivo. Riduci il materiale originale attraverso singoli passi di lavorazione fino ad ottenere l'oggetto desiderato. Ma ci sono anche altri approcci, come il metodo additivo. Qui, il modello CAD o l'oggetto reale, come nel caso della stampa 3D, viene costruito elemento per elemento. Daremo un'occhiata a come funziona in termini concreti tra un momento.

Affrontiamo prima l'approccio sottrattivo classico. Nei prossimi passi vogliamo fare un buco e un ritaglio in forma rettangolare in un semplice cubo. Ho già preparato il cubo. La dimensione è, per esempio, 50 mm in tutte le direzioni.

Figura 51: Il nostro materiale di partenza; un cubo con dimensioni 50x50x50 mm

Per creare il foro, possiamo utilizzare la funzione "Hole" dalla sezione "Modify". Seleziona semplicemente il comando e la superficie su cui vorresti posizionare il trapano nella realtà. Poi seleziona due bordi e inserisci le dimensioni per determinare la posizione del foro sulla superficie.

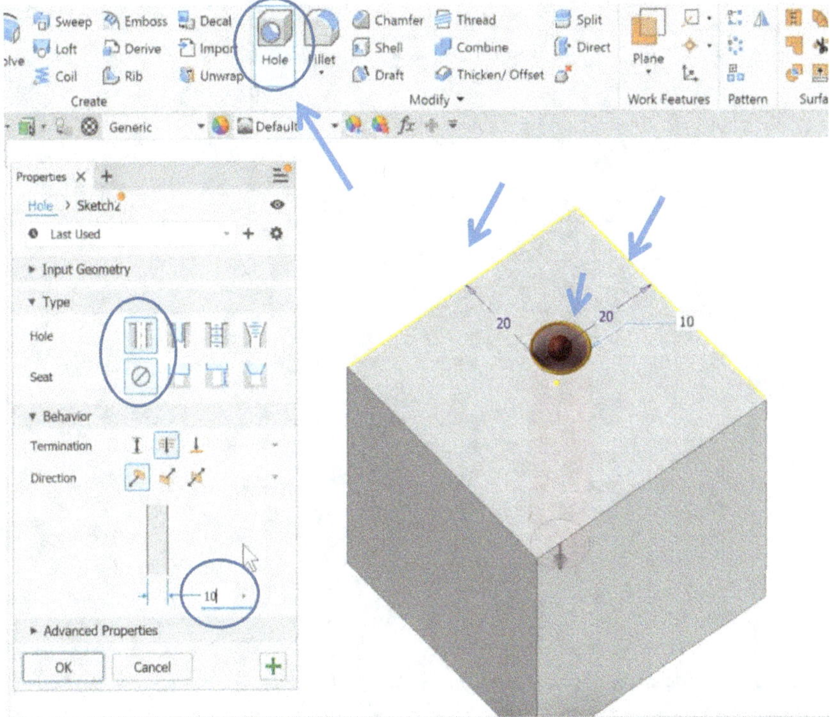

Figura 52: Crea un foro con il comando "Hole"; prima seleziona i bordi per la quotatura ai bordi e inserisci la quotatura (senza "Invio"); poi seleziona 10 mm come diametro

Nella finestra delle opzioni che appare, puoi quindi selezionare il tipo di foro, la dimensione del foro e i parametri specifici del foro. Per esempio, selezioniamo un semplice foro cosiddetto passante con un diametro di 10 mm. Potremmo anche creare dei thread qui, ma ne parleremo più tardi.

Per il ritaglio dobbiamo prima fare di nuovo uno schizzo 2D della geometria. Per fare questo, clicca su "Start 2D Sketch" e seleziona, per esempio, la superficie superiore del cuboide, poiché vogliamo portare la sezione nel cuboide dall'alto verso il basso.

Posiziona un rettangolo sulla superficie nell'area del cubo con un clic e inserisci una dimensione di 10 mm ciascuno. Conferma con "Invio". Poi definiamo la posizione del rettangolo sulla superficie con la funzione "Sketch Dimension". Dato che siamo in uno spazio bidimensionale, cioè disegnando su una parallela del piano x-z, abbiamo bisogno di una dimensione x e una dimensione z per definire finalmente lo schizzo, cioè il rettangolo, completamente, cioè per determinare la posizione e la geometria. Inserisci le dimensioni desiderate, ad esempio 5 mm ciascuno dal bordo sinistro e superiore del cuboide.

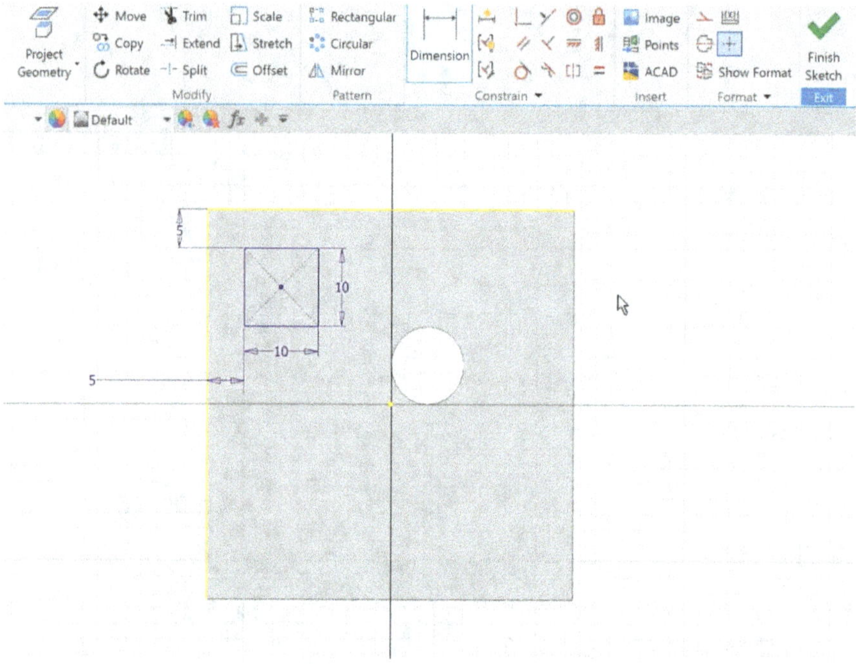

Figura 53: Disegna un rettangolo di 10x10 mm sulla superficie superiore del cubo con "2D Sketch"

Ora il rettangolo è completamente dimensionato. Avrai notato che il profilo è diventato blu. Questo indica che tutti i gradi di libertà sono completamente vincolati, cioè la posizione del profilo nel piano è completamente definita da dimensioni e dipendenze, i "Constraints", e non può semplicemente muoversi da solo nei passi successivi di modifica. Un dimensionamento completo e uno schizzo completamente definito sono molto importanti per ottenere buoni risultati, presta sempre attenzione a questo. Dopo aver finito lo schizzo, possiamo creare la sezione con la funzione "Extrude". Il taglio dovrebbe passare completamente attraverso la parte, per esempio.

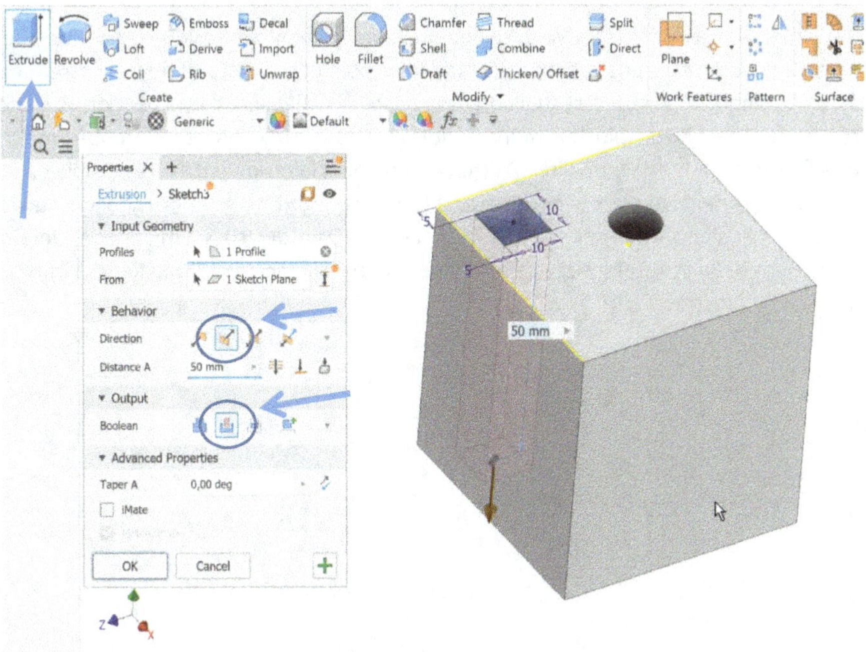

Figura 54: Inserisci la sezione come un rettangolo con "Extrude"; per "Direction": seleziona "Flipped"

Il materiale può ora essere rimosso così come aggiunto dallo schizzo creato con la funzione "Extrude". In questo modo puoi utilizzare "Extrude" nella costruzione per un approccio sottrattivo ma anche per il metodo di lavoro additivo.

Per rendere chiara la differenza tra i due metodi di lavoro, ora costruiremo il nostro primo pezzo molto semplice, che potrebbe servire come componente di assemblaggio per una macchina, per esempio. Prima con un metodo di lavoro additivo e poi con un metodo di lavoro sottrattivo. A proposito, non importa quale metodo scegli, entrambi portano all'obiettivo, l'unica differenza è lo sforzo e il tempo richiesto.

Figura 55: Vorremmo costruire questo componente di assemblaggio fittizio in due modi

Per il modo di lavorare additivo, disegniamo semplicemente la sezione trasversale del pezzo. In questo caso possiamo anche farlo in un solo passo. Naturalmente, potremmo anche scomporre la parte nei suoi corpi rettangolari e allinearli corpo per corpo, il che corrisponderebbe di più al modo additivo reale. Ma questo sarebbe molto ingombrante. Quindi in modalità 2D disegniamo prima la sezione trasversale della parte su un piano del sistema di coordinate. Inizia la costruzione selezionando un nuovo schizzo e il piano. A proposito, puoi anche fare clic destro sul piano desiderato nell'albero della struttura e poi selezionare "Create Sketch". Poi disegniamo la prima linea come mostrato.

Figura 56: Prima traccia una linea verticale di 50 mm sul piano x-z; inizia dall'origine

Completa il profilo con le seguenti linee e dimensioni. Semplicemente traccia!

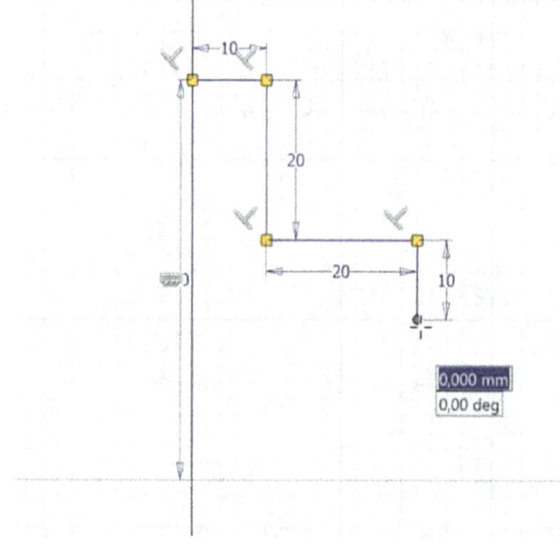

Figura 57: Disegna più linee verticali e orizzontali lunghe 10 mm e 20 mm

Poi completa il profilo della sezione trasversale con altre linee come segue.

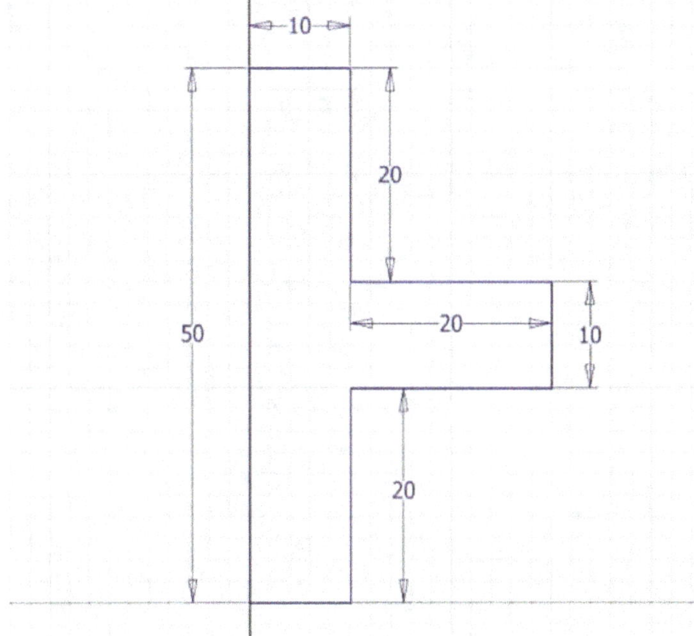

Figura 58: Il profilo completo del componente sul piano x-z

Poi puoi lasciare l'ambiente di sketching 2D e passare così alla modalità 3D. Seleziona la funzione "Extrude" e crea un corpo tridimensionale dalla sezione trasversale 2D con un movimento di trascinamento nella direzione della freccia visualizzata. Inserisci una dimensione di 10 mm con l'aiuto della tastiera. Questo è tutto!

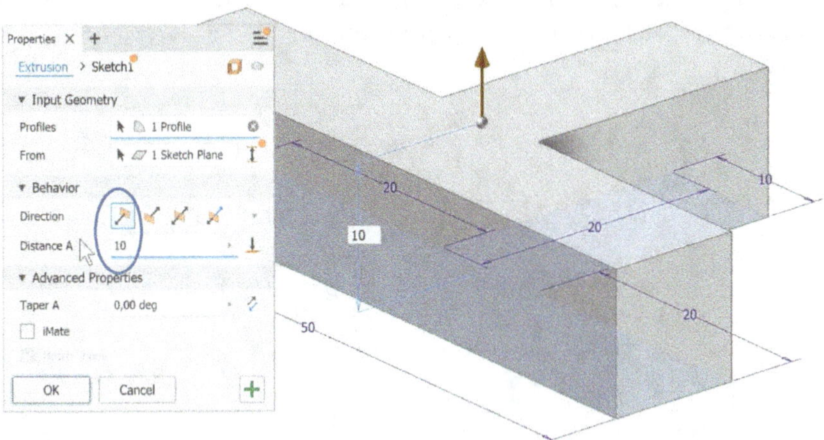

Figura 59: Uso della funzione "Extrude" per creare il corpo 3D

Infine, creiamo tre fori per il montaggio. Per questo usiamo il comando "Hole".

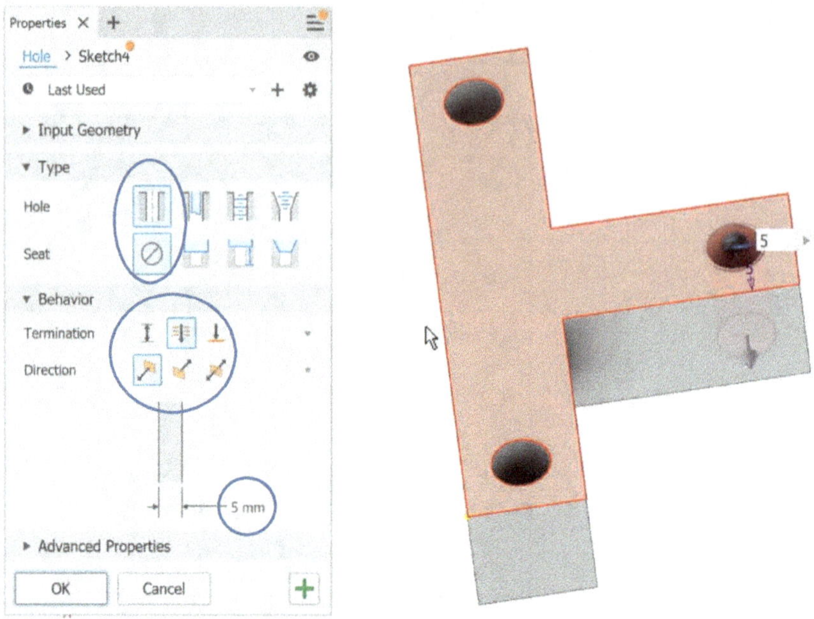

Figura 60: I tre fori, ognuno a 5 mm dai bordi e 5 mm di diametro.

Ora vorremmo utilizzare il metodo di costruzione sottrattiva per la stessa parte per illustrarla. Per fare questo, disegniamo un rettangolo con le dimensioni 50 mm e 30 mm in modalità schizzo 2D in un nuovo documento e creiamo un cuboide di 20 mm utilizzando la funzione "Extrude". In questo modo, virtualmente creiamo prima il materiale di partenza, il cosiddetto semilavorato, dal quale il pezzo verrebbe punzonato, tagliato o fresato nella realtà, per esempio.

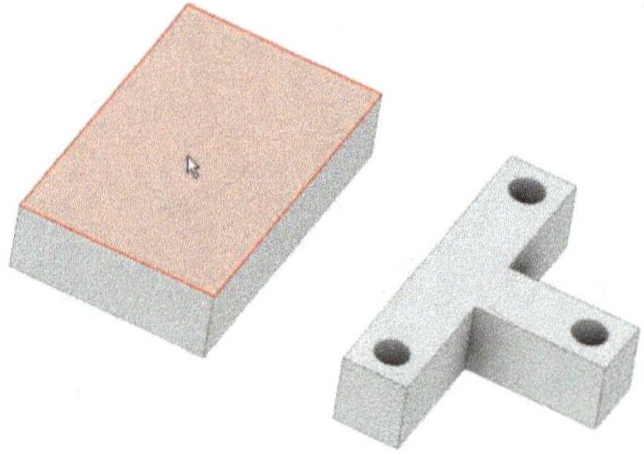

Figura 61: Creazione di un cuboide (a sinistra) con 50 x 30 x 20 mm per il secondo metodo di lavoro

Poi disegniamo i ritagli nel materiale solido. Per fare questo, creiamo prima uno schizzo 2D sulla superficie superiore - in alternativa, ovviamente, a quella inferiore. Prima abbozza la metà superiore del taglio per la geometria della parte usando delle linee. Assicurati di creare delle superfici, cioè di collegare i profili anche ai bordi.

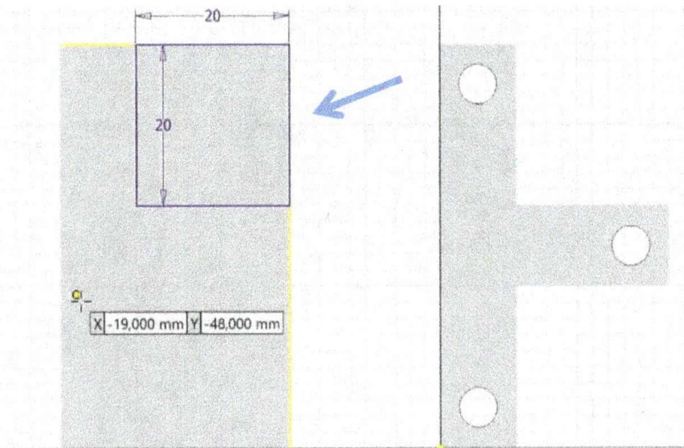

Figura 62: Disegnare la metà superiore del taglio sulla superficie del coperchio in uno schizzo 2D

E poi la metà inferiore. Possiamo anche creare semplicemente un rettangolo per questo invece di usare le linee. Disegniamo il negativo del componente nel materiale solido, per così dire. Possiamo anche disegnare le geometrie per i fori in questo schizzo per eseguirli come ritaglio invece di utilizzare il comando "Hole" e risparmiarci un passo in questo modo.

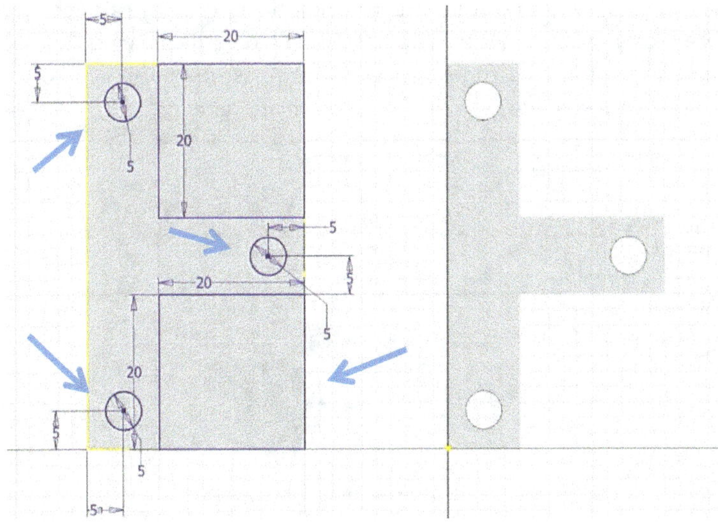

Figura 63: Il profilo completo della sezione

Poi puoi nuovamente utilizzare la funzione "Extrude" per tagliare le due superfici disegnate dal solido.

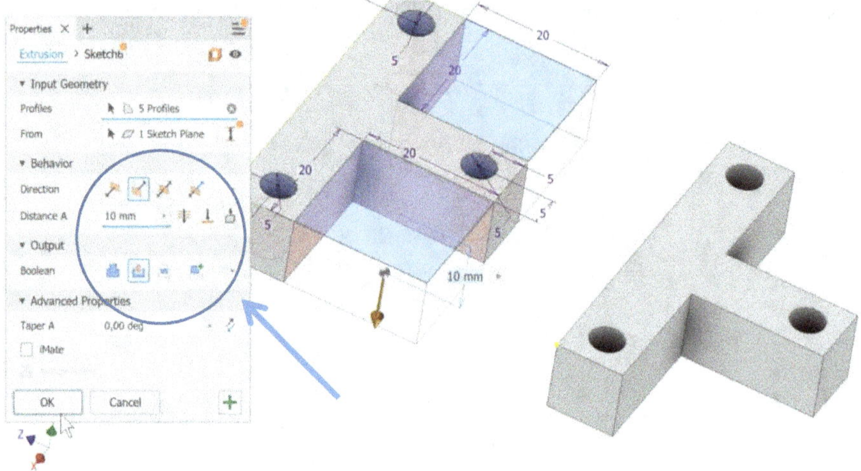

Figura 64: Usa la funzione "Extrude" per creare la sezione; seleziona i profili rettangolari e i tre cerchi e fai le impostazioni

Due approcci per una soluzione identica. Uno abbastanza semplice, l'altro un po' più elaborato.

Passiamo ora a qualche altro possibile modo di lavorare nella costruzione. Oltre alla funzione "Extrude", ci sono alcune altre funzioni nella sezione "Create" che vorremmo esaminare brevemente in questo capitolo. Da un lato c'è il comando "Revolve". Puoi usarlo ogni volta che vuoi costruire una parte con un asse di rotazione, ad esempio una parte che in realtà verrebbe lavorata meccanicamente "girando".

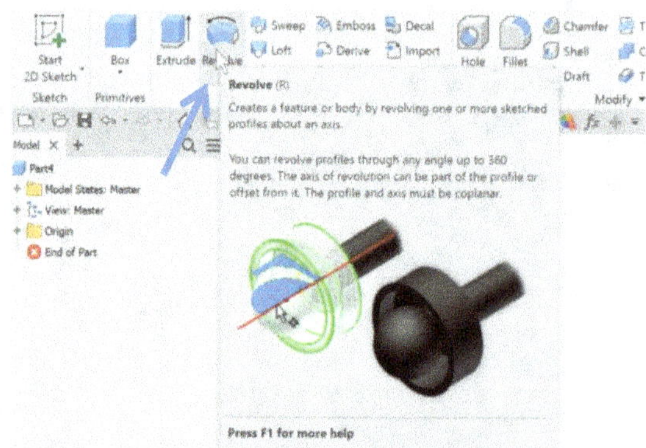

Figura 65: Il comando "Revolve" dalla sezione "Create" di "3D Model"

Per farlo, disegna semplicemente una sezione trasversale su uno dei piani, ad esempio sul piano x-z o sul piano x-y. Perché questi aerei? Perché vogliamo usare la "x" come asse di rotazione. Ma potresti anche utilizzare il piano y-z e poi usare "y" o "z" come asse di rotazione. Diamo un'occhiata più da vicino. Sentiti libero di disegnare insieme a lui. Per esempio, creiamo il seguente profilo base di una vite nell'ambiente 2D.

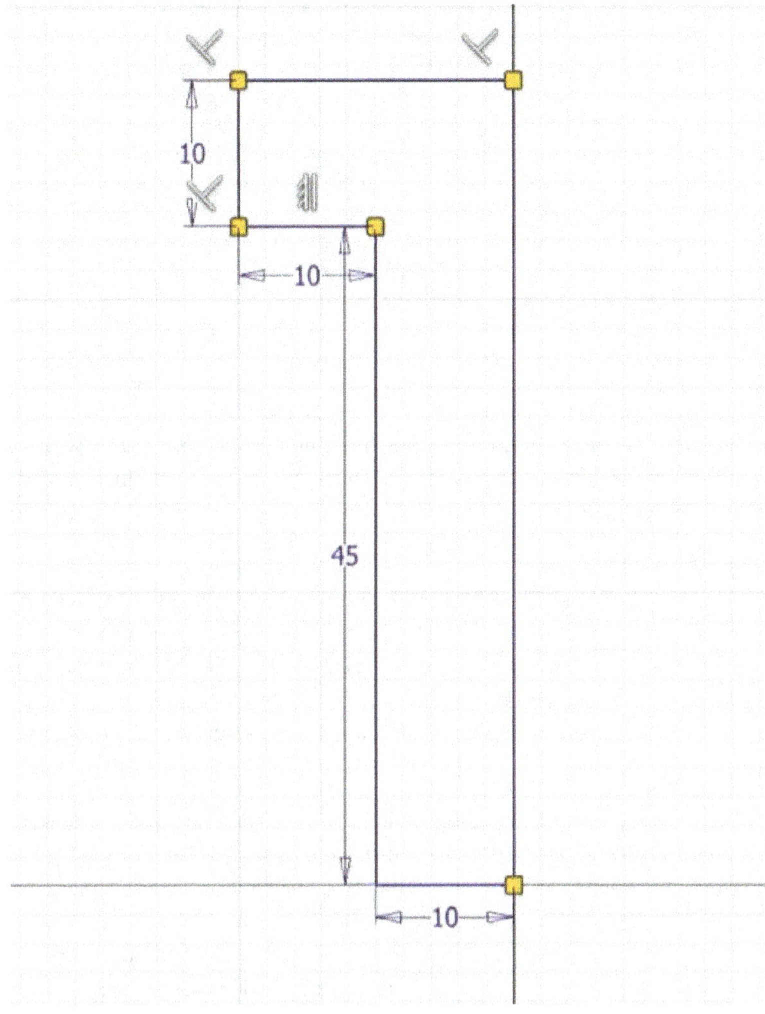

Figura 66: metà della sezione trasversale di una vite; è meglio iniziare con la linea inferiore di 10 mm e poi disegnare la linea di 45 mm e così via.

Dobbiamo disegnare una metà della sezione trasversale del corpo 3D. Dopo aver finito lo schizzo e selezionato il comando "Revolve", dobbiamo prima definire il nostro asse di rotazione, nel nostro caso l'asse x. Come puoi vedere, il software crea poi il solido.

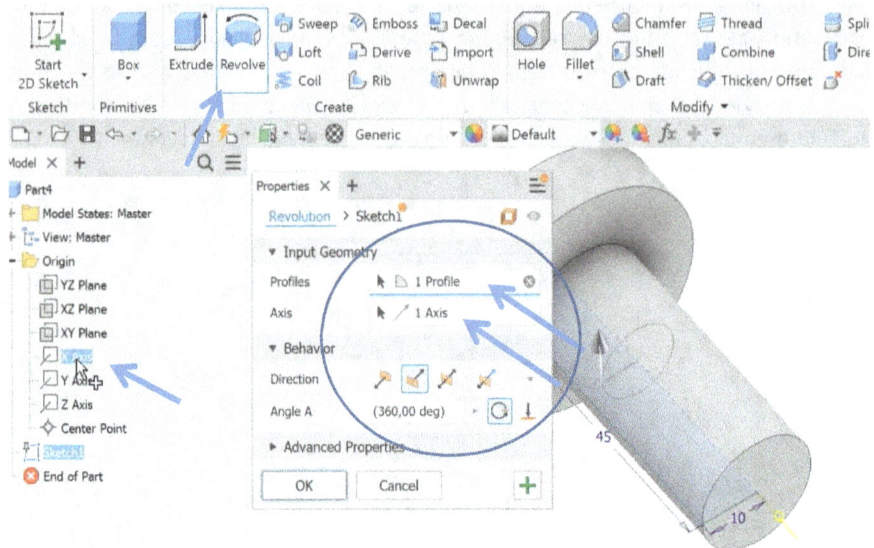

Inserendo un numero di gradi, puoi definire la gamma di rotazione. Naturalmente, una tale vite potrebbe anche essere creata con l'aiuto di diversi schizzi, in modo additivo, con la funzione "Extrude". Pensa solo per un momento a come funzionerebbe in questo caso.

Tuttavia, il modo attraverso la rotazione è di solito molto più veloce ed elegante per una parte rotante di questo tipo. Questo è ciò che intendevo quando ho detto che ci sono diversi modi di lavorare con una stessa parte. A seconda della parte, questi sono più veloci, più lenti o semplici o macchinosi, ma di solito tutti portano all'obiettivo. A proposito, il filetto delle viti viene poi aggiunto nella produzione di massa rotolando tra due rulli.

Il comando "Sweep" è sempre utile quando vuoi creare una parte che segue un percorso un po' più complesso. Diamo un'occhiata a come questo deve essere inteso. Per il comando "Sweep", hai sempre bisogno di un profilo trasversale abbozzato in 2D e di un percorso, che significa semplicemente una linea, o un arco o una "spline" o una curva a forma libera. Per esempio, creiamo una "spline" selezionando il comando in uno schizzo 2D sul piano x-y e disegnando diversi punti come desiderato. Ma assicurati che il punto finale o il punto iniziale sia il centro delle coordinate. Più punti ci sono, più dettagliato sarà il contorno.

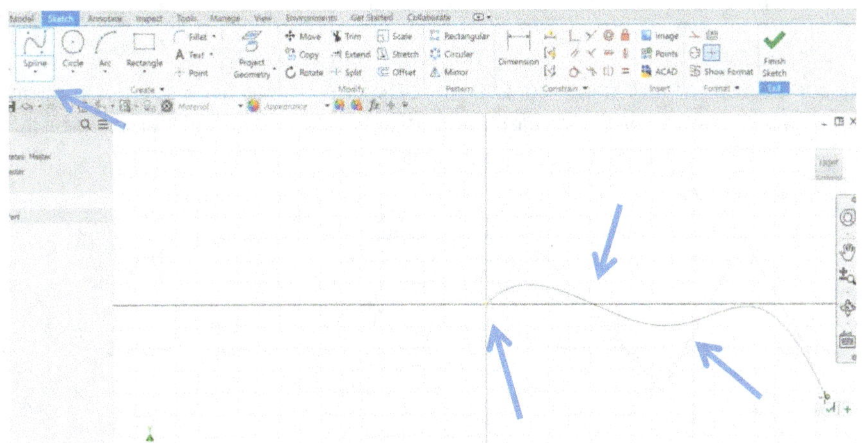

Figura 67: Creazione di una "spline" partendo dall'origine del sistema di coordinate e poi impostando più volte dei punti ad intervalli ("Spline" si trova sotto "Linea" nel menu a discesa); geometria liberamente selezionabile sul piano x-y

Per il profilo della sezione trasversale dobbiamo ora cambiare il piano. Per fare questo, chiudiamo lo schizzo e iniziamo un nuovo schizzo sul piano y-z. Disegniamo ad esempio un cerchio o un rettangolo e selezioniamo il punto finale del profilo depositato precedentemente disegnato nel piano x-y.

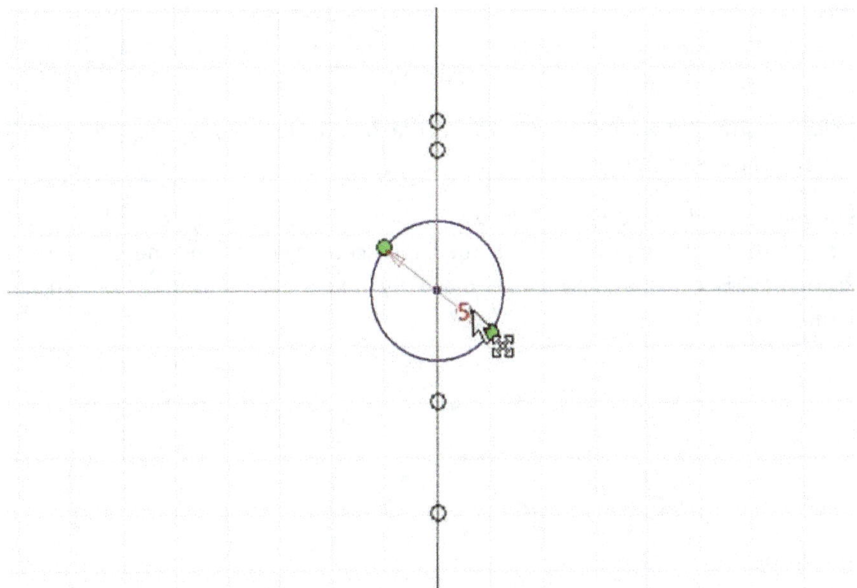

Figura 68: Disegna un cerchio di 5 mm nell'origine del piano x-y (i piccoli cerchi rappresentano i componenti della "spline" nell'altro piano, non hai bisogno di disegnarli)

Quando abbiamo finito lo schizzo, possiamo eseguire il comando "Sweep" in modalità 3D e normalmente dovremmo selezionare prima il profilo e poi il percorso. Tuttavia, il programma crea già il solido automaticamente.

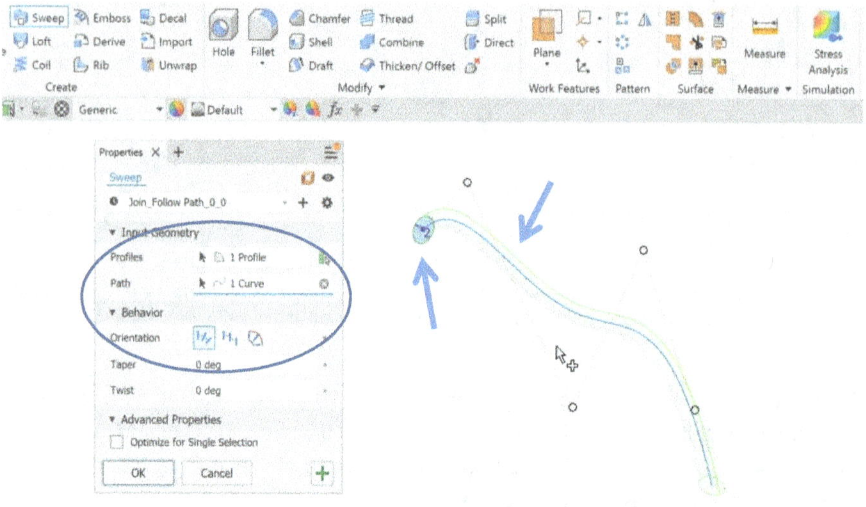

Figura 69: Selezione del comando "Sweep" in modalità 3D; se necessario, seleziona il profilo e il percorso

Nella finestra "Properties" possiamo ancora fare varie impostazioni, ad esempio cambiare l'allineamento.

L'ultimo comando importante di questa sezione e per questo capitolo è "Loft". Con "Loft" puoi, in parole povere, avere due superfici collegate tra loro nello spazio 3D. Proviamo! Disegniamo un profilo nel piano x-y, ad esempio un rettangolo o un'altra forma.

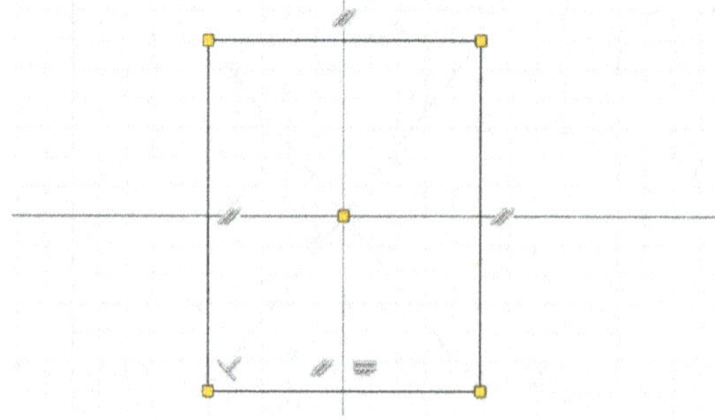

Figura 70: disegnare un rettangolo sul piano x-y; dimensioni liberamente selezionabili

Poi creiamo prima un nuovo piano parallelo al piano x-y con un offset o una compensazione rispetto ad esso. Questo si fa facilmente cliccando con il tasto destro del mouse sul piano x-y e selezionando "Offset Plane".

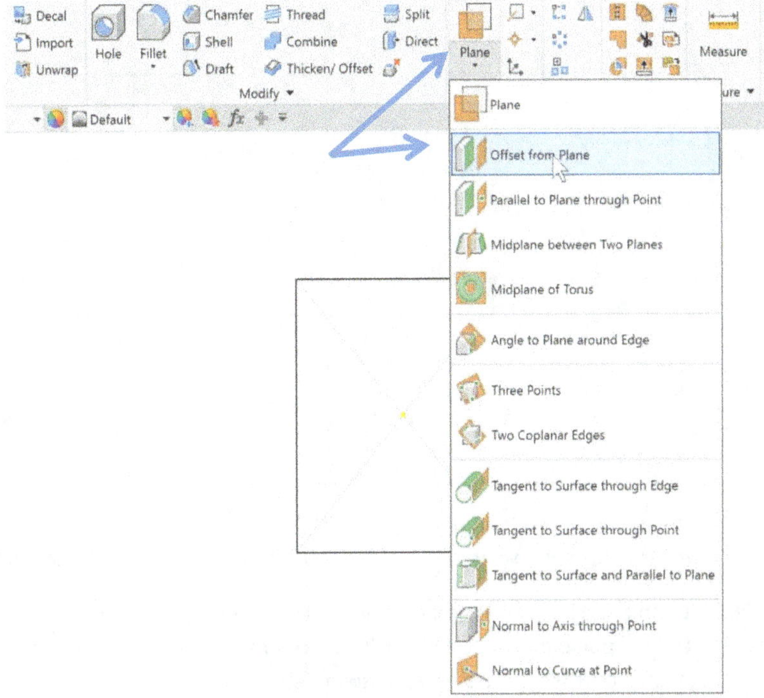

Figura 71: Un piano di offset può anche essere creato nel menu a discesa "Plane"; seleziona prima il comando e poi il piano parallelo (qui per esempio il piano x-y).

Poi trasciniamo la freccia o inseriamo una dimensione con la tastiera.

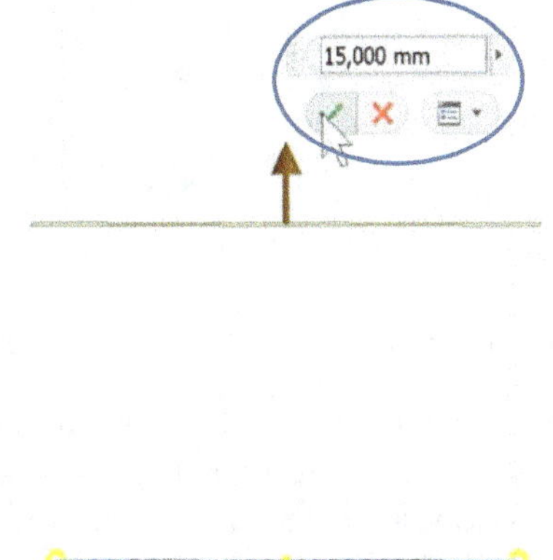

Figura 72: Selezione di 15 mm come distanza del piano parallelo al piano x-y

Nel prossimo passo, disegniamo la seconda superficie del nostro progetto su questo nuovo livello. Ad esempio un rettangolo un po' più grande. I centri dovrebbero essere congruenti.

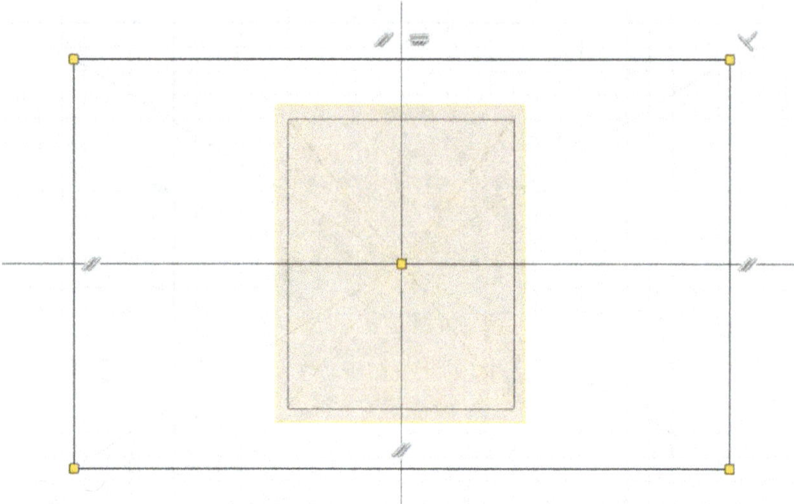

Figura 73: Crea un altro rettangolo sul livello appena creato; dimensioni liberamente selezionabili

Poi finiamo lo schizzo e selezioniamo la funzione "Loft" e le due superfici abbozzate. Il programma collega poi le due superfici per formare un solido 3D. Con le impostazioni potremmo ancora controllare questo processo in dettaglio.

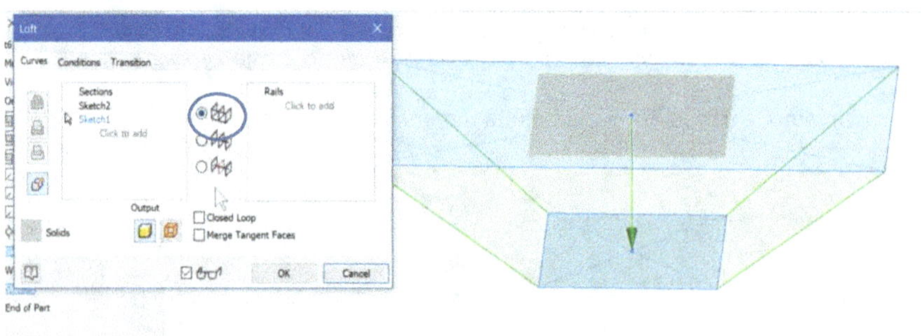

Figura 74: Selezionare il comando "Loft" in modalità 3D e poi selezionare entrambi i rettangoli

Molto bene! Così tanto per l'approccio e i metodi di lavoro nella progettazione CAD. Possiamo spuntare con successo questo capitolo e passare al prossimo. Di seguito daremo un'occhiata più da vicino alla differenza tra le parti individuali e gli assemblaggi.

3.4 Parti individuali vs. assemblaggi

Come nel mondo reale, si può anche assemblare virtualmente un componente o un gruppo da diverse parti individuali nell'ambiente CAD. Per progettare una macchina complessa o un altro assemblaggio complesso, si progettano prima le singole parti di questa parte complessa e poi si assemblano virtualmente queste singole parti nel software. Per fare questo, usi collegamenti, connessioni o relazioni. In "Inventor" c'è anche la possibilità di creare "Joints". Ma ne parleremo più tardi.

In Inventor, le singole parti e l'insieme sono creati in un ambiente separato. Quando hai finito di creare le singole parti, inserisci tutte le singole parti di un assemblaggio nel file dell'assemblaggio e poi le colleghi nell'ambiente di assemblaggio, per esempio ad una macchina o semplicemente: ad un assemblaggio. Ogni singola parte ha la sua origine e la sua cartella nella struttura ad albero dell'assieme. Anche l'assemblea stessa ha la sua origine. Altri programmi CAD hanno una struttura leggermente diversa e tutto può essere creato e unito in un unico ambiente di programma, per esempio, questo è il caso di "Fusion 360", sempre di Autodesk.

Quindi come funziona? Per un assemblaggio, devi prima creare tutte le singole parti nell'ambiente "Part". Quando hai finito di progettare una prima parte, ad esempio una semplice parte tornita, che puoi creare tu stesso usando le seguenti dimensioni, crea semplicemente una seconda parte nuova in un nuovo file.

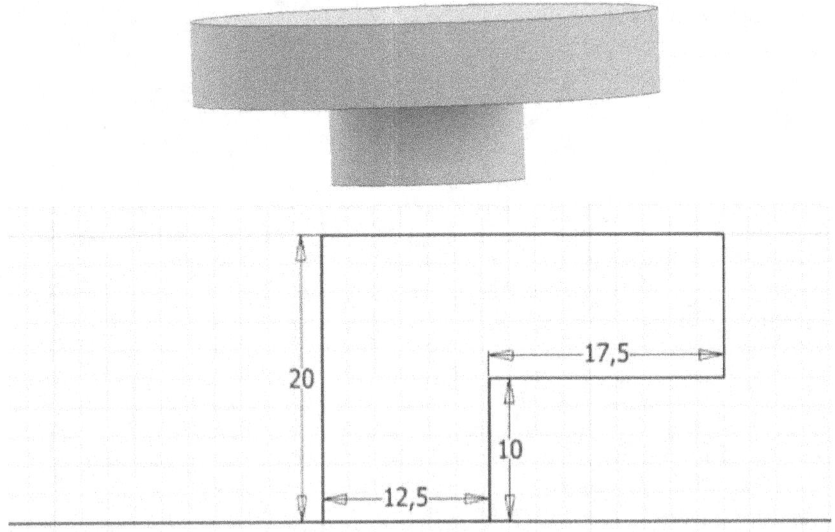

Figura 75: Crea la prima parte tornita (in alto) usando il profilo (in basso) e "Revolve"

Potremmo, per esempio, disegnare un altro profilo di questo tipo per una seconda parte tornita, che poi creiamo di nuovo con la funzione "Revolve".

*Figura 76: Il secondo pezzo tornito come controparte del primo pezzo tornito;
prova a determinarne il profilo e le dimensioni da solo*

Poi crea un file di assemblaggio. Le due parti individuali sono poi inserite in questo assemblaggio con "Place".

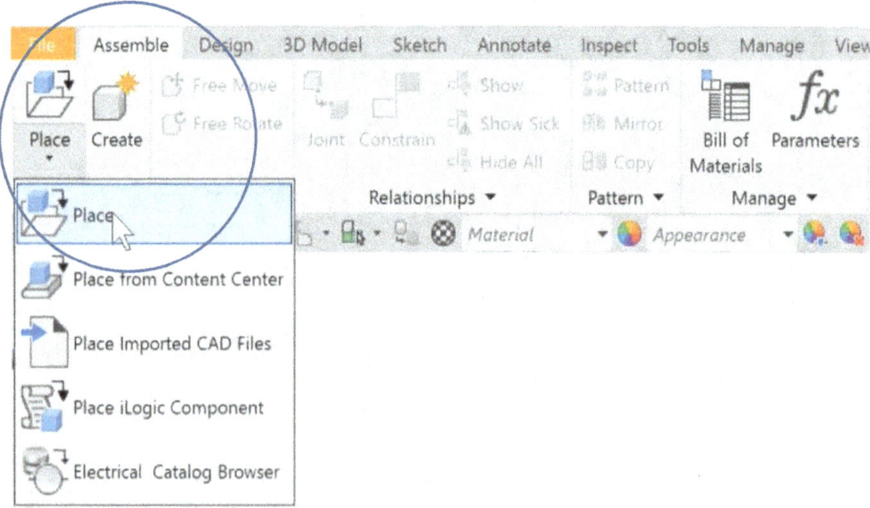

*Figura 77: Usare il comando "Place" per inserire una singola parte in un assemblaggio
(siamo nell'ambiente "Assembly" in questa immagine, per questo devi creare un assemblaggio)*

Clicca sul livello di disegno per inserire la parte. Se vuoi inserirlo di nuovo, clicca semplicemente una seconda volta, altrimenti termina il processo con il tasto "ESC". In alternativa, puoi creare una nuova parte direttamente in un assieme. Per farlo, usa il comando "Create" dal menu "Assemble" in un assieme.

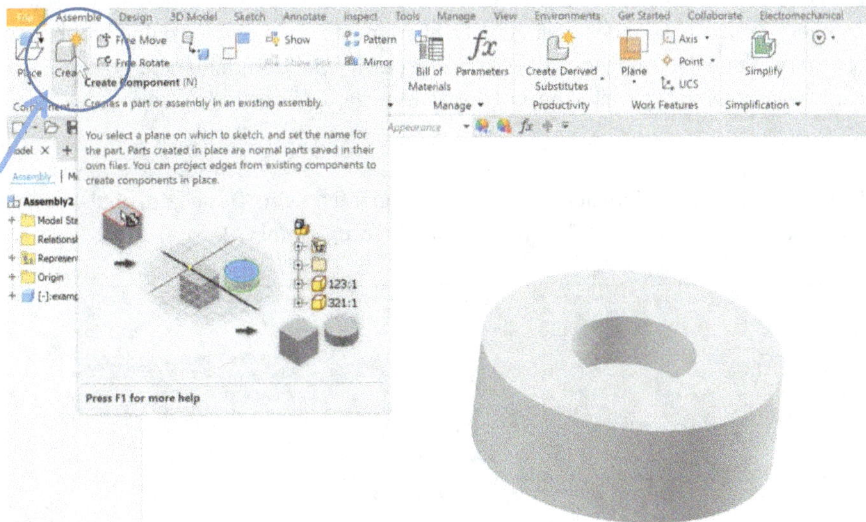

Figura 78: Utilizzo del comando "Create"; creazione di una singola parte direttamente nell'assieme

Questo è spesso molto utile perché il primo componente rimane come riferimento e quindi le dimensioni della nuova parte possono essere disegnate o determinate molto facilmente per adattarsi esattamente. Questo funzionerebbe come segue per la nostra seconda parte individuale:

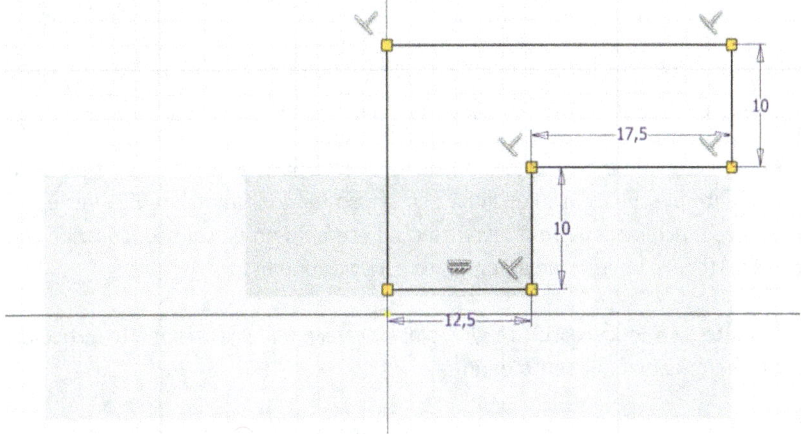

Figura 79: Disegna lo schizzo per l'altra parte singola sul piano y-z nell'assemblaggio

Per inciso, se vuoi creare la nuova parte individuale direttamente nell'assieme o se la crei nell'ambiente della parte individuale è una questione di gusti e varia a seconda dell'utente e del modo di lavorare.

Diamo ora un'occhiata all'assemblaggio di queste due parti individuali. Possiamo muovere le due parti individuali inserite liberamente nello spazio, quindi dobbiamo collegare le due parti individuali nel passo successivo per determinare le posizioni e la gamma di movimento nello spazio tridimensionale. Qui abbiamo bisogno del menu "Assemble".

In Inventor hai due opzioni per collegare i componenti tra loro. Da un lato, puoi lavorare con restrizioni o "Constraints" come in molti altri programmi CAD.

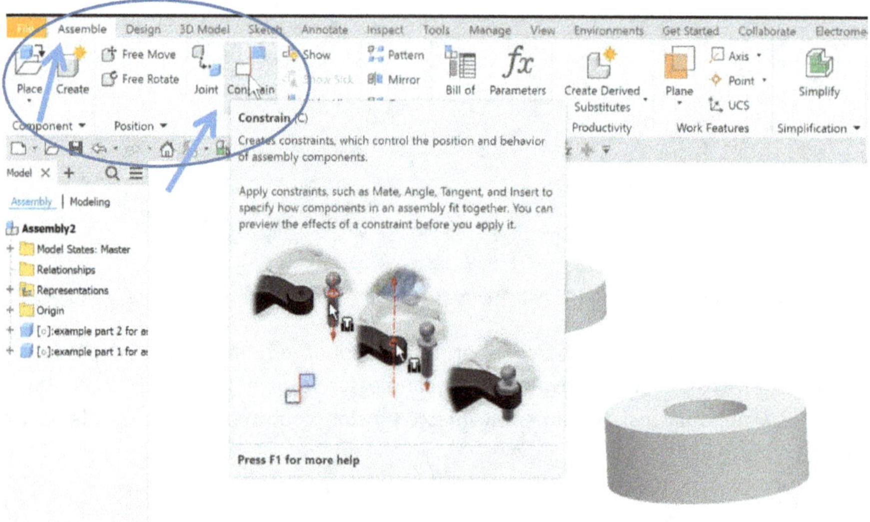

Figura 80: "Constrain" nell'area "Relationships" della scheda "Assemble" in un assemblaggio

Con questi, la gamma di movimento delle singole parti è limitata. Lo sappiamo già dall'ambiente di schizzo 2D. Funziona allo stesso modo in modalità 3D. Per esempio, puoi creare un collegamento a distanza o ad esempio un vincolo concentrico tra due parti per ottenere un insieme assemblato e a posizione fissa.

D'altra parte, si può lavorare con gli "Joints". Invece delle restrizioni, un'articolazione crea una gamma di movimento definita.

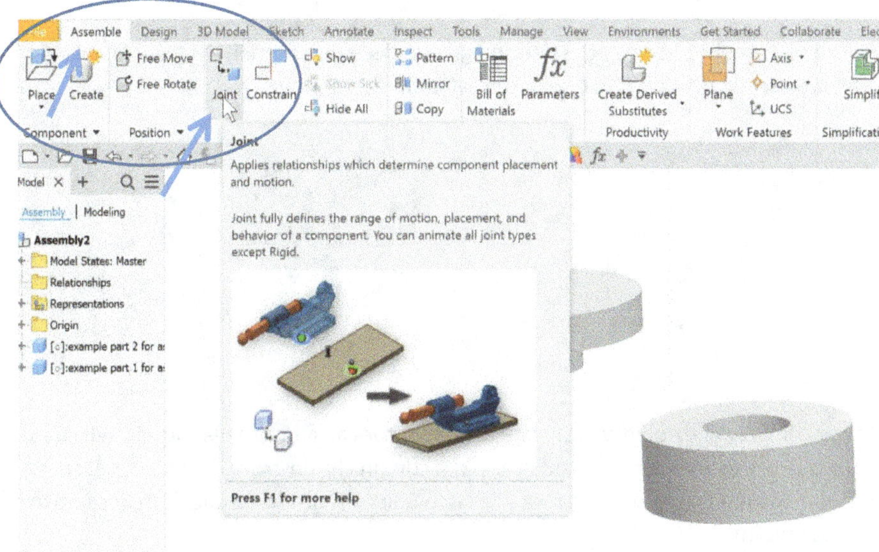

Figura 81: "Joint" nell'area "Relationships" della scheda "Assemble" in un assemblaggio

Un esempio: in un giunto a cerniera di un cancello da giardino, per esempio, è permessa solo una rotazione intorno ad un asse, tutti gli altri cosiddetti gradi di libertà sono bloccati. Quindi nessun altro movimento può essere effettuato.

Prima il metodo dei "Constraints". Questo è usato di default anche in altri programmi CAD ed è quindi generalmente più comune. Per collegare le nostre due parti di esempio scegliamo un vincolo concentrico, che in questo caso si chiama "Insert".

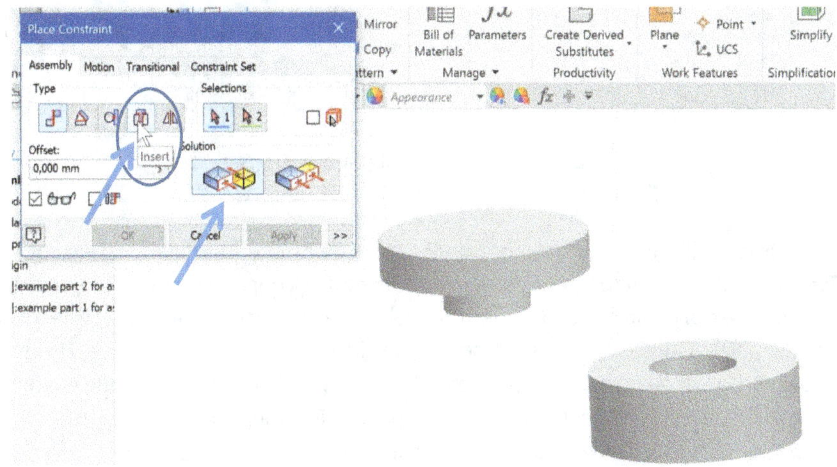

Figura 82: Seleziona il comando "Constrain" e poi seleziona "Insert" per "Type"

Seleziona semplicemente, poi seleziona gli assi delle due parti individuali da collegare e le due parti vengono unite e sono ora saldamente connesse.

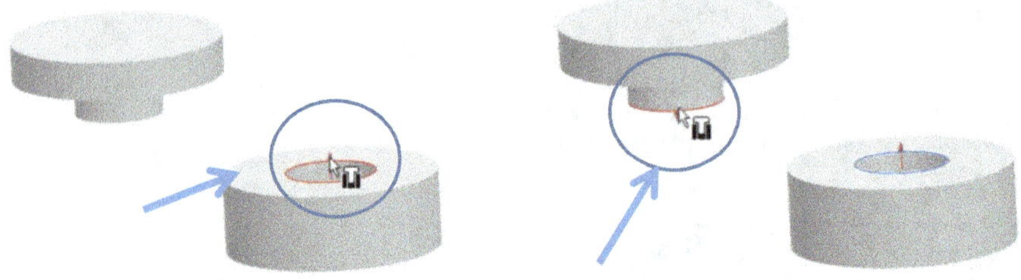

La restrizione viene quindi visualizzata nella struttura ad albero nella cartella della parte individuale. Possiamo anche modificarlo qui con un clic destro su "Edit". Per esempio, possiamo aggiungere un "offset" se vogliamo una distanza tra le due parti, o cambiare l'allineamento.

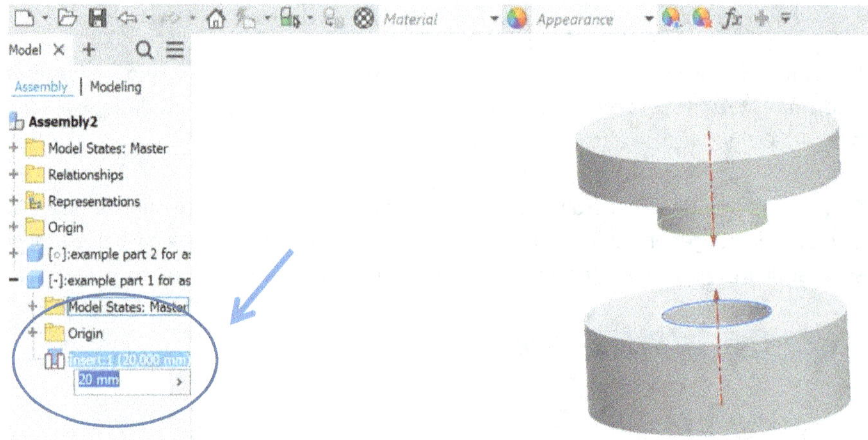

Figura 83: Le due parti individuali collegate con un offset di 20 mm

Sono disponibili anche altre restrizioni, ovvero: "Mate", "Angle", "Tangent" e "Symmetry". Con "Mate" puoi rendere due superfici congruenti tra loro. Per farlo, seleziona semplicemente una superficie della prima parte e una superficie della seconda parte. Queste due superfici sono poi collegate in modo congruente. Tuttavia, il movimento nel piano è ancora possibile. Con "Tangent" puoi collegare due elementi tangenzialmente e con "Angle" puoi creare una relazione angolare tra due elementi. In base al nome, puoi quindi già derivare la funzione molto bene.

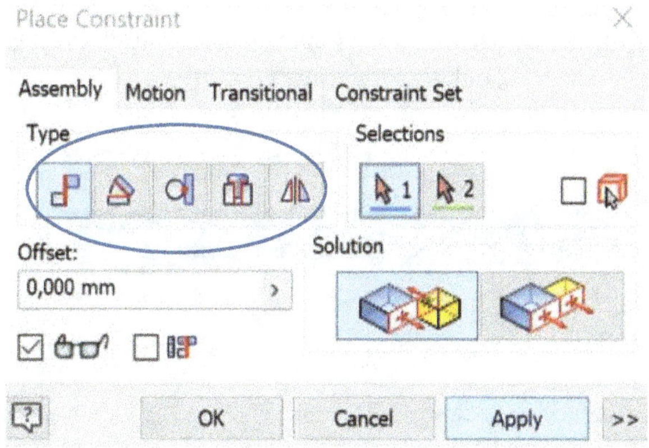

Figura 84: Gli altri "Constrain Types" disponibili

L'obiettivo è quello di collegare le singole parti in modo realistico, cioè collegare una vite, per esempio, concentricamente e rigidamente con un foro di una parte di assemblaggio. O, per esempio, per collegare un pistone di un cilindro di sollevamento in modo che sia guidato linearmente e abbia due punti di arresto.

Tuttavia, le nostre due parti individuali unite possono ancora essere spostate liberamente nell'assemblaggio, dato che manca ancora il riferimento all'origine dell'assemblaggio. Il modo più semplice è quello di fissare una delle due parti individuali all'origine. Lo facciamo con il comando "Ground and Root" dalla sezione del menu "Assemble" nell'area "Productivity".

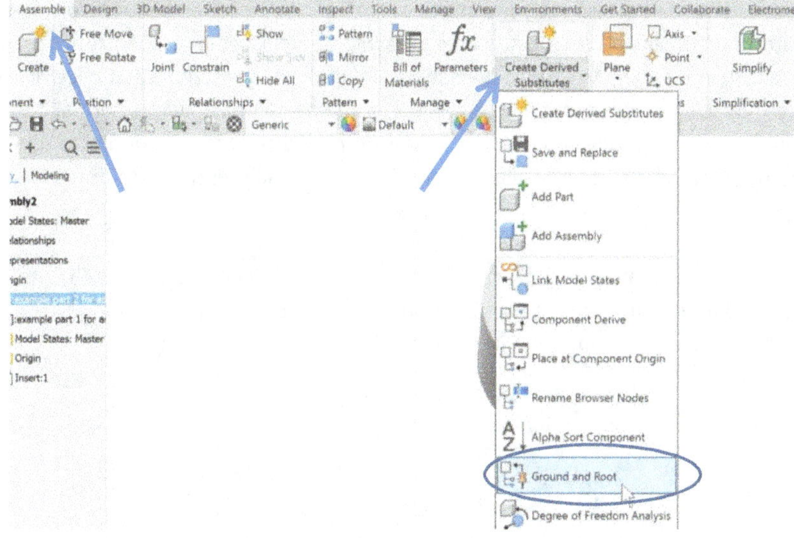

Figura 85: Il comando "Ground and Root" nel menu a tendina "Productivity"

Seleziona semplicemente l'elemento e il comando, poi attiva "Ground at origin" e opzionalmente "Create origin flush constraints".

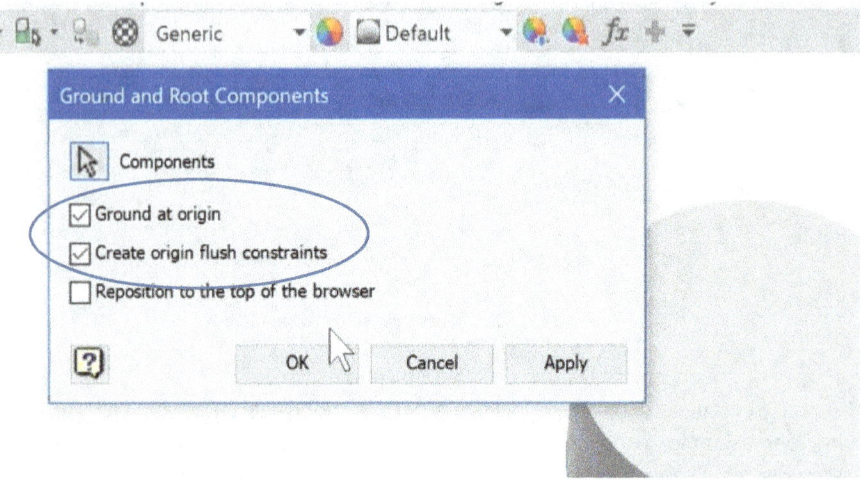

Figura 86: Le opzioni del comando "Ground and Root"

Poi la parte individuale viene spostata all'origine dell'assemblaggio e fissata lì. Se l'opzione "Create origin flush constraints" è attivata, vengono creati tre "Constraints" per il fissaggio, altrimenti la parte viene fissata senza "Constraints". Il vantaggio dei "Constraints" coli è che puoi modificarli in seguito - se vuoi. Per esempio, potresti impostare un "offset". Un altro vantaggio è che puoi animare i "Constraints" nell'ambiente di animazione "Inventor Studio" con un clic, cioè puoi riprodurre e registrare un movimento. Questo non è possibile con le articolazioni. A proposito, puoi anche trascinare una parte individuale in un assemblaggio. Seleziona semplicemente la parte e trascinala nell'assemblaggio. Se è la prima parte dell'assieme, sarà allineata e fissata secondo l'origine, quindi non dovrai usare il comando "Ground at origin". La prossima parte che trascini nell'assemblaggio è poi inizialmente libera di muoversi di nuovo.

Come già menzionato, "Inventor" offre anche la possibilità di utilizzare "Joints" per queste connessioni o per assemblare parti individuali in un gruppo. Nel menu "Assemble" selezioniamo prima il comando "Joint".

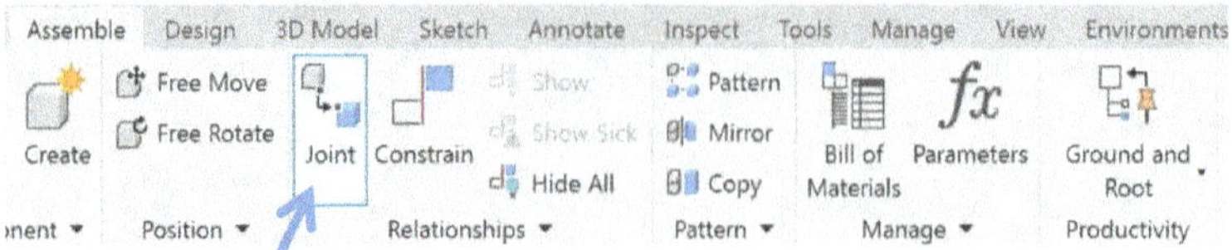

Figura 87: Selezionare il comando "Joint" nell'assieme

Poi dobbiamo eseguire due passi. Da un lato, definisci le posizioni delle origini dell'articolazione, ad esempio seleziona i punti sulle superfici che vogliamo collegare, e dall'altro, definisci il range di movimento utilizzando l'articolazione. Proviamo alcune possibilità. Da un lato, potremmo selezionare queste due origini di giunzione su queste superfici e, per esempio, creare una connessione rigida con "Rigid".

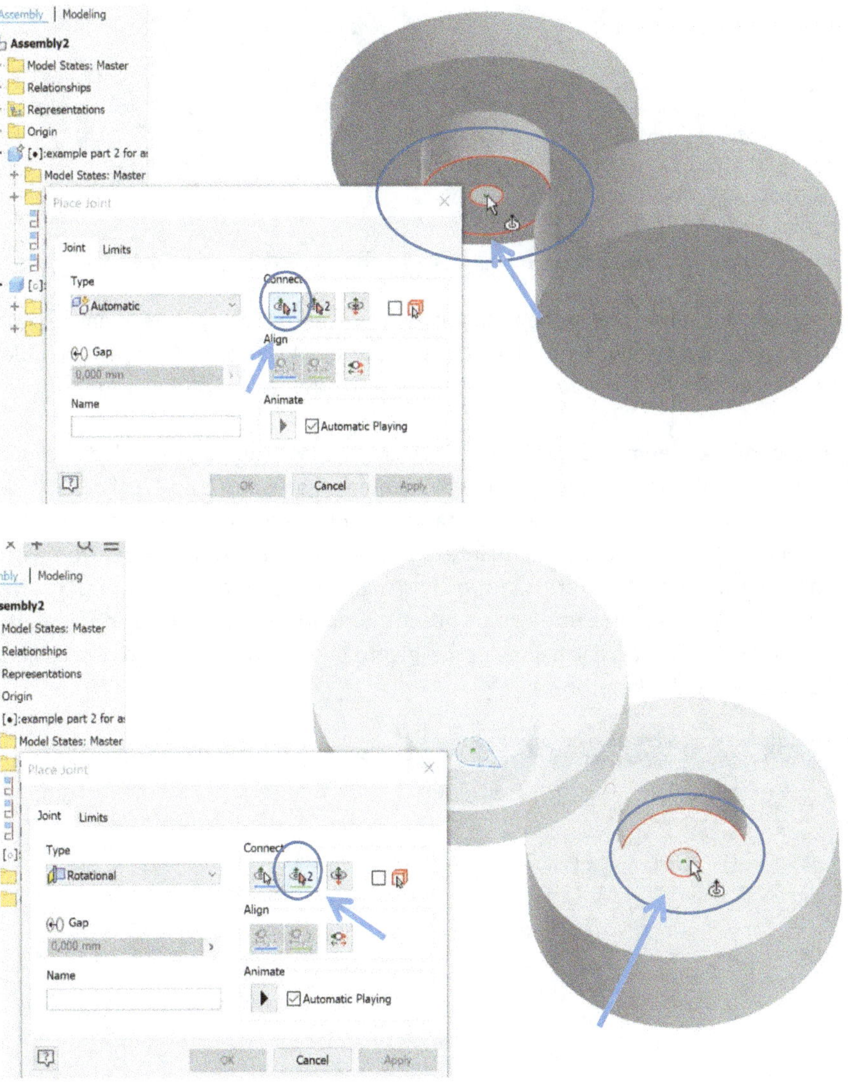

Figura 88: Selezione dei due punti mostrati come origini dell'articolazione

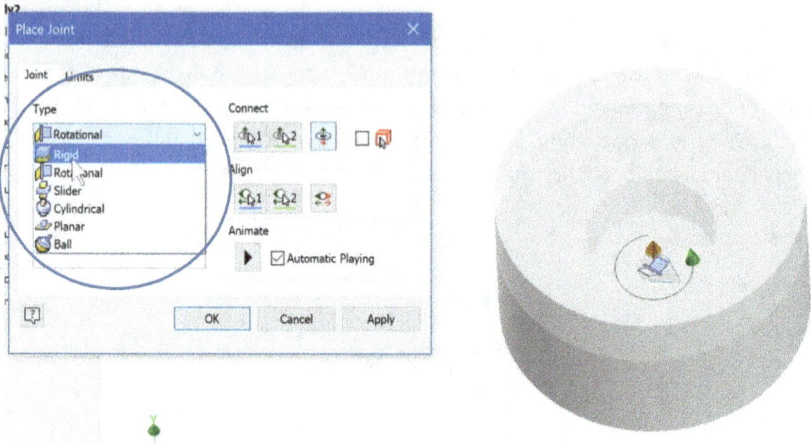

Figura 89: Seleziona "Rigid" nelle opzioni "Type"; prova anche gli altri "Types"

A proposito, quando si seleziona la relazione, viene riprodotta una breve animazione della gamma di movimento possibile, che personalmente trovo molto riuscita e utile. Una caratteristica davvero grande che rende questo programma molto vivido.

D'altra parte, potremmo permettere una rotazione intorno all'asse y con "Rotational". Con "Slider" possiamo permettere un movimento lungo l'asse x e con "Cylindrical" sia un movimento lungo l'asse y che una rotazione intorno a questo asse. Con "Planar", il componente può muoversi linearmente in un piano e ruotare intorno ad un asse. Un'altra funzione molto interessante è "Ball", che crea un'articolazione a sfera. Nel campo "Gap" può essere selezionato un offset, cioè una distanza tra le origini dei giunti. Con i pulsanti su "Align", l'allineamento del giunto può essere cambiato o rispecchiato sulla superficie del sollevatore.

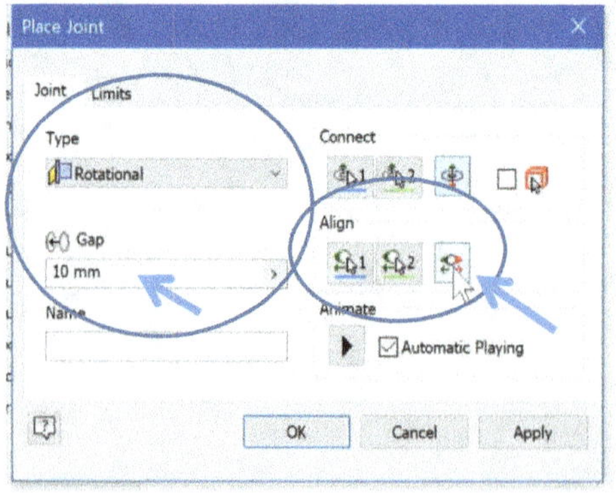

Figura 90: "Gap" quando è selezionato "Rotational"; pulsanti Align per l'allineamento

Se passiamo alla scheda "Limits", si possono fare ulteriori impostazioni, come determinare una posizione iniziale e finale.

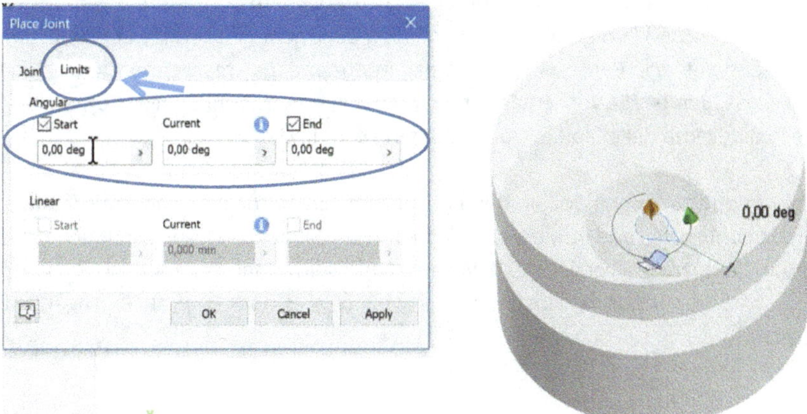

Figura 91: La scheda "Limits" nelle impostazioni del giunto

Se ora selezioniamo il tipo di movimento "Cylindrical", per esempio, vediamo che possiamo muovere il componente solo nei gradi di libertà definiti. Il giunto appare anche nella cartella del componente collegato nell'albero della struttura e può essere cancellato, soppresso o modificato in altro modo cliccando con il tasto destro su di esso.

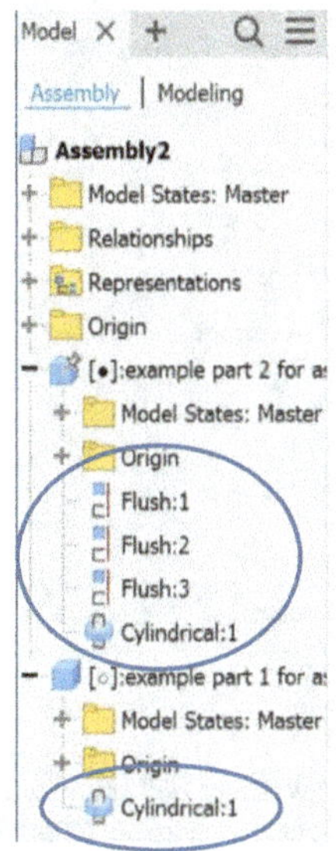

Figura 92: I giunti e i collegamenti appaiono nella struttura ad albero

Per inciso, se non si desidera alcuno spazio per il movimento, la relazione "Rigid" di solito può essere semplicemente selezionata.

Il vantaggio delle articolazioni è che spesso lo stesso risultato può essere ottenuto con meno clic come con i "Constraints". Quindi sono due modi di lavorare, entrambi con vantaggi e svantaggi. Per esempio, se hai intenzione di creare una simulazione dinamica, usa "Joints". Se vuoi creare un'animazione, dovresti utilizzare i "Constraints" perché, a differenza delle "Joints", puoi animarle con un clic.

Perfetto! In questa lezione abbiamo imparato come creare diverse parti individuali in Inventor e come collegarle insieme o assemblarle virtualmente. Nella prossima lezione daremo un'occhiata a diversi punti di vista e rappresentazioni. Poi abbiamo imparato tutte le basi importanti e finalmente arriviamo ai grandi e pratici progetti di costruzione!

3.5 Viste e rappresentazioni (viste di base, vista in sezione, ecc.)

In questa lezione vedremo brevemente le possibili viste e rappresentazioni in "Inventor". Le viste di base si trovano a sinistra nella struttura ad albero nella cartella "Vista: ... ". In questa cartella possiamo scegliere tra "Top", "Front", "Right" e "Isometric".

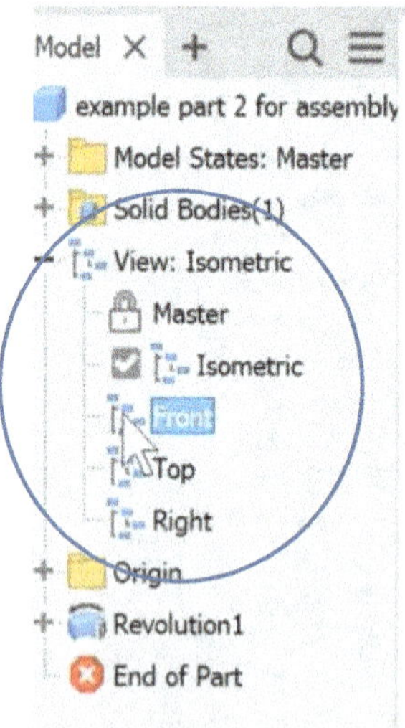

Figura 93: La selezione delle viste di base nell'albero della struttura a "View: ..."; siamo di nuovo nell'ambiente parte individuale ("Part")

Se vogliamo guardare una superficie specifica, possiamo selezionare una superficie nella piccola barra del menu sul lato destro con la funzione "Look at". Questa superficie viene poi visualizzata verticalmente dall'alto.

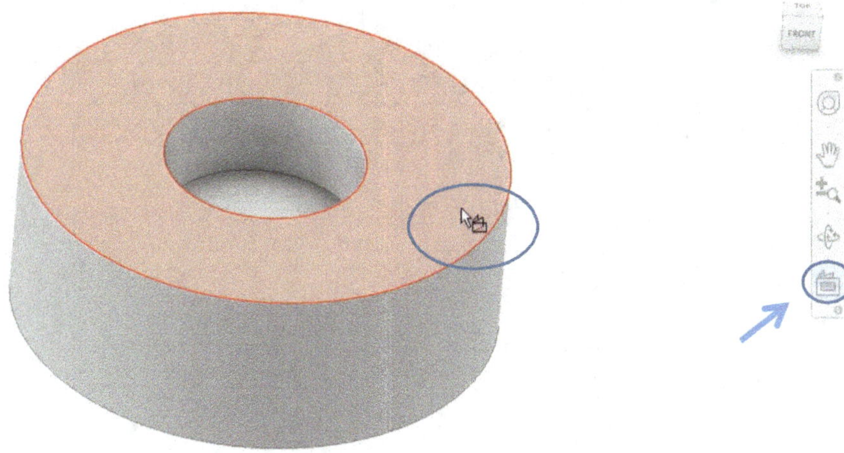

Figura 94: Seleziona il comando "Look at" e scegli la superficie da guardare verticalmente

Con la funzione "Zoom Window", sempre da questa barra, possiamo ingrandire un'area definita. Per farlo, trasciniamo semplicemente una piccola finestra intorno all'area desiderata.

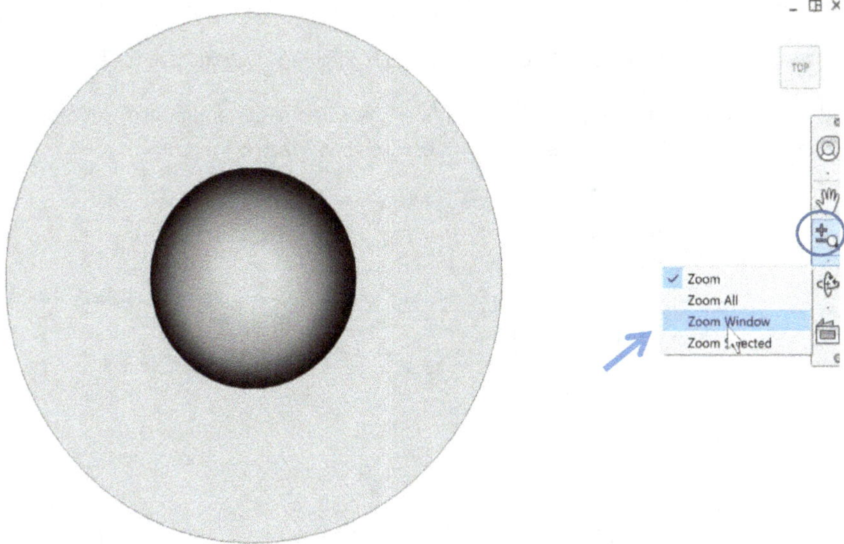

Figura 95: selezionare il comando "Zoom Window" e semplicemente ingrandire un'area con il mouse

Nella scheda del menu "View" nell'area superiore c'è il menu di selezione "Visual Style", con il quale possiamo cambiare la visualizzazione dei nostri componenti.

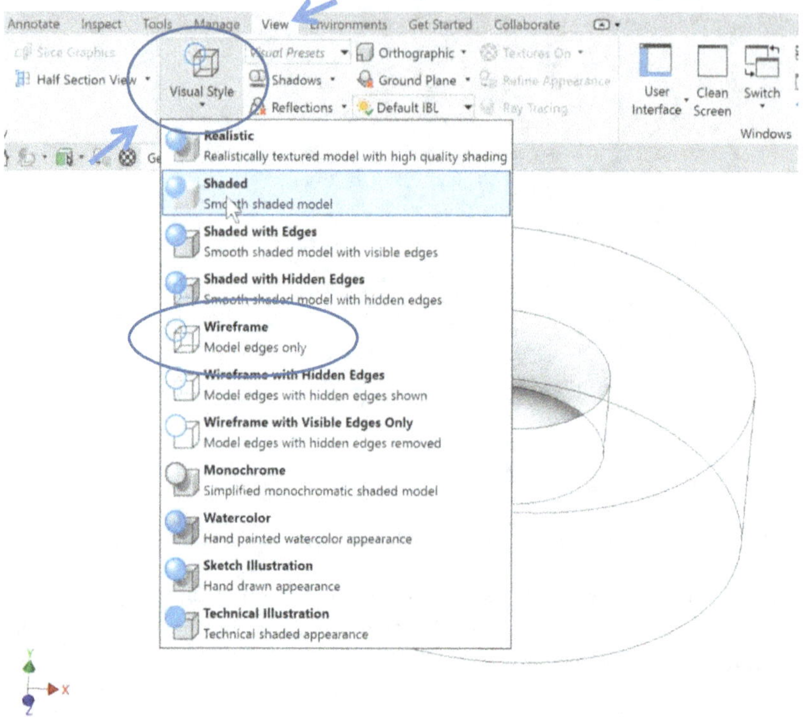

Figura 96: Cambiare lo "Visual Style" di un oggetto (l'oggetto è visualizzato come un "wireframe")

All'estrema sinistra sotto "Object Visibility" possiamo generalmente definire quali elementi, come i livelli e gli assi, devono essere visualizzati o meno.

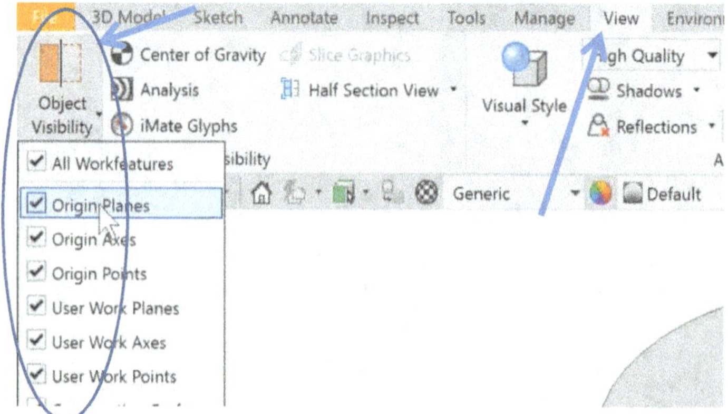

Figura 97: Modifica le impostazioni di visualizzazione di livelli, punti, ecc. con "Object Visibility"

Qui possiamo anche creare una vista in sezione. Lo facciamo con il comando "Section View" dalla sezione "Visibility" in "View".

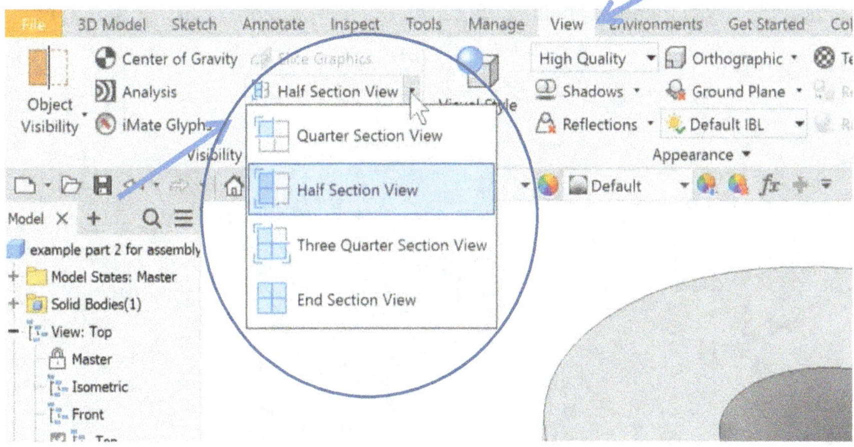

Figura 98: Creare una vista in sezione per guardare dentro la parte

Possiamo esporre una metà, un quarto o tre quarti del pezzo e quindi guardare all'interno. Pensa a questo come tagliare una torta e guardare dentro. Per una vista di un quarto selezioniamo il comando e un primo piano ad esempio il piano y-z, poi clicchiamo sulla piccola freccia e poi selezioniamo un secondo piano ad esempio il piano x-y.

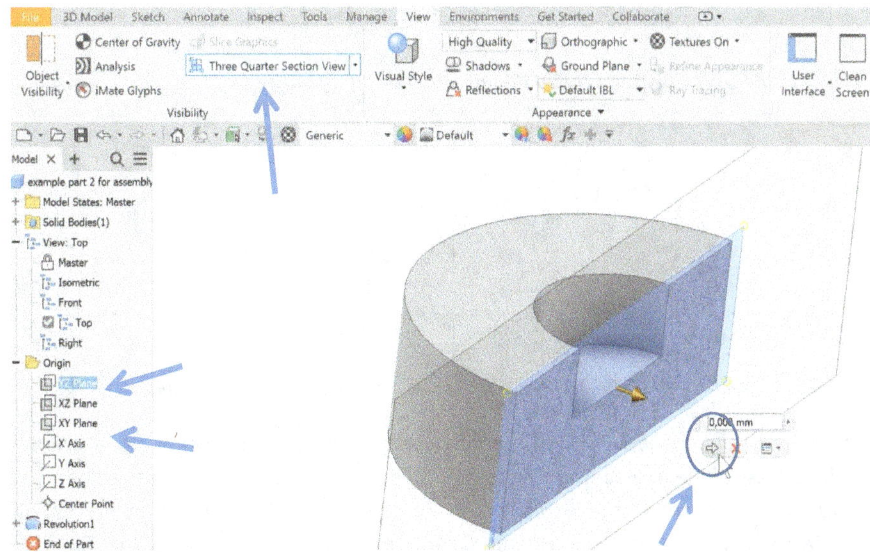

Figura 99: Creazione di una vista a tre quarti: 1) seleziona il comando e il piano y-z; 2) clicca sulla piccola freccia cerchiata; 3) seleziona il piano x-y

Ora la vista di sezione è creata. A proposito, con un mezzo taglio devi selezionare solo un piano. Puoi anche impostare un offset usando la freccia o la tastiera. Con "End Section View" dal menu a tendina puoi terminare nuovamente la vista in sezione.

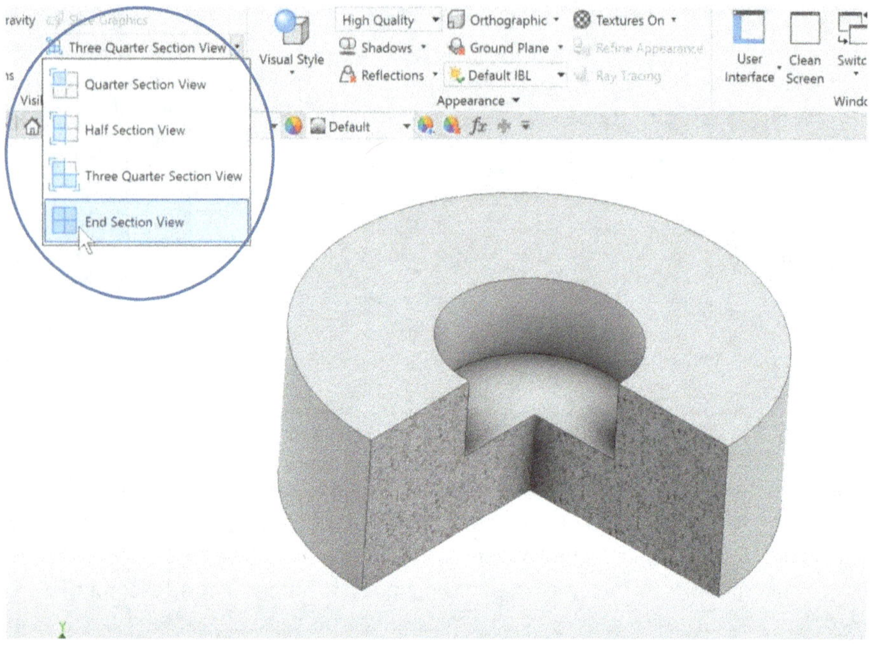

Figura 100: Vista della sezione finale con "End Section View"

Infine, conosciamo alcune visualizzazioni utili dal menu "Inspect".

Figura 101: La scheda del menu "Inspect" con numerose funzioni di analisi

Con l'aiuto del comando "Section" possiamo anche visualizzare e persino analizzare la sezione trasversale di un componente o di un assemblaggio. Dopo aver selezionato la funzione, dobbiamo selezionare il piano in cui vogliamo tagliare la parte. In alternativa, possiamo anche selezionare una superficie. Per esempio, selezioniamo il piano y-z. Il pezzo viene poi tagliato in questo piano. Ora possiamo confermare o spostare la superficie tagliata utilizzando la freccia o inserendo una quota.

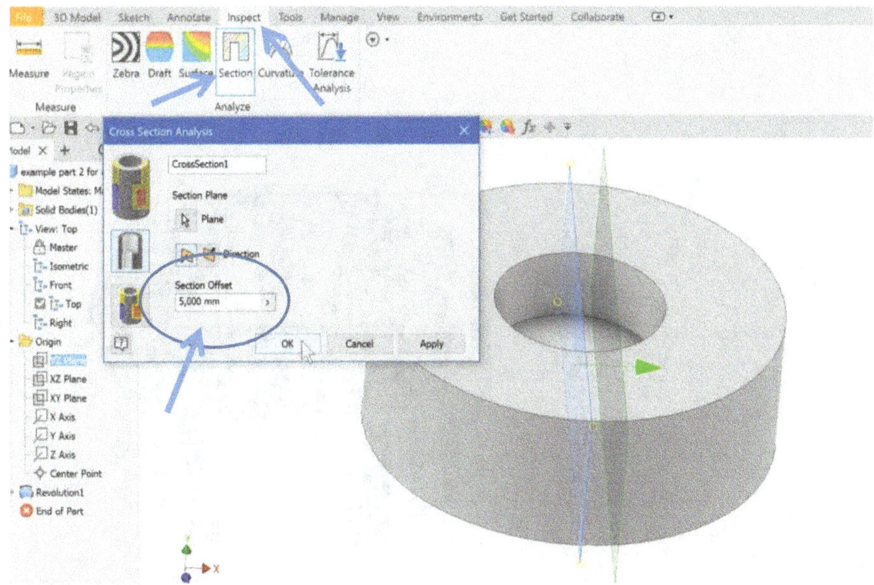

Figura 102: Analisi della sezione trasversale di un pezzo

Dopo aver confermato, la vista della sezione appare nella cartella del menu "Analysis" a sinistra nella struttura ad albero, dove possiamo modificarla o eliminarla con un clic destro.

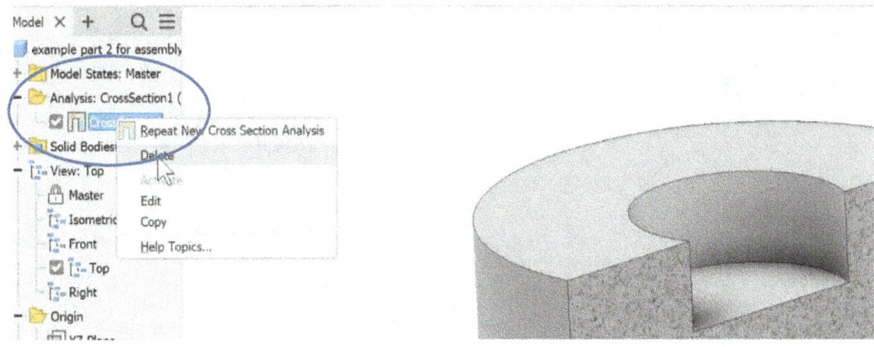

Figura 103: l'analisi della sezione è visualizzata nella cartella "Analysis".

Nel menu "Inspect" troverai anche funzioni di analisi come l'analisi zebra. Con l'aiuto di questo puoi controllare le transizioni tra le superfici per mezzo di strisce bianche e nere proiettate sulla superficie e, per esempio, esaminare la superficie dell'ala di un aereo per la sua continuità o scorrevolezza. Questoè importante per la resistenza al flusso, per esempio.

Figura 104: Analisi Zebra nella scheda "Inspect"

Per concludere questo capitolo, guardiamo la struttura ad albero sulla sinistra. Qui, le singole fasi di costruzione sono mostrate in ordine cronologico e troviamo le caratteristiche generate, come "Sketch", "Extrusion" ecc.

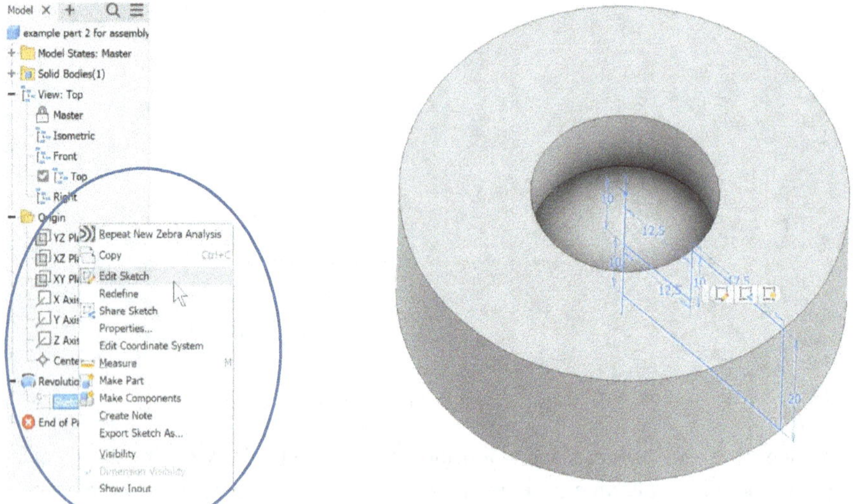

Figura 105: La struttura ad albero può essere utilizzata per modificare le singole caratteristiche e gli schizzi

La cosa bella ora è che con questa struttura ad albero, la costruzione può essere riprodotta relativamente facilmente.

Puoi anche tornare ad un punto specifico della costruzione semplicemente posizionando il ramo con il punto rosso chiamato "End of Part" davanti ad un elemento specifico della costruzione.

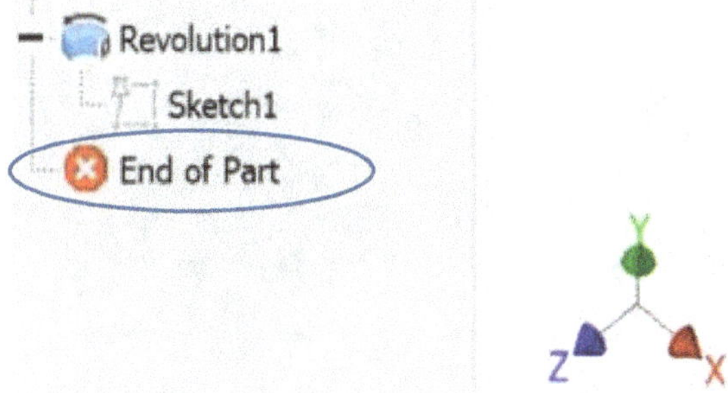

Figura 106: posizionare il pulsante "End of Part" davanti ad una caratteristica specifica

Il programma mostra quindi il componente con tutte le fasi di costruzione solo fino a questo punto. Cliccando con il tasto destro del mouse sui singoli passi di progettazione, puoi anche modificare i rispettivi passi, ad esempio uno schizzo 2D o cambiare le proprietà di un'estrusione. Questa barra è anche molto utile per non perdere la visione d'insieme, specialmente con le costruzioni più complesse. Soprattutto se hai preso l'abitudine di assegnare una denominazione ad ogni fase della costruzione. Questo viene fatto facendo doppio clic molto lentamente sull'elemento nell'albero della struttura.

Classe! Ora abbiamo imparato tutte le basi rilevanti e importanti e la gestione generale della sezione CAD del programma, quindi ora ci occuperemo della costruzione di progetti di esempio. Nel primo progetto, iniziamo davvero, vogliamo imparare la procedura di costruzione utilizzando un moschettone molto semplice. Questo è seguito da un modello di un collettore di scarico, che è un po' più difficile da realizzare, poi un modello semplificato della parte anteriore di un camion e infine un modello semplificato di un motore d'auto a 4 cilindri, che è un po' più complesso.

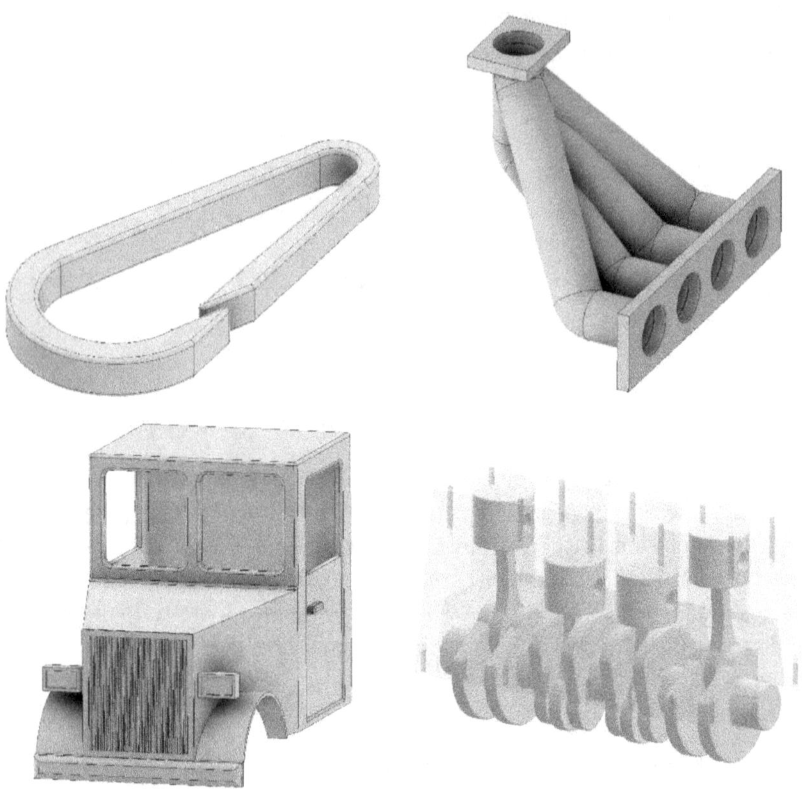

Figura 107: I progetti di design che ti aspettano ancora nei prossimi capitoli

Ma non preoccuparti, andremo passo dopo passo. A proposito, lavorando in modo pratico conosceremo ancora più funzioni e comandi nuovi, oltre a consolidare le basi. Imparare facendo! Resta con noi, sarà emozionante!

4 Applicazione pratica del CAD: progetti di costruzione

4.1 Progetto di design I: Gancio a scatto semplice

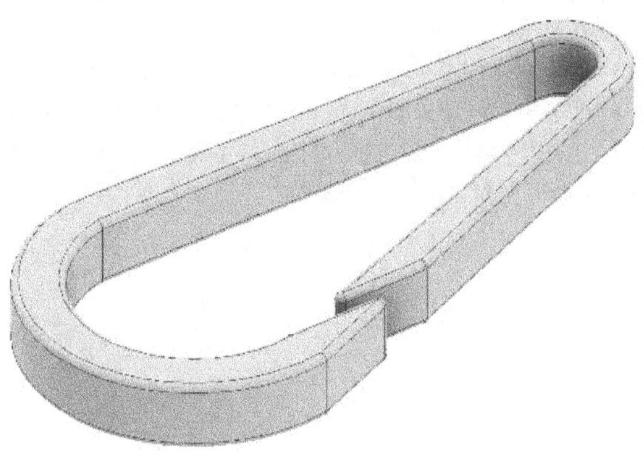

Figura 108: Un semplice moschettone diventa il nostro primo progetto di costruzione

Per il moschettone iniziamo in una nuova parte singola: "Part" con il pulsante "Start 2D Sketch" e la selezione di un piano, per esempio il piano x-z. Pensiamo prima a come è costruito il moschettone e a come potremmo costruirlo al meglio. Se guardiamo il moschettone un po' più da vicino, notiamo che è possibile posizionare una forma circolare nella zona sinistra e destra rispettivamente e che i montanti del moschettone rappresentano le connessioni tangenziali tra questi cerchi.

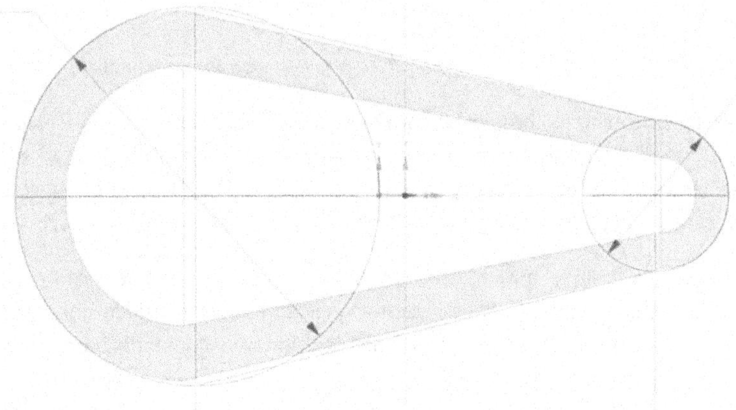

Figura 109: Costruiamo il moschettone usando due cerchi e linee

Costruiamo il moschettone in questo modo. Quindi disegniamo prima il primo cerchio con un punto di partenza sulla linea orizzontale, che in questo caso è l'asse z. Per esempio, scegliamo un diametro di 50 mm.

Poi crea un altro cerchio con un diametro di 20 mm un po' più a destra. Dimensioniamo quindi la distanza tra i due cerchi come 70 mm. Per definire completamente lo schizzo precedente, che vedrai dalla colorazione blu, ora abbiamo ancora bisogno di un riferimento nella direzione dell'asse x e dell'asse z all'origine. Definiamo la posizione del nostro schizzo nella direzione z, per esempio, aggiungendo un'altra dimensione di 35 mm dal centro del primo cerchio all'origine. La posizione x semplicemente con la dipendenza o "Constraint": "vertical".

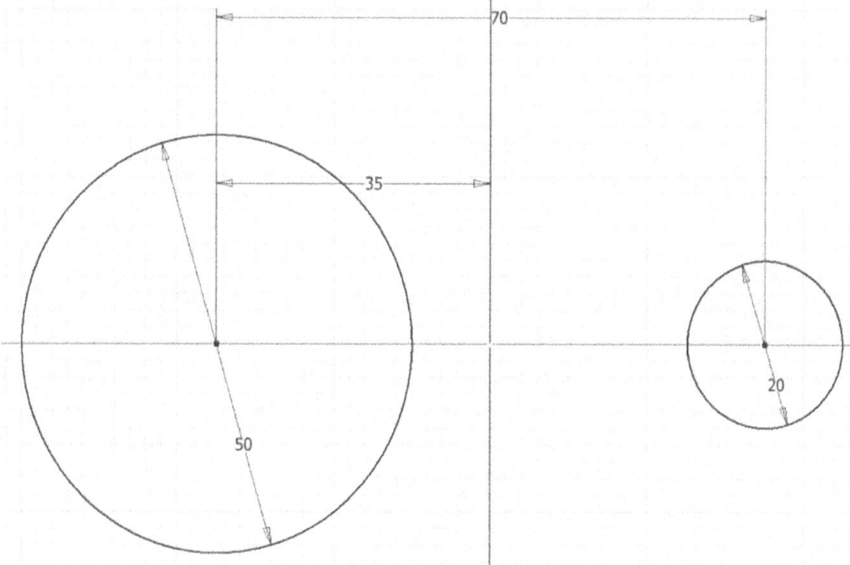

Figura 110: due cerchi formano l'inizio dello schizzo del moschettone

Puoi definire uno schizzo completamente in base alle sole dimensioni o scegliere una combinazione di dimensioni e condizioni, come qui. Per la condizione selezioniamo il centro di ciascuno dei due cerchi e poi l'origine. Ora lo schizzo è blu e completamente definito, cioè non può più essere spostato nel piano senza un ulteriore sforzo.

Poi tracciamo delle linee ausiliarie orizzontali e verticali attraverso i centri dei due cerchi per rendere più facile l'applicazione delle dimensioni e delle linee tangenti. Disegna le linee e fai clic destro su di esse per selezionare il comando "Construction".

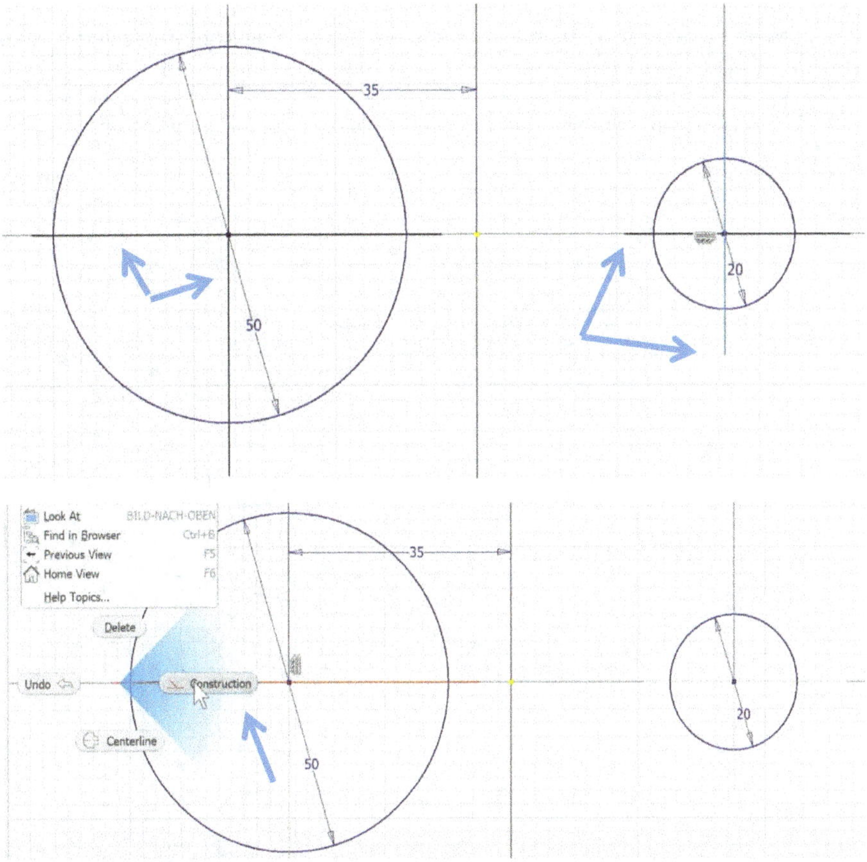

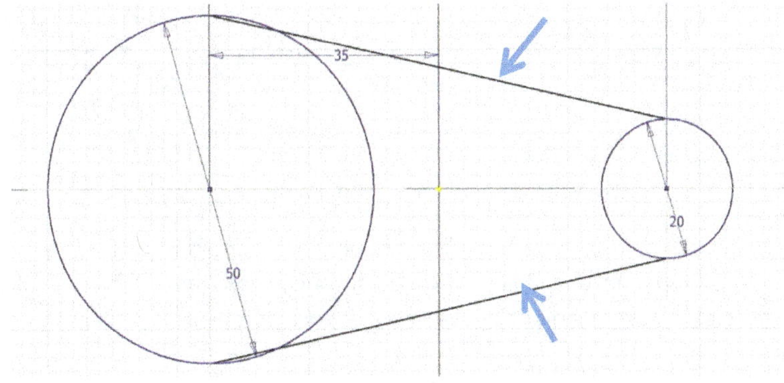

Figura 111: Le linee ausiliarie attraverso i centri dei due cerchi

Nel passo successivo colleghiamo le intersezioni delle guide verticali con i cerchi con due linee.

Figura 112: Disegna due linee di collegamento tangenziali

Per ottenere una forma autonoma, abbiamo bisogno solo del contorno esterno, ecco perché usiamo lo strumento "Trim".

Usando lo strumento, rimuovi tutti i segmenti di linea superflui come segue:

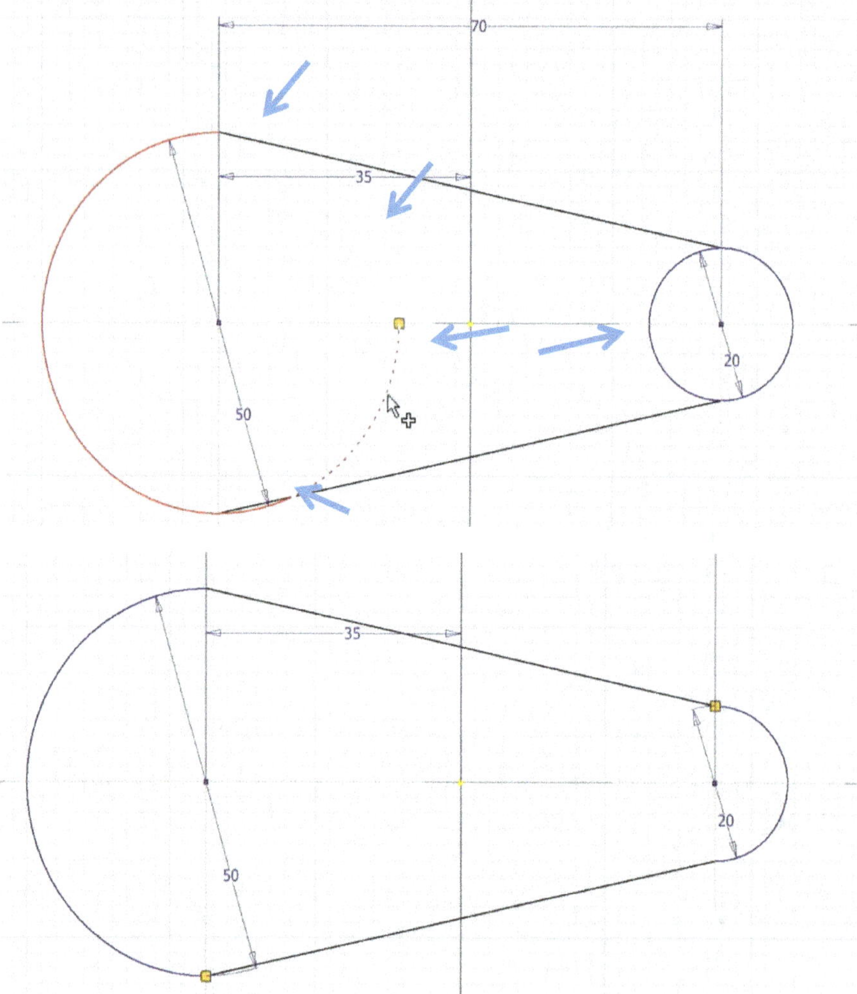

Figura 113: Rimuovere le sezioni superflue del cerchio

Ora potremmo già estrudere la superficie. Ma poi dovremmo comunque fare un taglio per ottenere il moschettone finale. Ma possiamo anche applicare subito una soluzione più veloce e disegnare la sezione trasversale del moschettone in un solo passo.

Per fare questo, aggiungi altri due cerchi di 35 e 10 mm di diametro all'area interna del moschettone e disegna nuovamente due linee dalle intersezioni dei cerchi con le linee guida, analogamente ai passi precedenti.

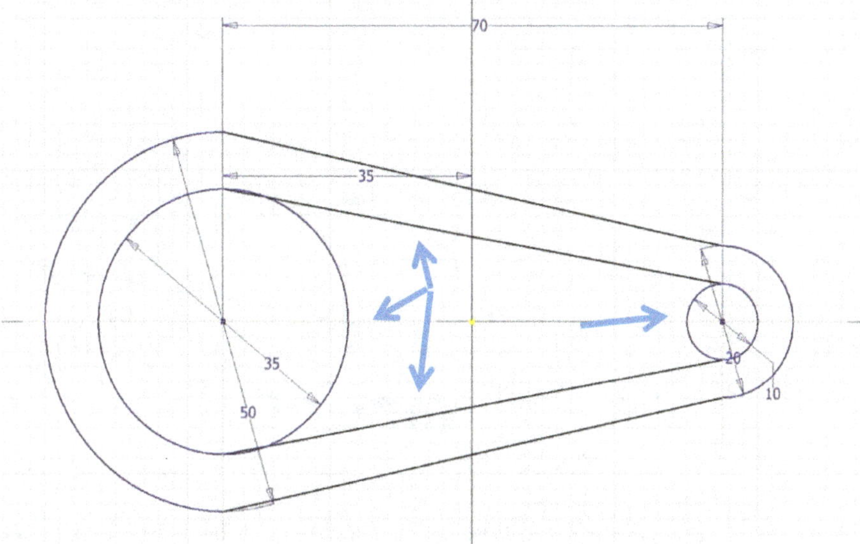

Figura 114: Disegna di nuovo cerchi e linee tangenziali (all'interno; vedi frecce)

Poi rimuovi tutti i segmenti di linea superflui utilizzando nuovamente la funzione "Trim".

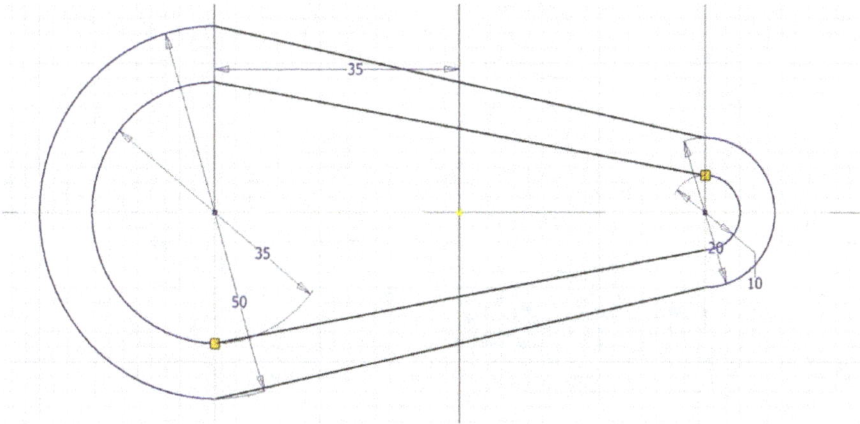

Figura 115: Tutte le sezioni superflue dei due cerchi sono state rimosse di nuovo con "Trim"

Per creare il taglio per l'apertura del moschettone, tracciamo una linea a 100° dalla base della linea di connessione tangenziale interna alla linea di connessione esterna del moschettone. La misurazione risulta automaticamente dall'inserimento dell'angolo e dei punti finali. Puoi passare dall'inserimento della misura all'inserimento dell'angolo con il tasto tab.

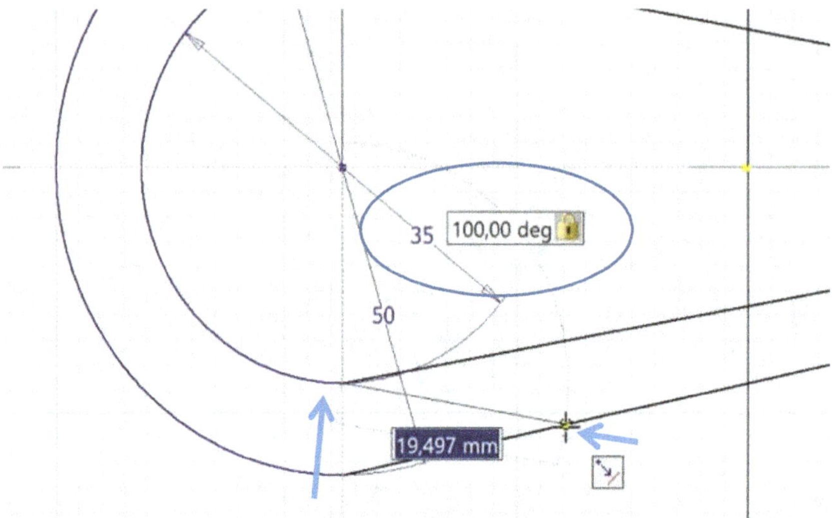

Poi traccia una seconda linea parallela e misura una distanza di 2 mm. Se il parallelismo non viene creato automaticamente - fai attenzione ai piccoli caratteri dietro - dovrai crearlo tu stesso.

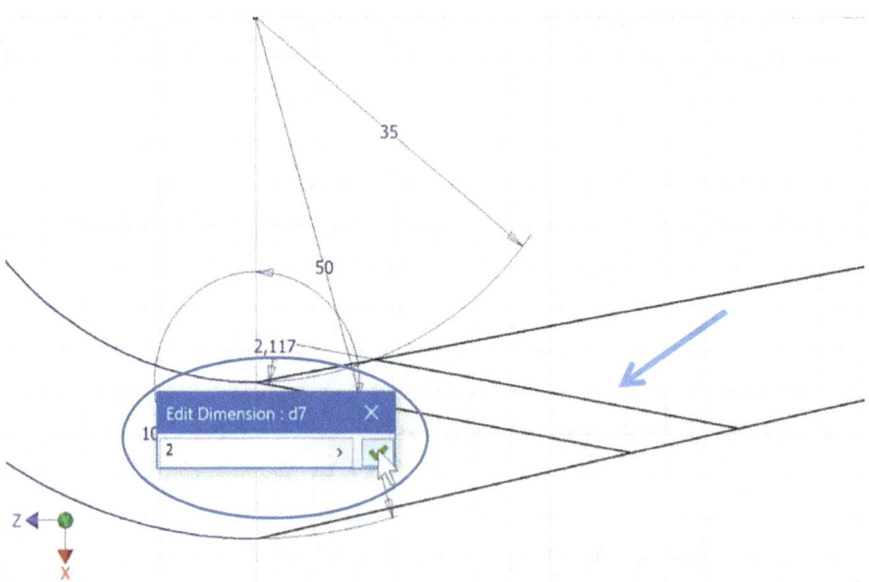

Figura 116: Crea una seconda linea parallela a 2 mm di distanza

Con la funzione "Trim" rimuoviamo nuovamente i segmenti di linea superflui.

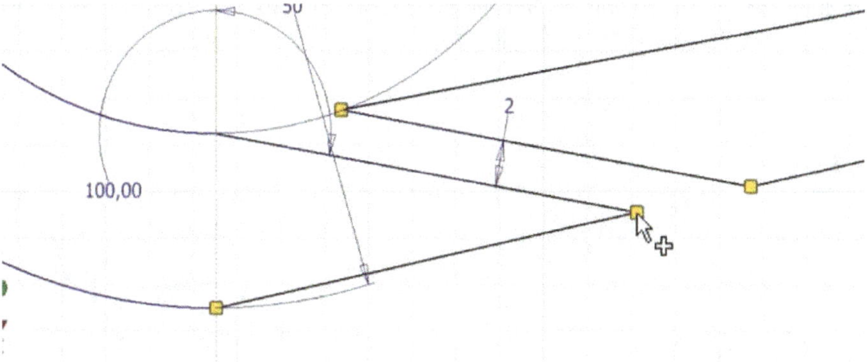

Figura 117: Rimuovere le linee superflue con "Trim" in modo da creare un'apertura

Come puoi vedere ora, ci siamo risparmiati alcuni passaggi di lavorazione e ora possiamo estrudere subito la forma base finita del moschettone.

Per trasformare la superficie 2D in un corpo 3D, passiamo alla modalità 3D con "Finish Sketch" e usiamo la funzione "Extrude". Per fare questo, seleziona solo la superficie esterna come profilo per l'estrusione nelle opzioni e inserisci un valore di 10 mm.

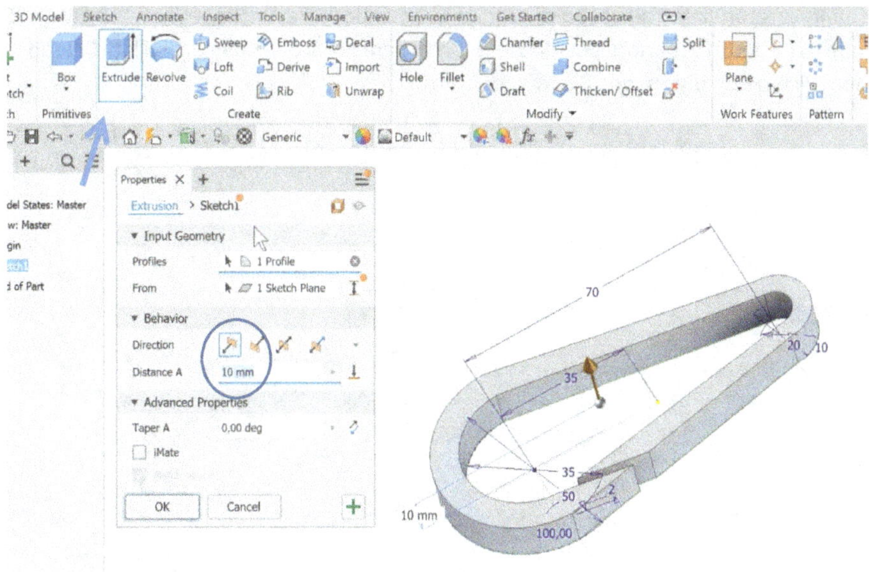

Figura 118: estrudi il moschettone con "Extrude" in modalità 3D

Puoi estrudere in una sola direzione, oppure simmetricamente o indipendentemente in due direzioni. Lo selezioni in "Direction". Se vuoi avere una forma conica, puoi anche specificare un angolo in "Taper Angle". Tuttavia, non ne abbiamo bisogno qui.

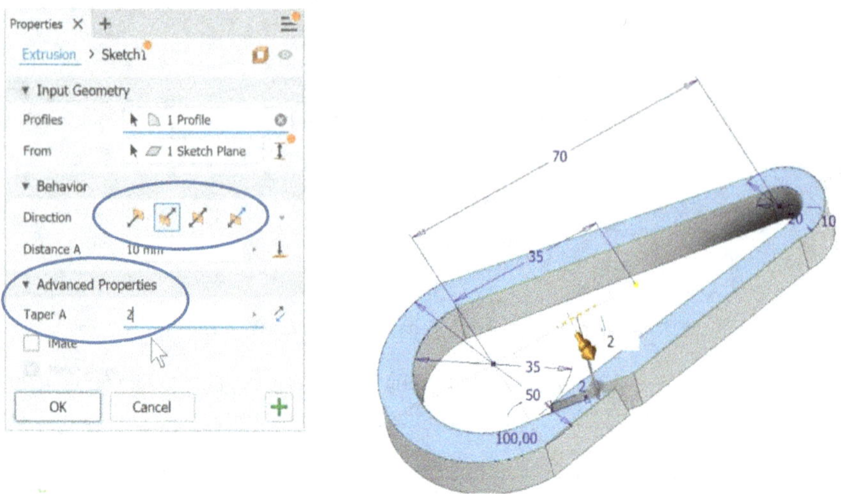

Figura 119: Seleziona la direzione dell'estrusione e inserisci l'angolo di conicità se lo desideri

Infine, arrotondiamo alcuni bordi usando il comando "Fillet" dalla sezione "Modify". 20 mm per il bordo superiore posteriore. E 1 mm per i bordi dell'apertura e i lati. Seleziona semplicemente diversi bordi uno dopo l'altro.

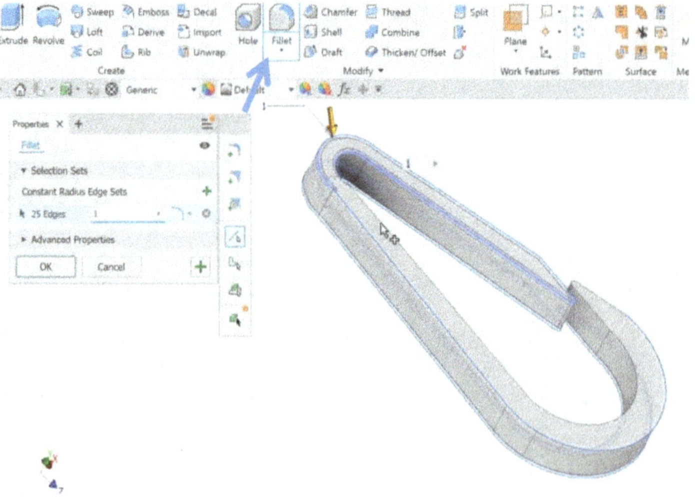

Figura 120: Applica l'arrotondamento del bordo con "Fillet" a piacere; ad esempio 1 mm

Impeccabile! Prima di passare al prossimo progetto di design, salviamo la singola parte. Se vogliamo un formato di file diverso, ad esempio per la stampa 3D o un altro programma, possiamo creare questo file utilizzando "Export" e selezionando "CAD Format", specificando il formato di file desiderato e la posizione di archiviazione. Per esempio, sono disponibili i formati "CATIA" e "PRO/Engineer", così come i formati di file "stl" e "step" comunemente conosciuti.

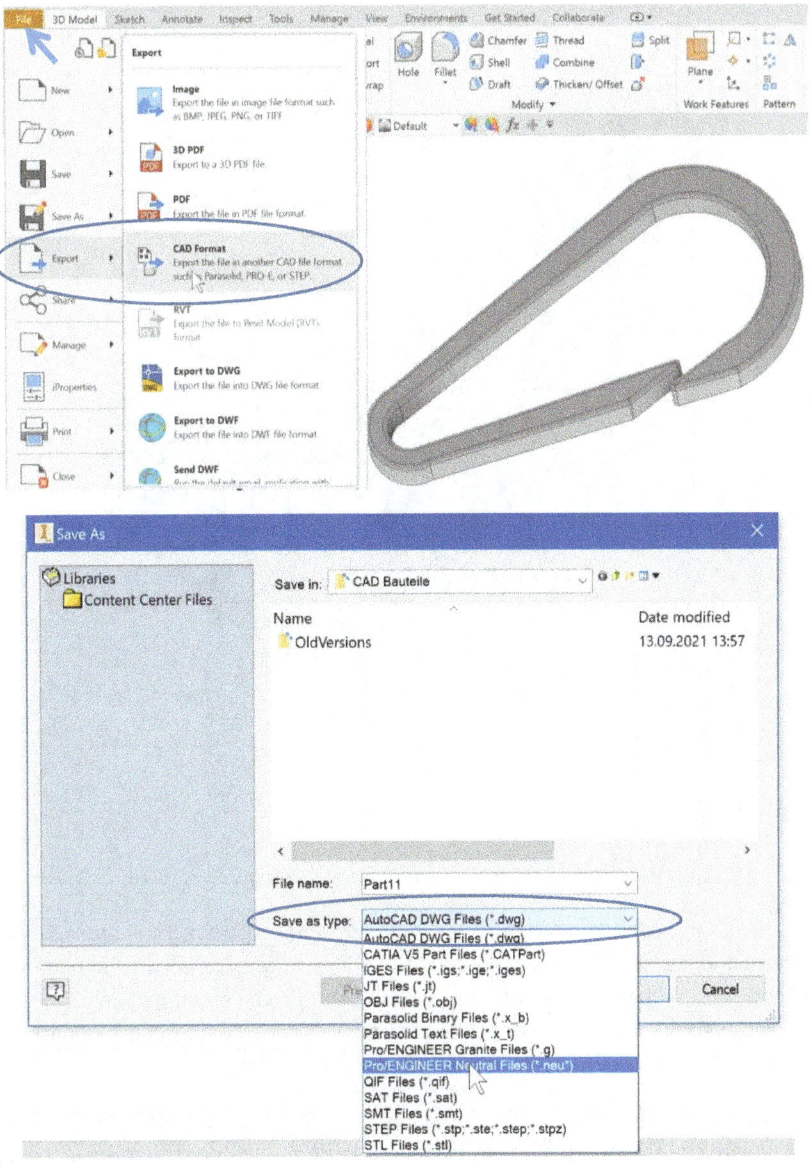

Figura 121: file in un altro formato usando "File" →"Export" →"CAD Format"

4.2 Progetto di design II: Collettore di scarico

Bentornato! In questo capitolo implementeremo la costruzione di un collettore di scarico per aumentare un po' il livello di difficoltà. In questo capitolo lavoreremo con la funzione "Sweep" e per la prima volta faremo uno schizzo 3D oltre agli schizzi 2D.

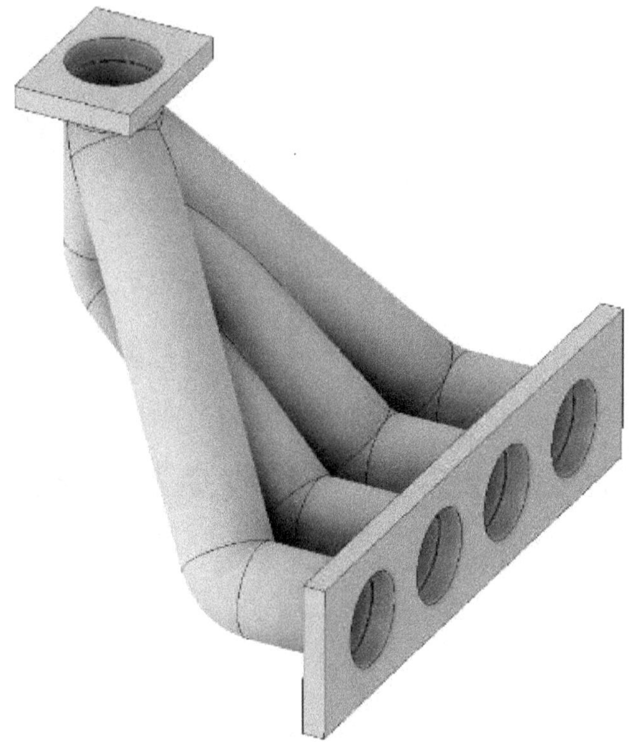

Figura 122: Un collettore di scarico diventa il nostro secondo progetto di costruzione

Prima di iniziare, consideriamo di nuovo come possiamo costruire il collettore. Quando la guardiamo per la prima volta, vediamo che in questa singola parte abbiamo due elementi rettangolari di base che sono su due piani diversi e non paralleli. Tra questi corpi rettangolari si trovano poi i tubi curvi per le aperture dei singoli cilindri di un motore. Quindi possiamo costruire il collettore in questi tre passi. Andiamo!

Ricominciamo nell'ambiente "Part" con una nuova parte singola. Per l'elemento rettangolare che si sarebbe poi seduto sul motore, iniziamo uno schizzo sul piano x-z e disegniamo un rettangolo con le dimensioni 100 mm e 400 mm. Scegliamo l'origine delle coordinate come punto di partenza.

Poi aggiungiamo quattro cerchi per le aperture. I cerchi dovrebbero essere tutti della stessa dimensione - otteniamo questo con la relazione "Equal" - e avere un diametro di 60 mm. La distanza tra loro dovrebbe essere ad esempio di 90 mm. Ora abbiamo bisogno di una dimensione in x e in z su questo piano, in modo che il nostro disegno sia completamente definito. Al momento i cerchi possono essere spostati, il che non è desiderato. Per la posizione z dimensioniamo uno dei cerchi al centro con una distanza di 45 mm. E per la posizione x usiamo la relazione "horizontal", con la quale colleghiamo i cerchi orizzontalmente con l'origine.

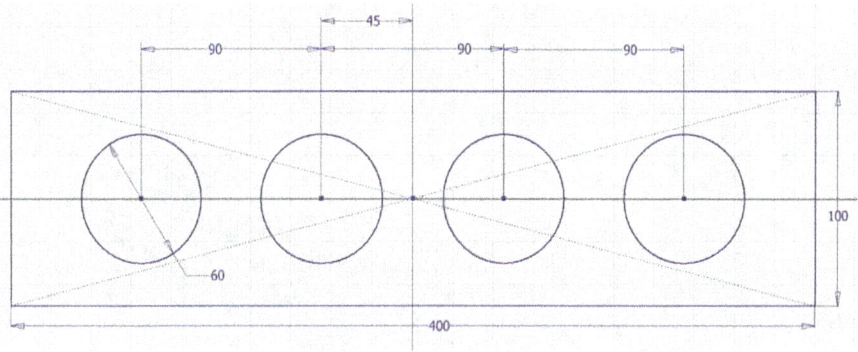

Figura 123: Disegno del profilo rettangolare con i quattro cerchi sul piano x-z

Poi finiamo lo schizzo ed estrudiamo l'area di 15 mm. Per farlo, seleziona l'area tra i cerchi e il rettangolo.

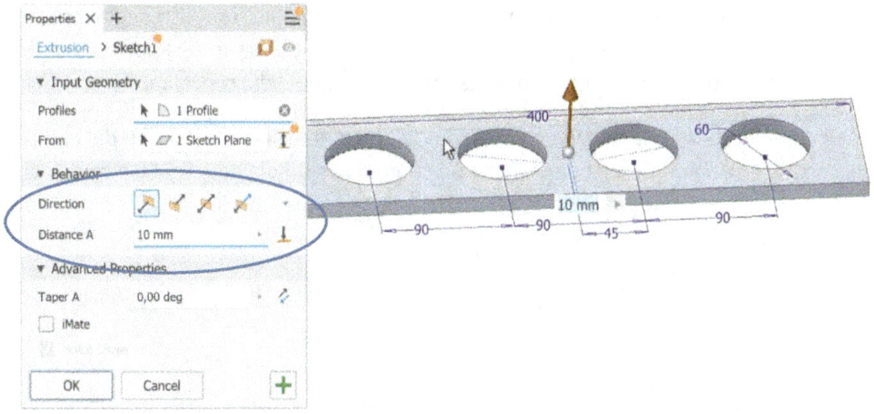

Figura 124: Estrudi il profilo con "Extrude" 10 mm

Nel passo successivo, creiamo l'elemento rettangolare che verrebbe montato sul silenziatore centrale o sul catalizzatore del sistema di scarico. Per questo abbiamo bisogno di uno schizzo su un piano che - in questo caso - è parallelo al piano x-y.

Per fare questo, creiamo un piano parallelo o un piano "offset" con il comando "Offset from Plane" dalla sezione "Work Features" e "Plane" in "3D Model". Seleziona il comando e il piano x-y e inserisci una distanza. Nel nostro caso -250 mm. Abbiamo bisogno del meno per la direzione corretta, che in questo caso è la direzione z negativa.

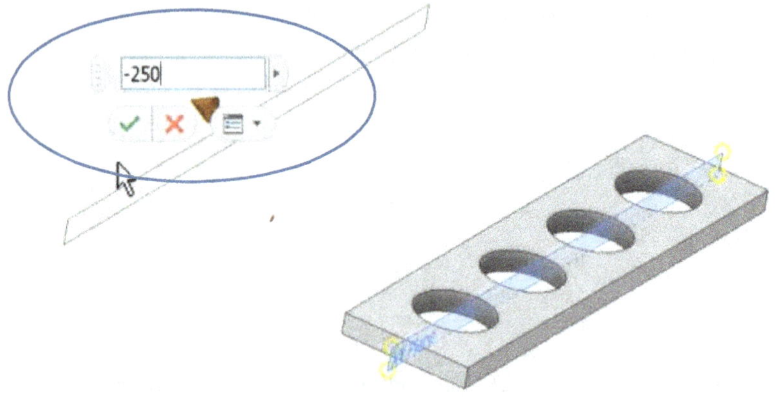

Figura 125:Crea un piano parallelo al piano x-y; seleziona un offset di -250 mm

Su questo piano iniziamo un nuovo schizzo e disegniamo un rettangolo con le dimensioni 110 mm e 80 mm. Otteniamo una posizione fissa in direzione x con la condizione "vertical" tra il centro del rettangolo e l'origine delle coordinate.

Una posizione fissa nella direzione y utilizzando una dimensione di 250 mm dal centro del cerchio all'origine. Disegniamo anche un cerchio con un diametro di 60 mm.

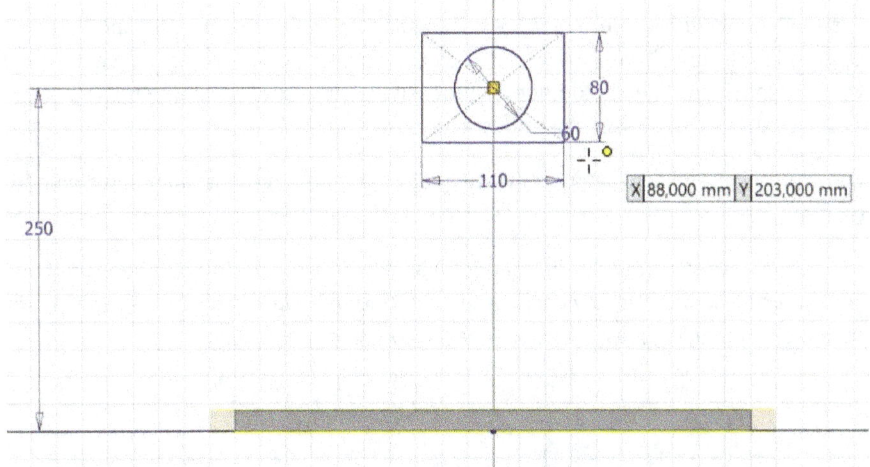

Figura 126: Disegno del secondo profilo della parte sul piano parallelo creato

Allora questo schizzo è pronto e può essere chiuso. Estrudiamo l'area tra il rettangolo e il cerchio di nuovo 15 mm.

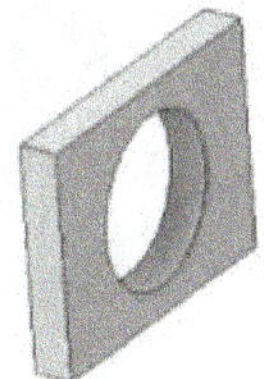

Figura 127: Il risultato dopo un'estrusione di 15 mm

Super! Ora abbiamo le due geometrie rettangolari e possiamo passare ai tubi di scarico. Usiamo la funzione "Sweep" in questo capitolo perché possiamo creare le geometrie velocemente e facilmente con questa funzione. Come ricorderai, hai sempre bisogno di un profilo e di un percorso per questa funzione.

Come profili disegniamo semplicemente quattro cerchi congruenti sul primo elemento creato.

Ora, per creare la forma desiderata, dobbiamo creare un percorso, ad esempio una linea, attraverso lo spazio 3D dal rispettivo cerchio del primo rettangolo al cerchio del secondo rettangolo. Questo funziona meglio con uno schizzo 3D.

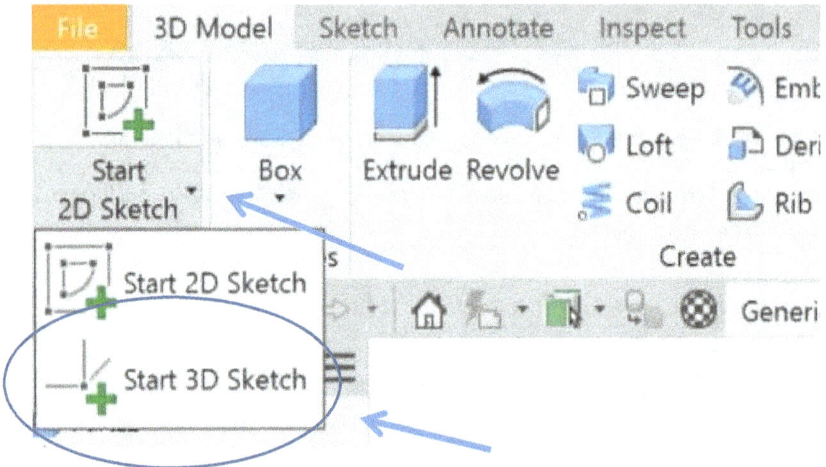

Figura 128: Iniziare uno schizzo 3D è quasi lo stesso che iniziare uno schizzo 2D, ma in 3D.

Finora abbiamo sempre disegnato uno schizzo 2D su un piano quando abbiamo creato un elemento. Ma puoi anche fare degli schizzi nello spazio 3D. Questo è in realtà relativamente facile, richiede solo un po' più di immaginazione. Sarai anche in grado di immaginarlo meglio se ruoti molto spesso il piano di disegno e ottieni così diverse prospettive.

Quindi selezioniamo il comando "Start 3D Sketch" e veniamo portati all'area di schizzo 3D.

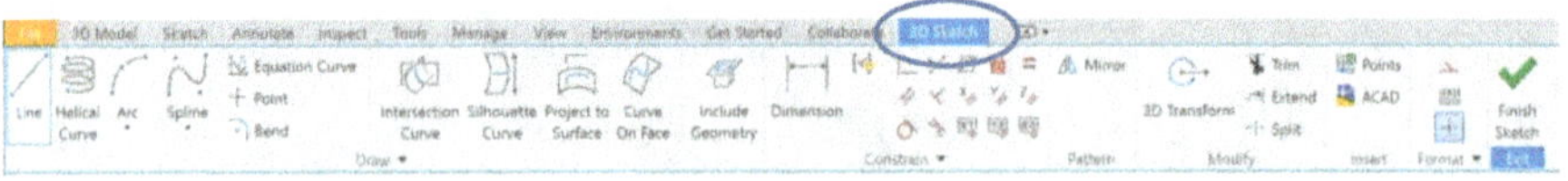

Figura 129: La barra degli strumenti "3D Sketch"; appare automaticamente dopo aver selezionato il comando

Se selezioniamo il comando "Line" normalmente, possiamo costruire il nostro percorso da linee individuali. Iniziamo cliccando sul centro del primo cerchio. Ora ci viene mostrato un sistema di coordinate con i tre assi colorati "x", "y" e "z". L'orientamento corrisponde al sistema di coordinate della singola parte. A seconda della direzione dell'asse che ora muovi con il mouse, puoi disegnare una linea su uno degli assi. Dobbiamo prima muoverci nella direzione y, cioè verso l'alto. Sposta il tuo mouse in alto e lateralmente in modo che appaia una linea verde, il prolungamento dell'asse y. Poi puoi inserire una dimensione, ad esempio 80 mm.

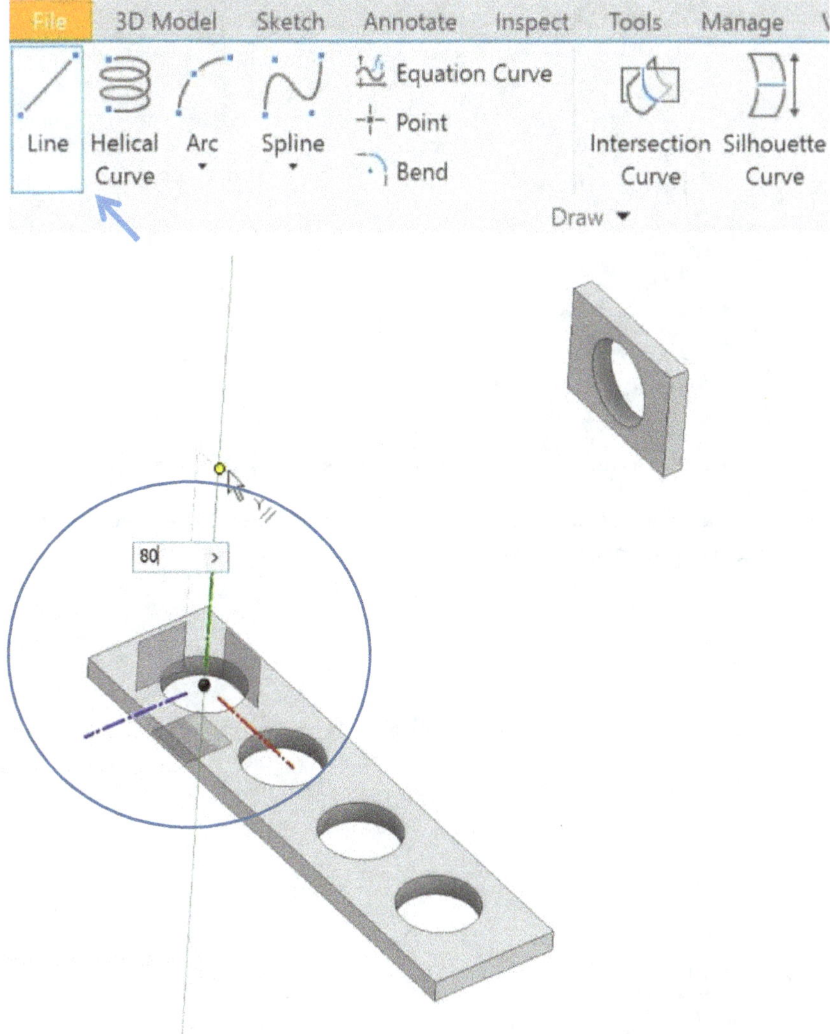

Figura 130: Disegna una linea nello spazio 3D; inizia al centro del cerchio e muoviti nella direzione della linea verde; inserisci la dimensione e premi 'Enter'.

Ora abbiamo una linea di 80 mm nella direzione y, come se avessimo disegnato sul piano x-y. Poi disegniamo una linea di 30 mm in direzione z, cioè la linea blu deve apparire. Per fare questo, partiamo dal centro del secondo elemento creato.

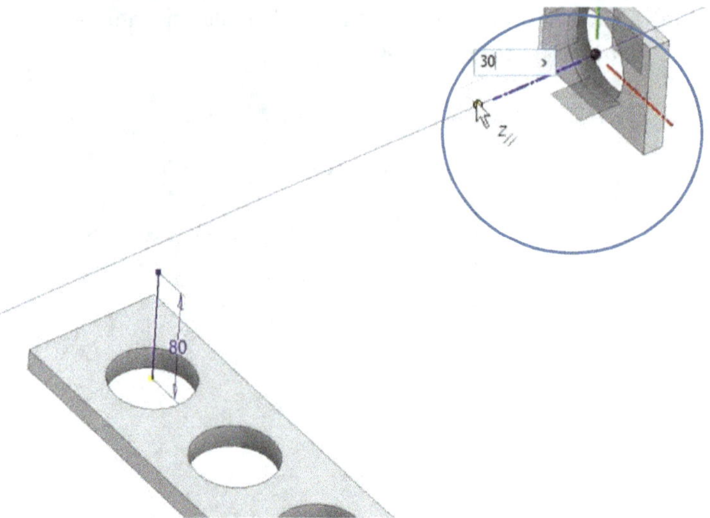

Figura 131: Crea una linea di 30 mm in direzione z per il secondo elemento

E infine, colleghiamo semplicemente i due punti finali di queste due linee nello spazio 3D in modo da ottenere una diagonale.

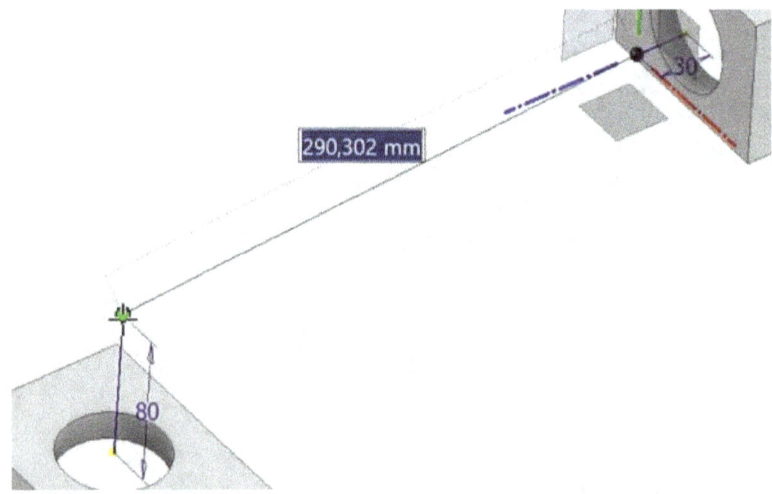

Figura 132: Creare una linea di collegamento nello spazio 3D; seleziona semplicemente i punti d'angolo

Con il comando "Bend" possiamo ancora arrotondare i due punti d'angolo acuti con ad esempio 30 mm.

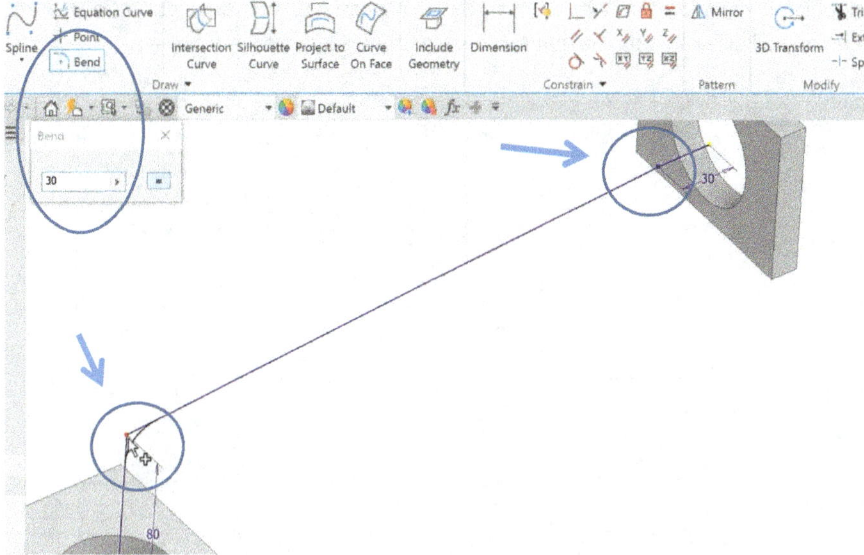

Figura 133: usando il comando "Bend" per arrotondare gli angoli (vedi frecce); seleziona 30 mm come raggio

Il primo percorso per il comando "Sweep" è pronto. Come profilo, disegniamo semplicemente un cerchio congruente in un nuovo schizzo sull'elemento rettangolare.

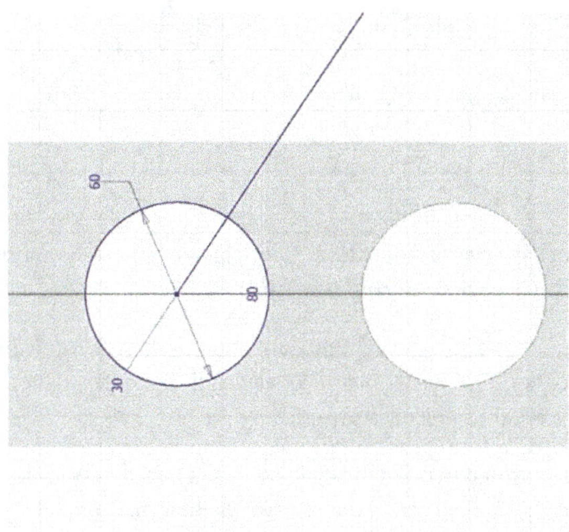

Figura 134: Disegnare un cerchio congruente sul lato superiore del rettangolo

Quando si avvia il comando, dobbiamo prima attivare la selezione "Profile" nella finestra "Properties", poi possiamo selezionare il primo profilo del cerchio. Poi dobbiamo cambiare la selezione in "Path" e possiamo quindi selezionare il primo percorso. Il programma crea quindi il nostro primo segmento di tubo.

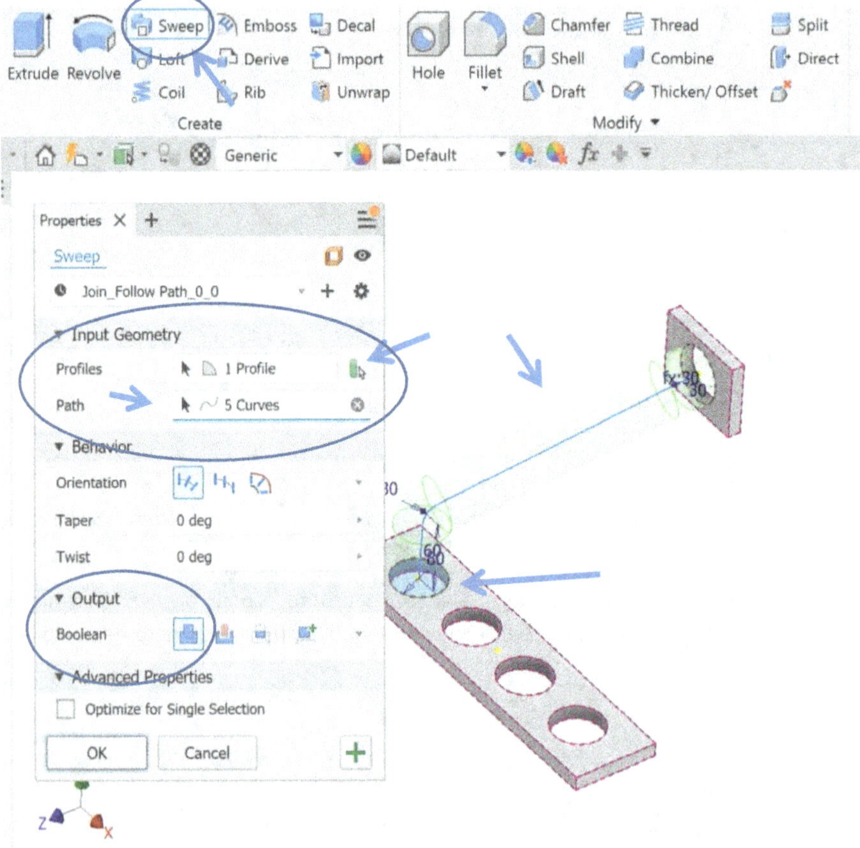

Nell'area "Output" possiamo impostare "Join", per esempio, in modo da collegare i corpi creati tra loro. Infine, conferma con "OK".

La procedura per i restanti tre segmenti di tubo è identica. L'unica differenza è nel disegnare il percorso 3D, cioè abbiamo bisogno di lunghezze diverse per le linee in direzione z per l'elemento nell'area superiore.

Abbiamo avuto al primo percorso: 30 mm. Per il secondo percorso abbiamo bisogno di 60 mm, per il terzo 120 mm e per il quarto ancora 30 mm. Provalo!

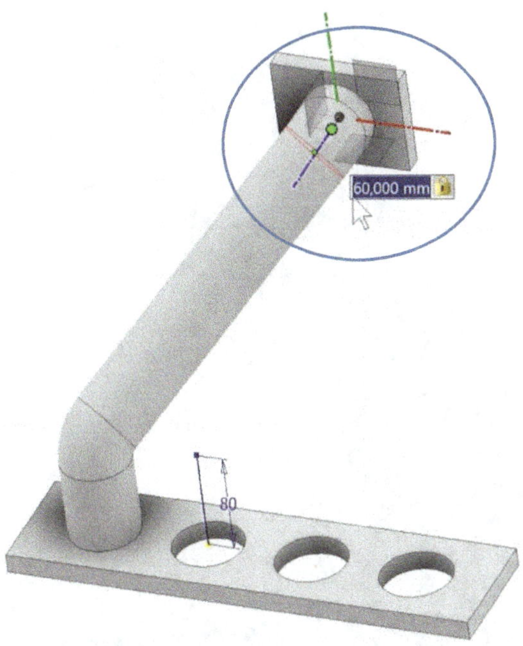

Figura 135: Per il secondo segmento di tubo abbiamo bisogno di una linea di 60 mm in direzione z

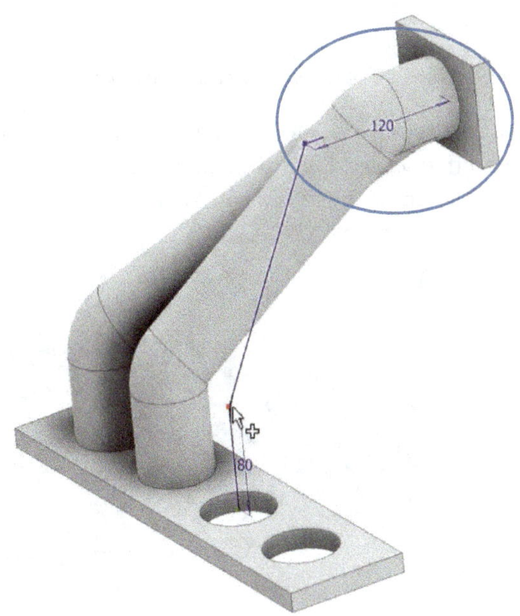

Figura 136: Per il segmento di tubo drite abbiamo bisogno di una linea lunga 120 mm in direzione z

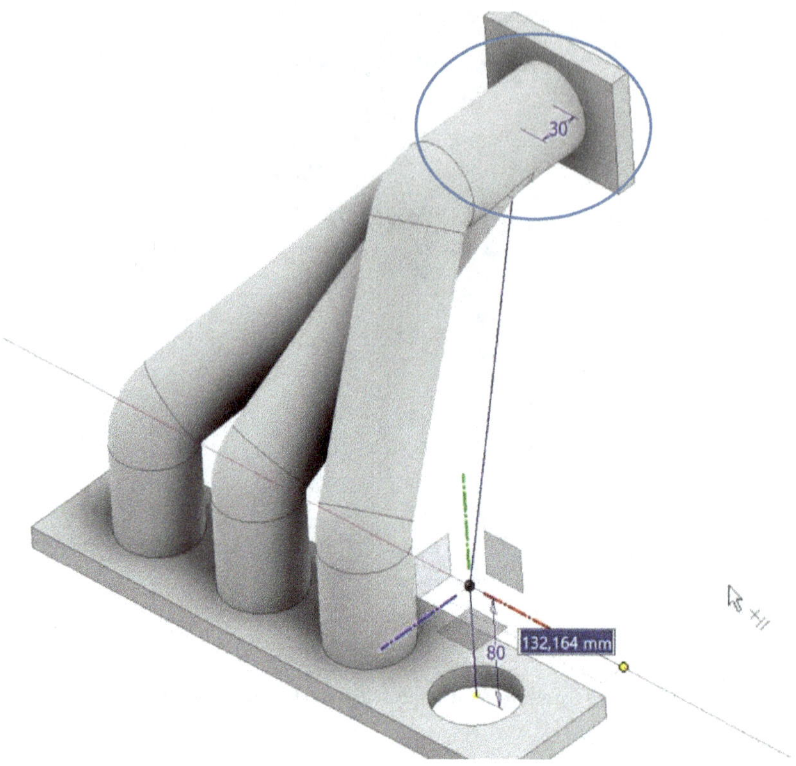

Figura 137quarto segmento di tubo abbiamo ancora bisogno di una linea di 30 mm in direzione z

Molto bene! Il collettore di scarico è quasi finito! Ora dobbiamo scavare i solidi creati in modo da ottenere effettivamente dei tubi. Lo facciamo con il comando "Shell". Seleziona il comando, seleziona le superfici circolari inferiore e superiore e inserisci uno spessore della parete di ad esempio 2 mm.

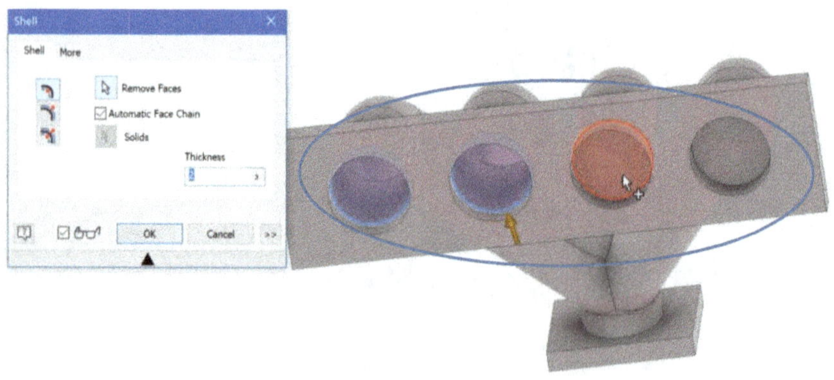

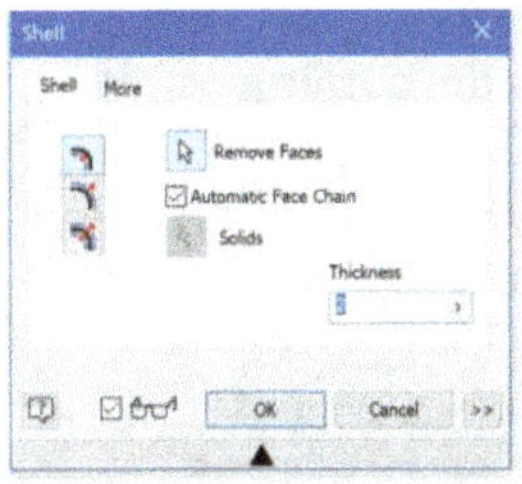

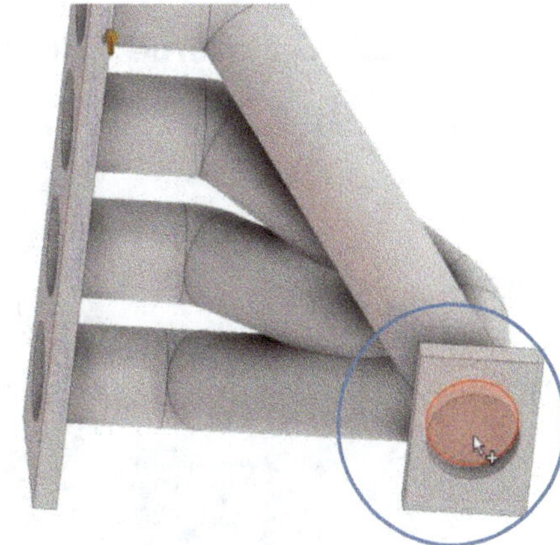

Figura 138: scavare il collettore di scarico; seleziona le aree circolari in alto e in basso e inserisci uno spessore di 2 mm in "Thickness" nelle opzioni.

Super! Abbiamo imparato molto in questa lezione. La creazione di uno schizzo 3D, un piano "offset" e la gestione pratica dei comandi "sweep" e "shell".

Come penultimo progetto di costruzione, costruiremo la parte anteriore di un camion con una cella passeggeri o cabina di guida nel capitolo seguente. Questo sarà un po' più impegnativo, ma insieme non è un problema!

Procederemo di nuovo passo dopo passo! Continua a farlo e per favore continua, sta diventando sempre più eccitante!

4.3 Progetto di design III: Parte anteriore del camion

Figura 139: Il frontale di un camion diventa il nostro terzo progetto di costruzione

Per la parte anteriore del camion iniziamo una nuova parte singola. Pensiamo prima al modo migliore per costruire il modello. Abbiamo bisogno di una parte trapezoidale per il cofano, un cuboide per la cabina vera e propria e parti aggiuntive come ali, fari, griglia del radiatore e paraurti. Questo significa che potremmo iniziare con la sezione per il cofano, per esempio. Per fare questo, iniziamo uno schizzo sul piano x-y e disegniamo un semplice rettangolo. Il punto di partenza dovrebbe essere il punto centrale e le dimensioni dovrebbero essere 140 mm in larghezza e 90 mm in altezza. Poi creiamo un piano parallelo al piano x-y con una distanza di 120 mm.

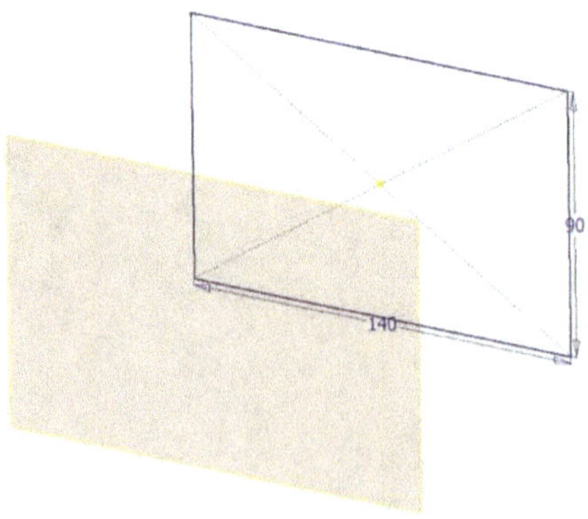

Figura 140: Il rettangolo sul piano x-y con il piano parallelo a 120 mm di distanza

Su questo piano ora disegniamo un altro rettangolo che sarà un po' più piccolo, 75 mm di larghezza e 80 mm di altezza per essere precisi. La distanza del punto centrale dovrebbe essere di 5 mm dall'origine delle coordinate in modo che i due bordi inferiori dei rettangoli siano congruenti.

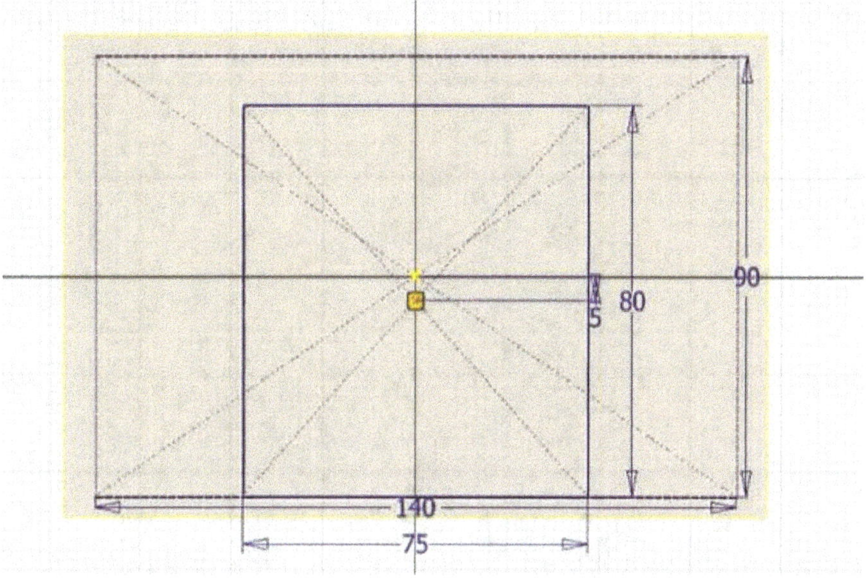

Figura 141: Disegno del secondo rettangolo sul piano parallelo

Con la funzione "Loft" possiamo ora avere i due rettangoli collegati in modalità 3D per formare un solido.

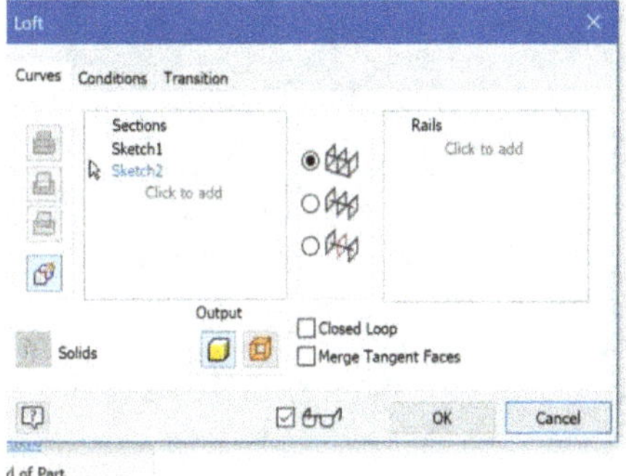

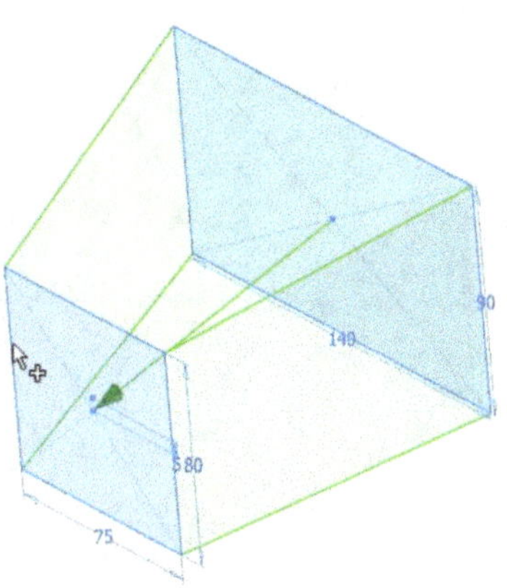

Figura 142: Applicazione della funzione "Loft" per ottenere un solido

Per la cabina di guida, disegniamo poi un nuovo schizzo con un rettangolo largo 140 mm e alto 170 mm sul piano posteriore di questo solido.

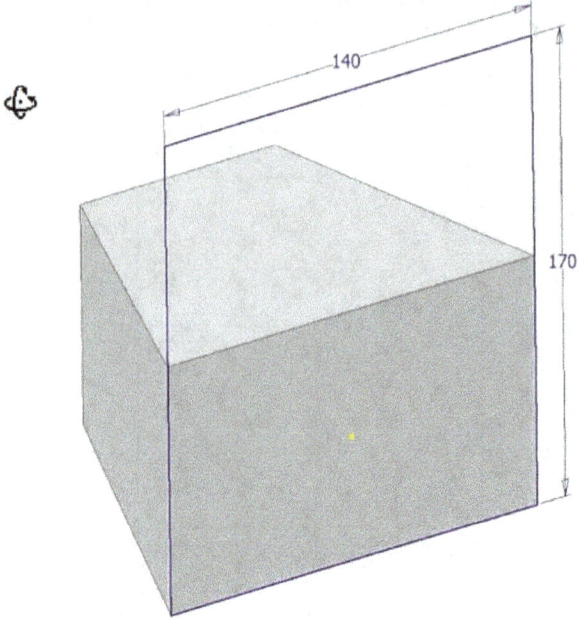

Figura 142: Disegno del rettangolo sulla superficie posteriore del corpo base (vista ruotata qui)

Poi estrudiamo questo rettangolo di 120 mm.

Figura 143: Estrudi il rettangolo 120 mm

Ora abbiamo già le due forme di base per il nostro oggetto. Per i due parafanghi o passaruota, disegniamo uno schizzo sul piano y-z nel passo successivo, poiché vogliamo estruderli simmetricamente dal centro. Dopo aver iniziato uno schizzo, disegniamo prima un arco di 3 punti con un raggio di 50 mm e una distanza di 72 mm in direzione orizzontale all'origine. Impostiamo i due punti rimanenti coincidenti, cioè congruenti con l'angolo sinistro e una volta con la linea inferiore del vano motore.

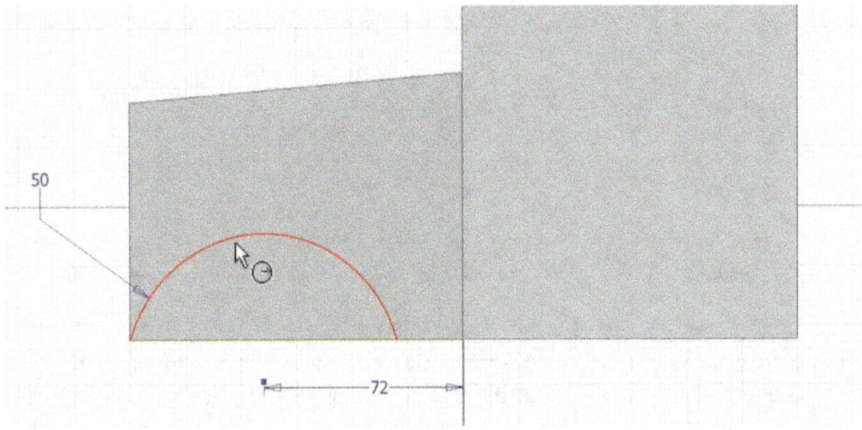

Figura 144: Disegno di un arco di 3 punti sul piano y-z; Segna per la visibilità

Poi abbiamo bisogno di un altro arco a 3 punti, che impostiamo concentricamente al primo arco e due linee orizzontali, ciascuna lunga 2,5 mm, che collegano i due punti d'angolo degli archi.

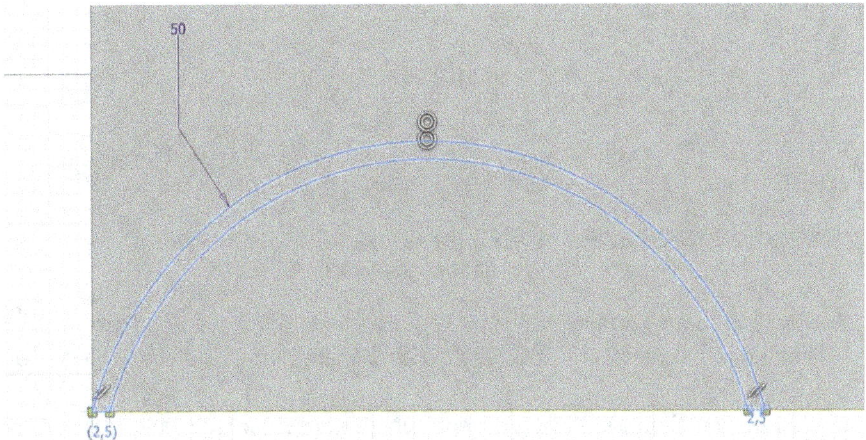

Figura 145: Disegna il secondo arco concentrico al primo; aggiungi linee di collegamento lunghe 2,5 mm; segna per la visibilità con il mouse

Dimensionali con 2,5 mm ciascuno. Per selezionare un elemento specifico, resta un po' più a lungo con il mouse in una posizione. Poi viene visualizzato un piccolo menu a tendina con il quale puoi scegliere quale elemento congruente vuoi selezionare.

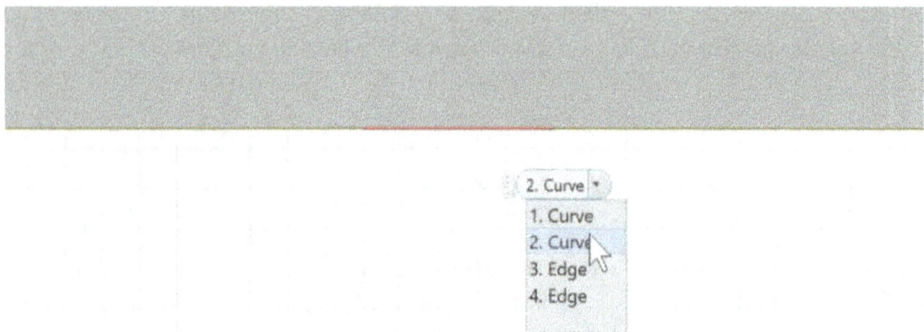

Figura 146: Il piccolo menu a tendina per selezionare gli elementi congruenti

La seconda dimensione di 2,5 mm non è più necessaria. Questo risulta dalle altre dimensioni e dalla condizione concentrica. Questa dimensione sovradimensionerebbe lo schizzo, quindi possiamo usare solo una dimensione controllata qui, che viene poi messa tra parentesi. Una dimensione controllata non è fissa, ma cambia quando cambiamo un'altra dimensione. Quindi mostra solo un valore. Potremmo anche lasciarlo fuori.

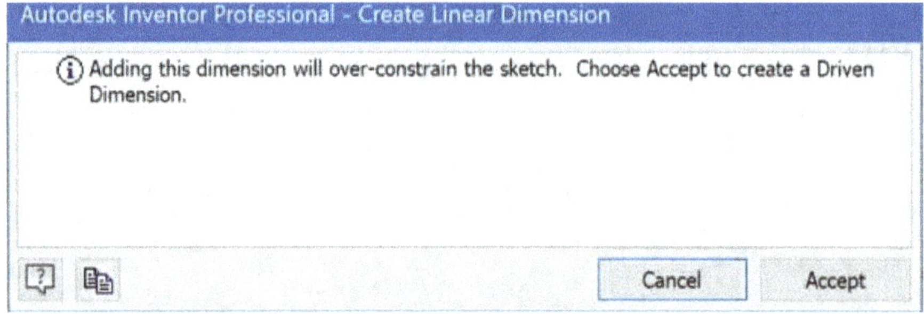

Figura 147: L'avviso quando una quota sovradimensiona uno schizzo; premi "Accept" per una quotatura controllata

Per poter estrudere il profilo in modalità 3D, dobbiamo prima selezionare il profilo e poi la funzione, altrimenti non possiamo più selezionare il profilo perché è all'interno.

Prendiamo una dimensione di 140 mm con direzione simmetrica o "Direction": "Symmetric". Se vogliamo creare un corpo indipendente per l'elemento volume, selezioniamo "New Solid" per "Output", altrimenti semplicemente "Join", allora viene semplicemente unito al corpo precedente. In questo caso scegliamo "Join", perché queste ali dovrebbero ancora appartenere al nostro corpo base.

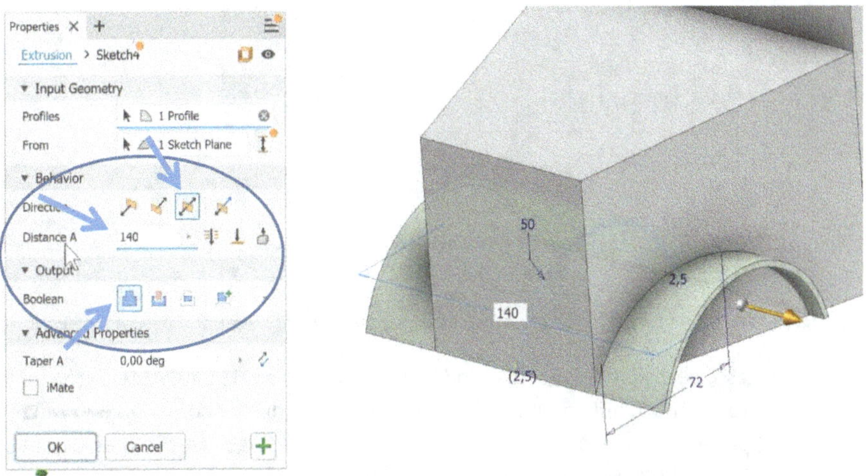

Figura 148: Prima seleziona lo schizzo nell'albero della struttura, poi avvia il comando "Extrude"

In questo capitolo vogliamo solo creare un nuovo corpo per ogni parte aggiuntiva come la griglia del radiatore, i fari e il paraurti, ma non una parte individuale separata come faremmo in un normale assemblaggio. Abbiamo già accennato brevemente a come trattare le singole parti in un assemblaggio e come collegarle ai giunti in un assemblaggio in un capitolo precedente e impareremo questo in modo più dettagliato nel prossimo capitolo.

Nota che in questo contesto, corpo e componente sono termini diversi. Confuso da corpi, parti e assemblaggi? Facciamo una breve digressione su corpo vs. parte individuale: la differenza tra corpo e parte individuale è che ogni gruppo consiste di parti individuali e ogni parte individuale a sua volta consiste di corpi. Quindi è una sorta di dettaglio gerarchico. In un'automobile, per esempio, le parti del telaio, le porte, le ruote e tutte le altre parti, fino alle più piccole viti, sono costruite come parti individuali. Ognuna di queste singole parti di un gruppo principale, a sua volta, può essere suddivisa in diversi corpi o anche solidi. Tuttavia, non devi necessariamente fare questo, puoi anche costruire una parte individuale da un solo corpo, specialmente se ha un design molto semplice.

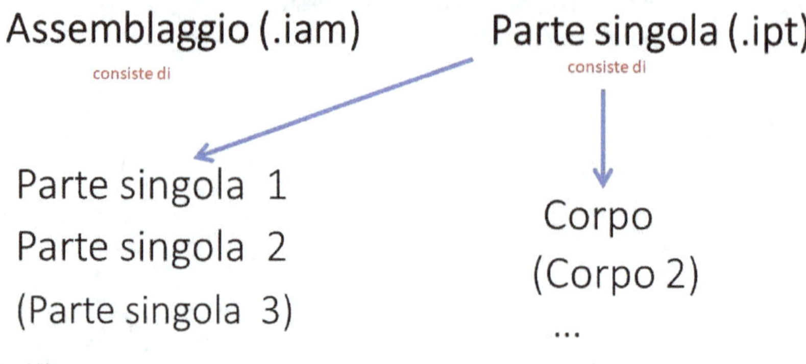

Figura 149: Differenza tra corpo, parte individuale e assemblaggio; mostrato schematicamente

In questo caso, costruiamo il nostro modello come una singola parte, ma dato che la singola parte è un po' più complessa, la costruiamo da diversi corpi. Questo offre il vantaggio, per esempio, di poter delimitare chiaramente i singoli corpi e, per esempio, nasconderli o cambiare leggermente il loro aspetto.

Per riassumere brevemente in conclusione: Un corpo è, per così dire, una demarcazione più dettagliata all'interno di una parte individuale, che a sua volta può appartenere ad un gruppo. Un corpo è principalmente un componente di una parte individuale, mentre una parte individuale può essere mossa liberamente all'interno di un assemblaggio di livello superiore ed è collegata da giunti all'interno di un assemblaggio. Non preoccuparti se non lo capisci subito, lo capirai ancora meglio durante il corso attraverso l'applicazione pratica.

Torniamo al nostro camion. Nel prossimo passo vogliamo scavare il nostro solido, lo facciamo con il comando "Shell", un clic sulla superficie inferiore e l'inserimento di una parete di 5 mm.

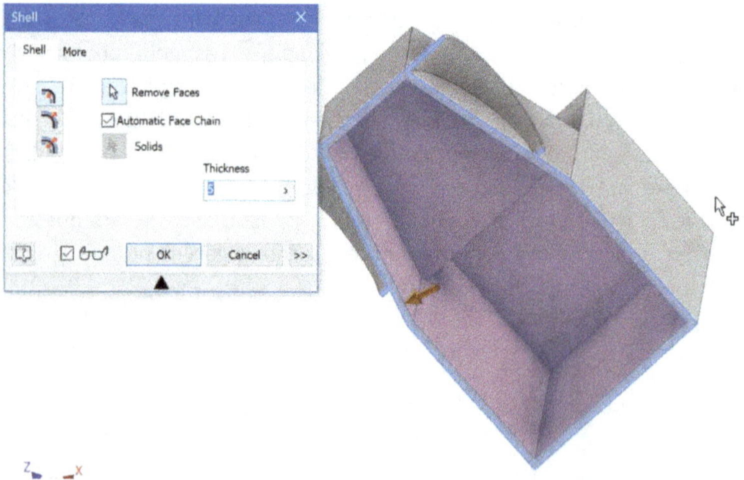

Figura 150: scavare il corpo precedente con "Shell" e una parete di 5 mm

Vorremmo anche rimuovere le superfici all'interno dei passaruota. Da un lato, potremmo iniziare un'estrusione come la conosciamo. D'altra parte, in questo caso possiamo semplicemente rimuovere la faccia con il comando "Delete Face" dalla sezione "Modify". Assicurati di selezionare l'opzione "Heal remaining Faces", altrimenti non funzionerà come desiderato.

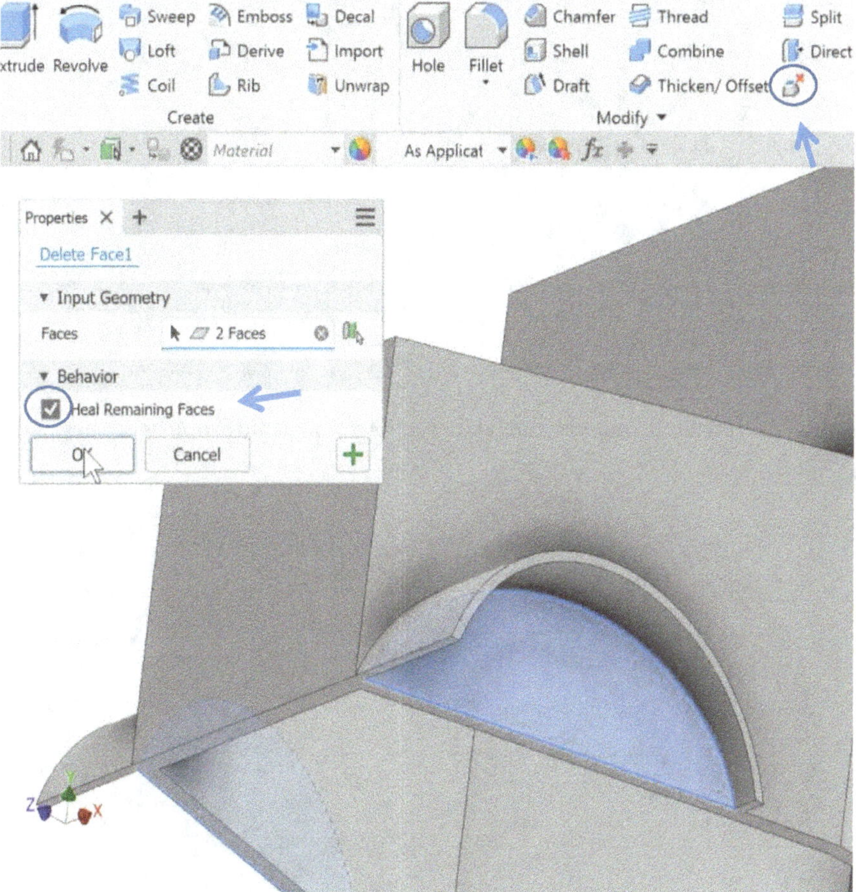

Figura 151: Il comando "Delete Face" dalla sezione "Modify"

Successivamente, ci occupiamo del parabrezza in due parti. Vogliamo costruire questo da due semplici rettangoli. Prendi le dimensioni dal seguente profilo:

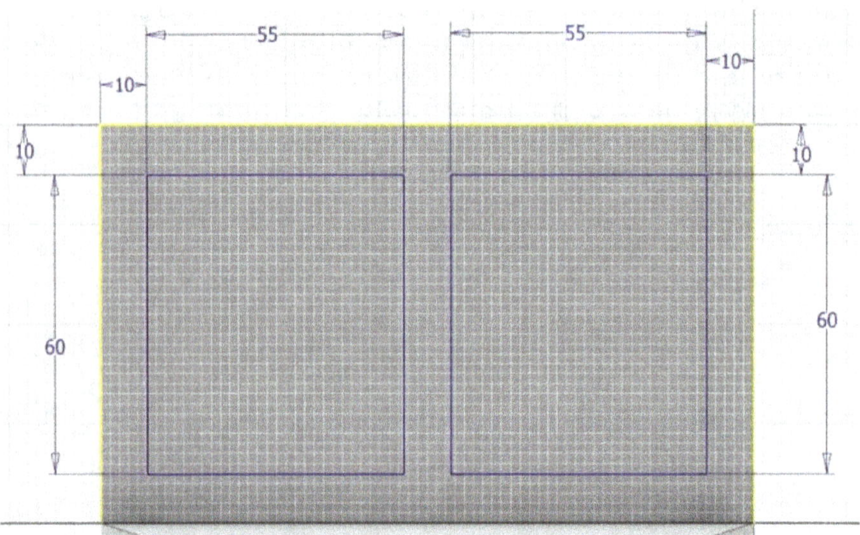

Figura 152: Disegno del profilo dei due rettangoli sulla superficie superiore anteriore

Poi finisci lo schizzo e ritaglialo con "Extrusion". Arrotondiamo i bordi delle finestre con 5 mm.

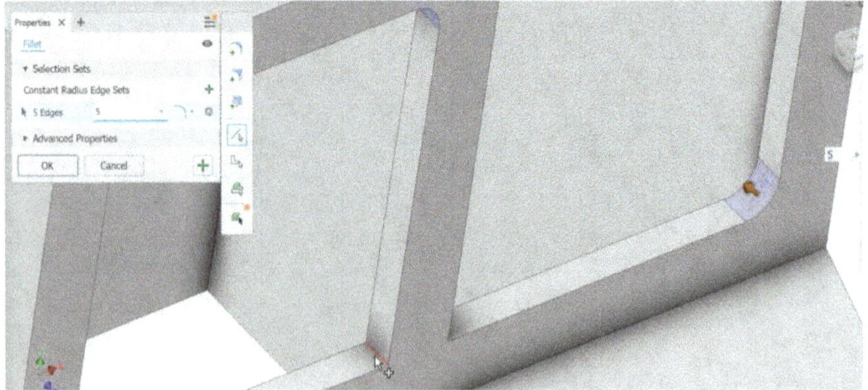

Figura 153: Arrotondamento dei bordi delle finestre con 5 mm

Procediamo in modo simile per le finestre laterali. Per questo, però, disegniamo solo un rettangolo su un lato e poi tagliamo semplicemente tutta la larghezza, dato che la cabina è comunque vuota. Le dimensioni e la posizione del rettangolo dovrebbero essere le seguenti:

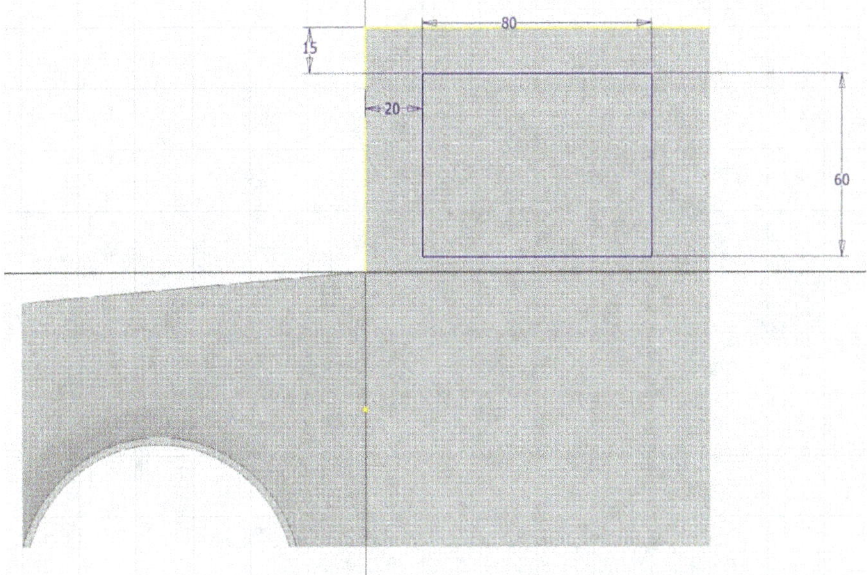

Figura 154: Il profilo per il taglio delle finestre laterali

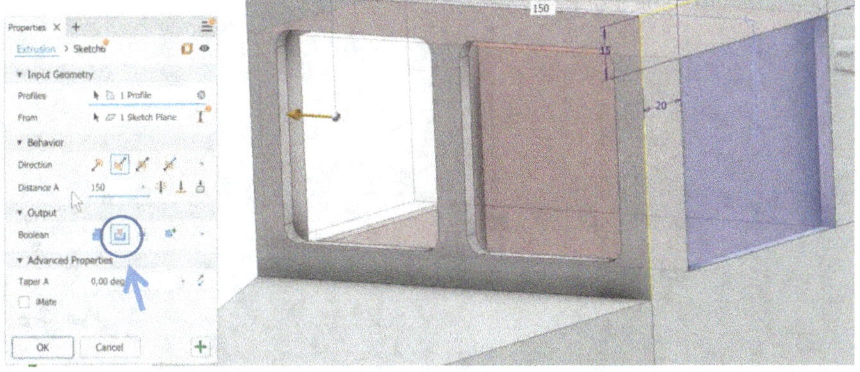

Figura 155: tagliare le finestre da un lato; per l'uscita: "Cut"

Per dare al nostro modello almeno l'aspetto di una porta, conosceremo una nuova funzione, il comando "Emboss".

Per questo comando abbiamo prima bisogno di uno schizzo, quindi disegniamo un rettangolo per imprimere la porta sulla superficie laterale della cabina di guida. Il punto di partenza dovrebbe essere nell'angolo inferiore sinistro della finestra e il rettangolo dovrebbe essere alto 90 mm e largo quanto la finestra.

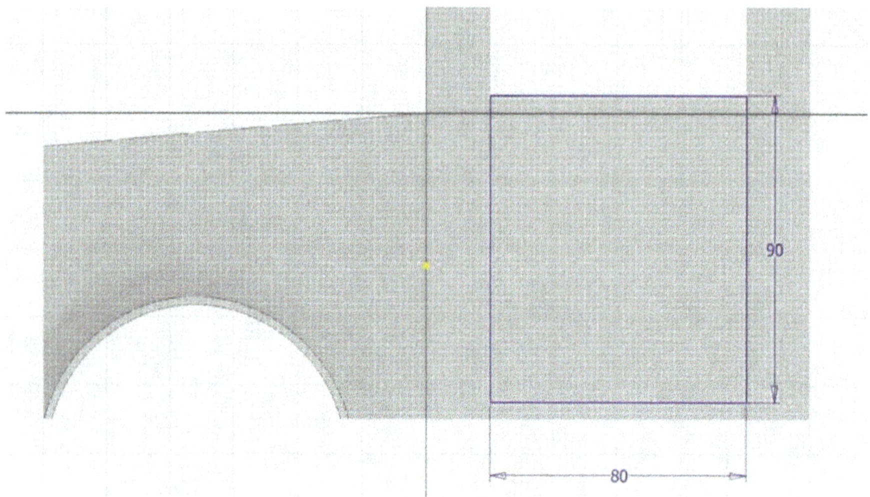

Figura 156: Il profilo per la goffratura della porta laterale

Poi selezioniamo il comando "Emboss", il profilo abbozzato e selezioniamo "Engrave from Face" come effetto, perché non vogliamo un'elevazione ma una rientranza e inseriamo 1 mm come profondità.

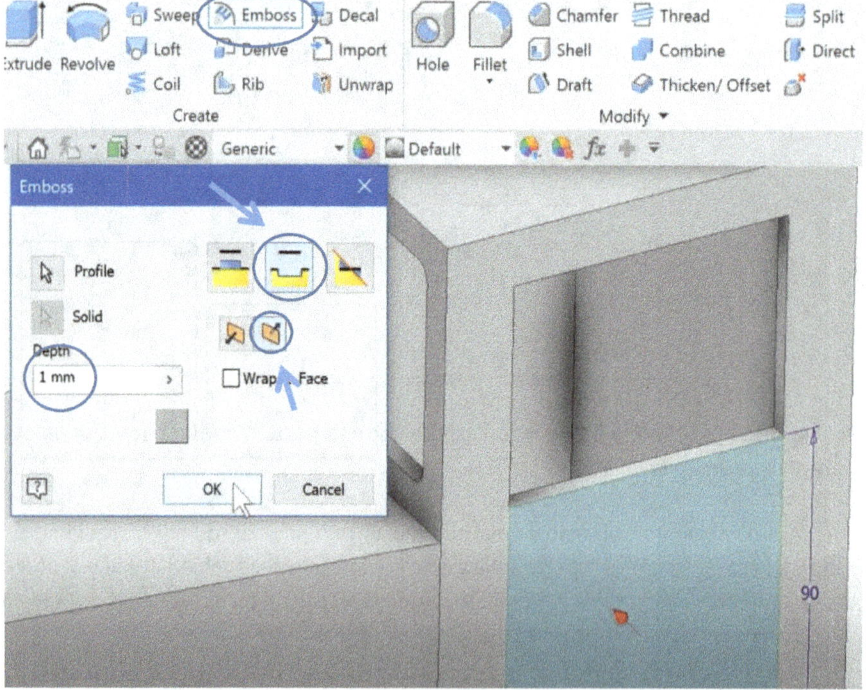

Figura 157: Il comando "Emboss" dalla sezione "Create"

Come avrai capito, questo passo sarebbe stato possibile anche con "Extrude". Per la maniglia della porta disegniamo ora un altro rettangolo su questa superficie. Questa volta con le seguenti dimensioni:

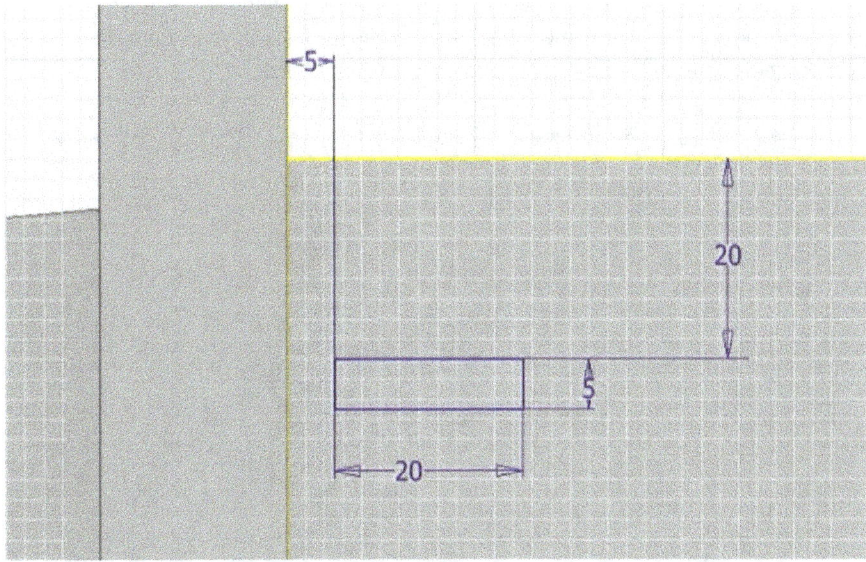

Figura 158: Lo schizzo 2D per una delle due maniglie della porta sulla superficie laterale del camion

Poi estrudiamo il profilo di 5 mm e selezioniamo "New Solid" nell'operazione, poiché vogliamo creare un nuovo corpo per questo.

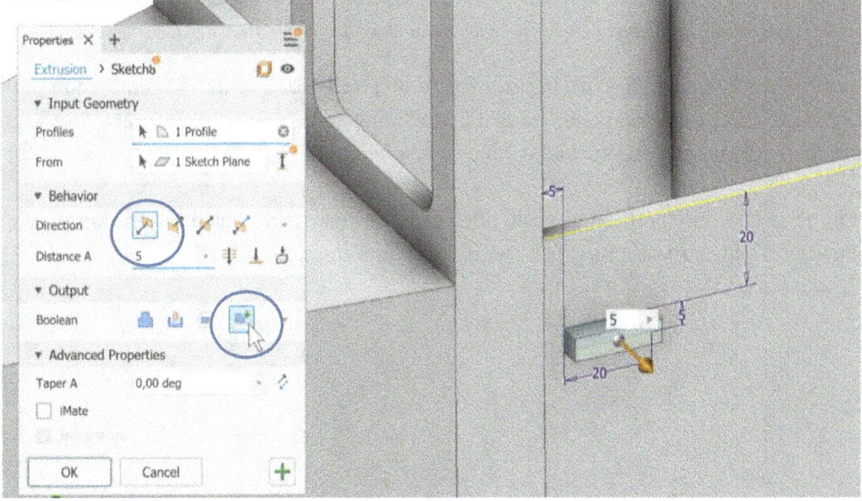

Figura 159: Estrusione della maniglia (5 mm; seleziona "New Solid" in "Output")

Per renderci le cose più facili, ci limitiamo a rispecchiare queste due caratteristiche sull'altro lato. Per farlo, selezioniamo il comando "Mirror" e nelle opzioni sotto "Type": "Features". Ora selezioniamo semplicemente la goffratura e la maniglia della porta nell'albero della struttura e poi cambiamo nelle opzioni in "Mirror Plane" e selezioniamo il piano y-z come piano a specchio. Prova solo uno dopo l'altro se il mirroring di entrambe le funzioni in una volta sola non funziona.

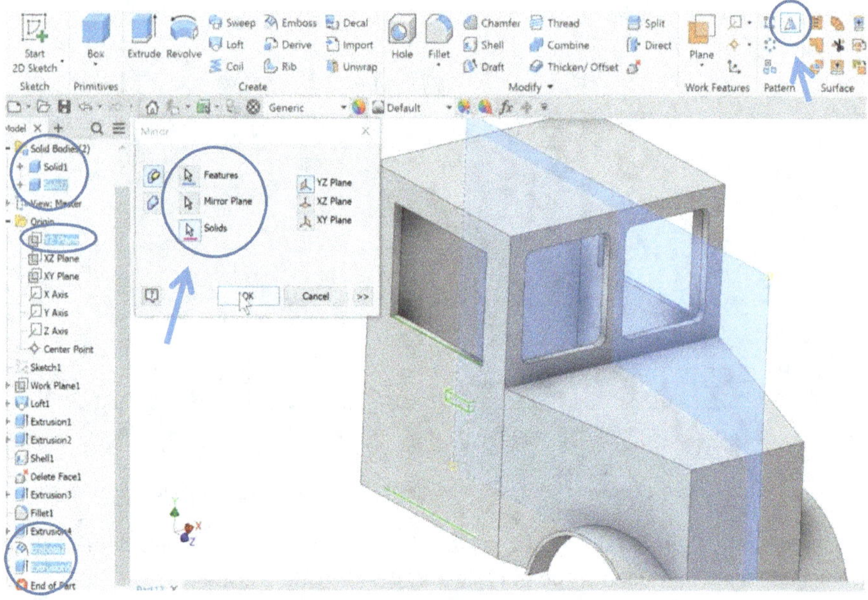

Figura 160: Uso della funzione "Mirror"; prima seleziona il corpo, poi il piano a specchio

La funzione Specchio di solito fa risparmiare una notevole quantità di tempo con parti e caratteristiche simmetriche, tra l'altro anche nell'ambiente di sketch 2D. Pertanto, cerca di utilizzare questa funzione il più spesso possibile.

Continua con due filetti, uno per le due maniglie delle porte con 1,5 mm ciascuno e i due bordi superiori dei finestrini laterali con 5 mm ciascuno.

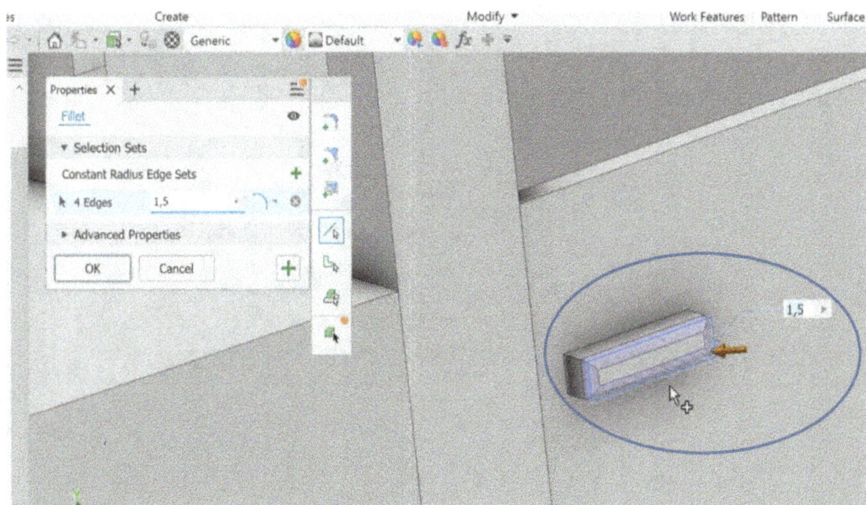

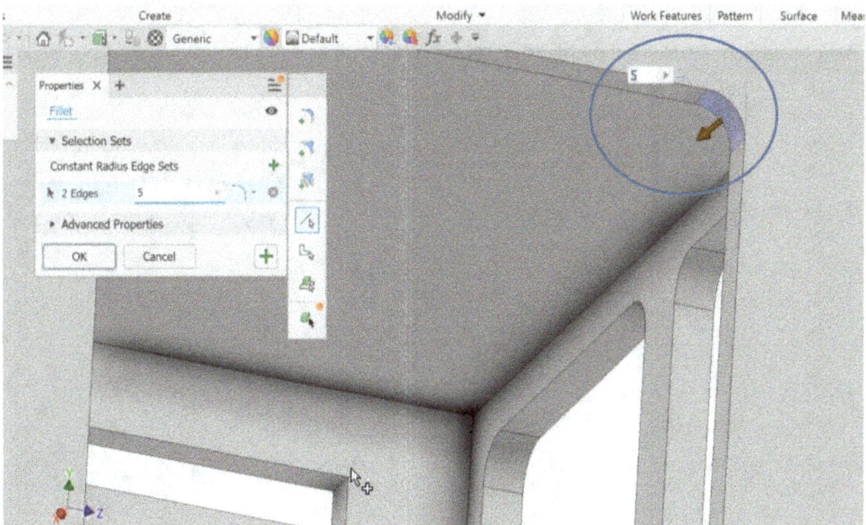

Figura 161: I raccordi per le maniglie delle porte (1,5 mm) e i finestrini laterali (5 mm; solo i bordi superiori)

Ora disegniamo il paraurti. Questo dovrebbe sedersi nella parte anteriore con le dimensioni di 140 mm e 15 mm. Per fare questo, usiamo di nuovo la dipendenza collineare per la linea orizzontale superiore, che colleghiamo alla parte anteriore del camion, e ad esempio la linea verticale sinistra, che colleghiamo al lato del camion, per definire completamente lo schizzo.

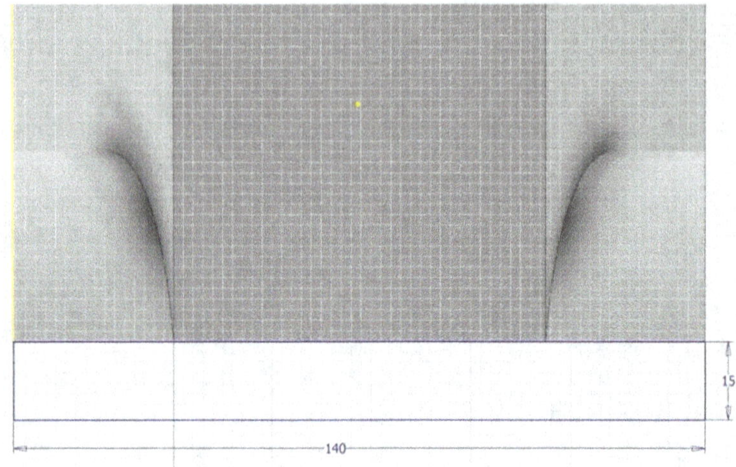

Figura 162: Il profilo rettangolare per il paraurti (schizzo sulla superficie anteriore)

Poi possiamo estrudere il profilo di 8 mm, creiamo di nuovo un nuovo corpo per esso e lo arrotondiamo di 4 mm.

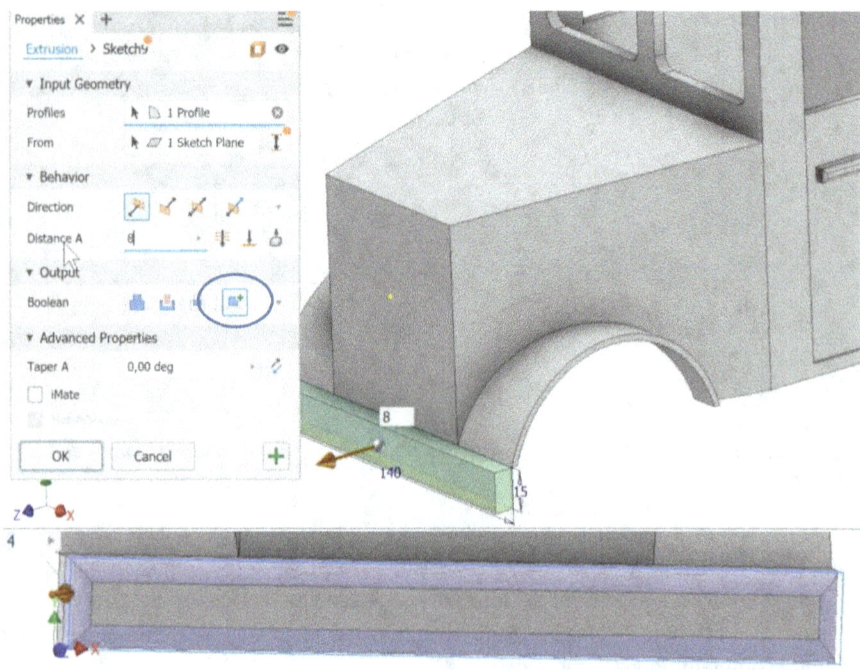

Figura 163: L'estrusione del profilo (8 mm) e l'arrotondamento dei bordi (4 mm)

Per i fari, disegniamo prima uno dei due necessari sulla superficie frontale e poi lo specchiamo di nuovo.

Il profilo dovrebbe avere le seguenti dimensioni, per esempio:

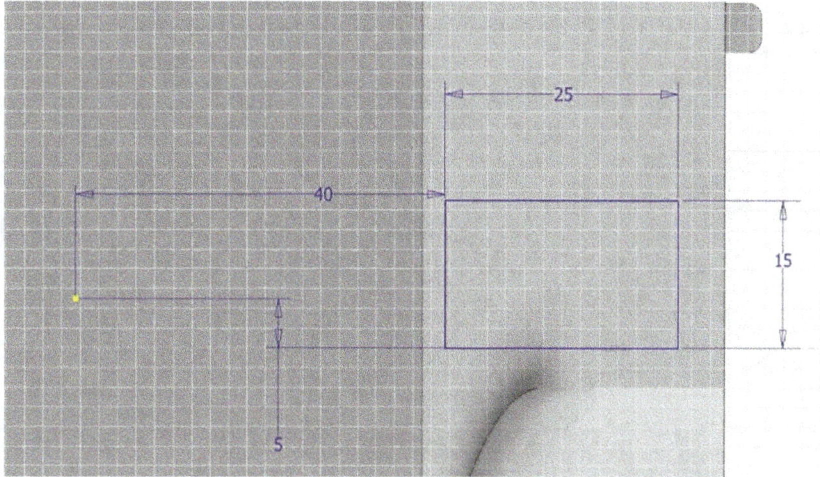

Figura 164: Il profilo dell'alloggiamento dei fari (schizzo sulla superficie anteriore)

Poi lo estrudiamo con 10 mm.

Inoltre, abbiamo disegnato un altro taglio di 2 mm di distanza dal corpo del faro per migliorare un po' il design.

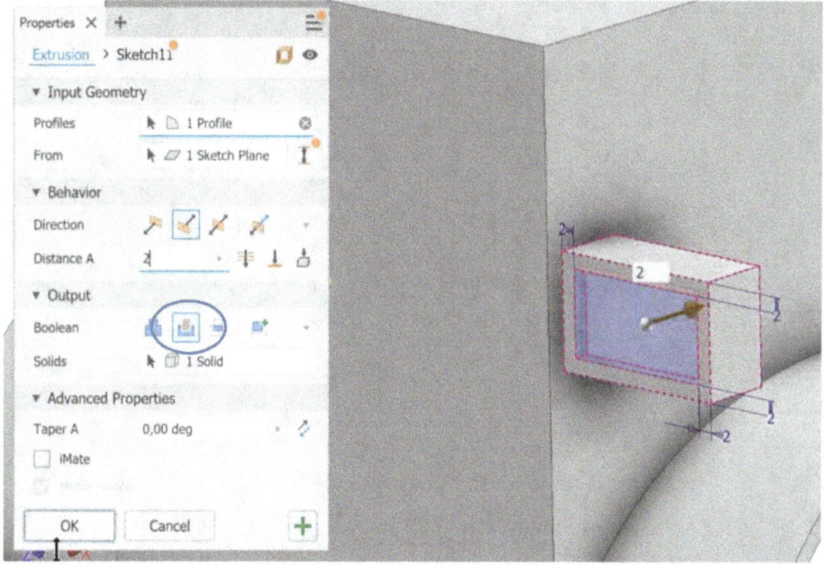

Figura 165: Disegna un profilo con 2 mm di distanza dal bordo sull'involucro estruso e poi taglia 2 mm ("Cut" a "Output")

E un puntone di collegamento per suggerire un po' più di stabilità. Per questo puntone di collegamento abbiamo bisogno di una geometria circolare sulla superficie laterale anteriore del camion con 6 mm di diametro ad una distanza di 83 mm e orizzontale rispetto all'origine.

Figura 166: Disegna un cerchio di 6 mm di diametro sulla superficie laterale anteriore del camion

Inoltre, un'altra geometria circolare sul retro del faro, anch'essa di 6 mm di diametro, che abbiamo semplicemente dimensionato dai bordi superiore e laterale a 8 mm e 12 mm.

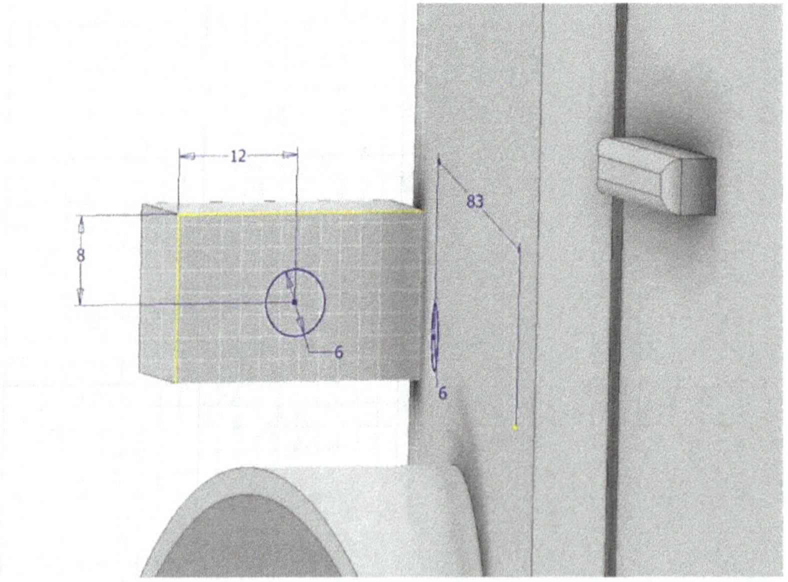

Figura 167: Disegna il secondo cerchio sul retro del faro (ruotato nella vista dell'immagine)

Poi usiamo il comando "Loft" e colleghiamo le due superfici circolari per formare un puntone di collegamento tridimensionale.

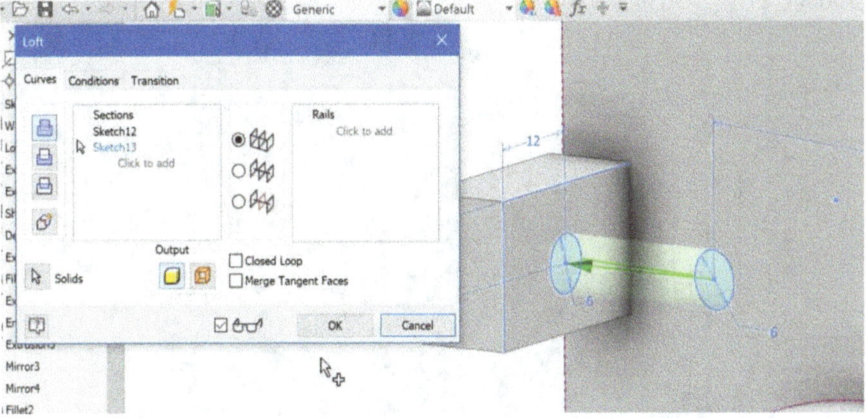

Figura 168: Usare il comando "Loft" per creare un puntone di collegamento

Ora possiamo specchiare il faro e il montante dall'altra parte.

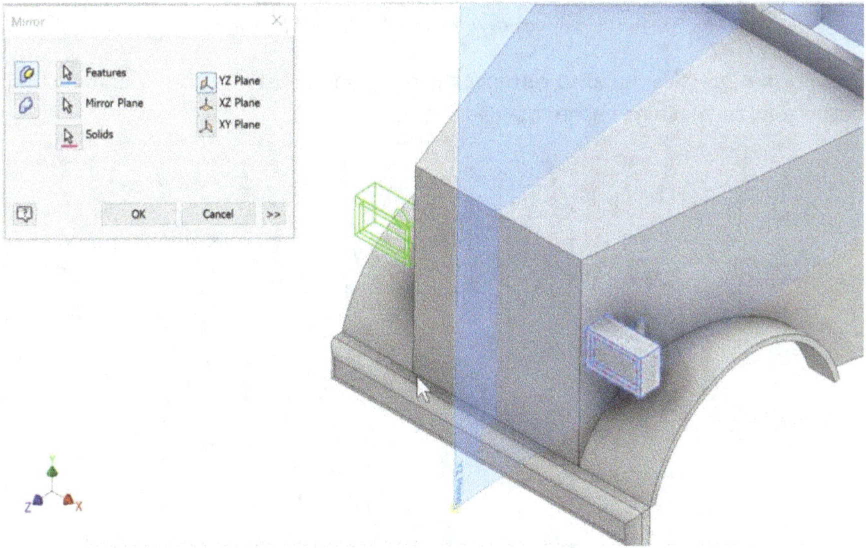

Figura 169: Specchia il riflettore e il puntone con "Mirror" nel piano y-z

Come ultimo dettaglio del frontale del nostro camion vorremmo disegnare una griglia del radiatore. Per fare questo, iniziamo prima un nuovo schizzo sulla superficie frontale.

Poi disegniamo prima un rettangolo largo 75 mm e alto 80 mm. La linea laterale e la linea superiore dovrebbero essere entrambe collineari con le linee della superficie frontale.

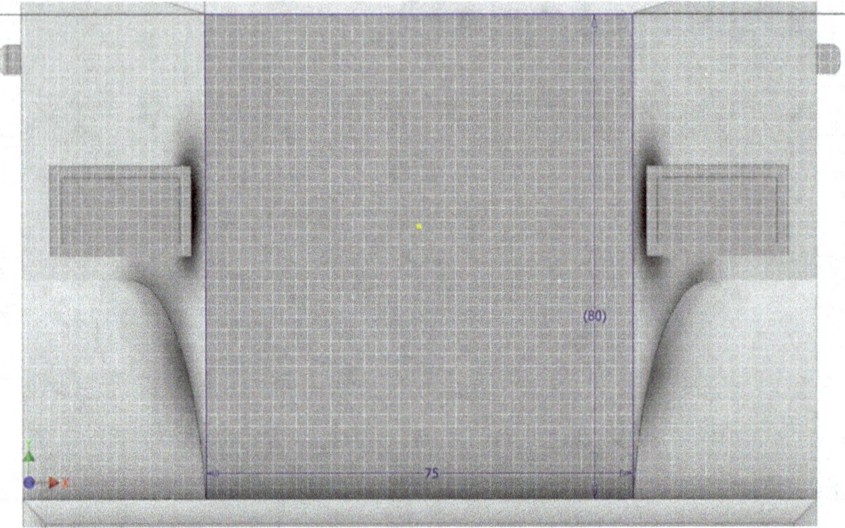

Figura 170: Disegna un rettangolo (75 x 80 mm) sulla superficie anteriore del camion

Nella fase successiva, un altro rettangolo, con 4 mm di distanza dal bordo del primo rettangolo, che delimita i nostri ritagli del radiatore.

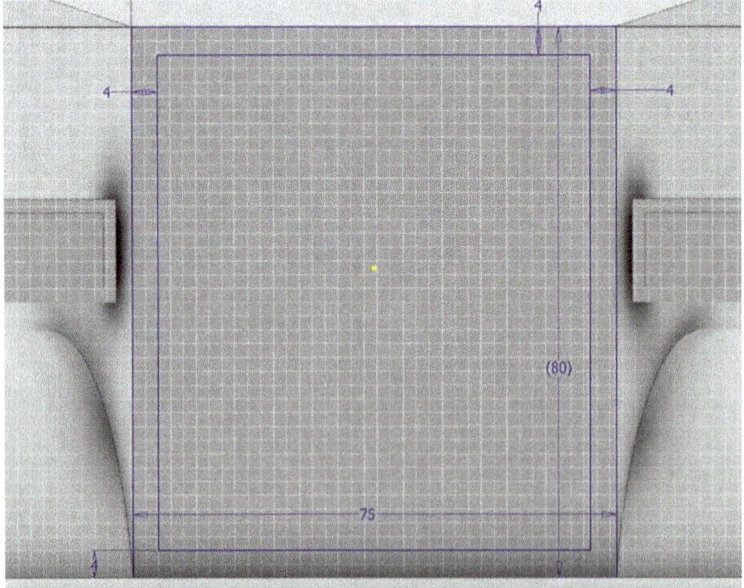

Figura 171: Disegno del secondo rettangolo (ogni 4 mm dal primo rettangolo)

Poi disegniamo una linea verticale congruente con la linea centrale.

Poi tracciamo una linea a sinistra e a destra della linea centrale ad una distanza di 1 mm dalla linea centrale. I punti di inizio e fine dovrebbero trovarsi sul secondo rettangolo disegnato.

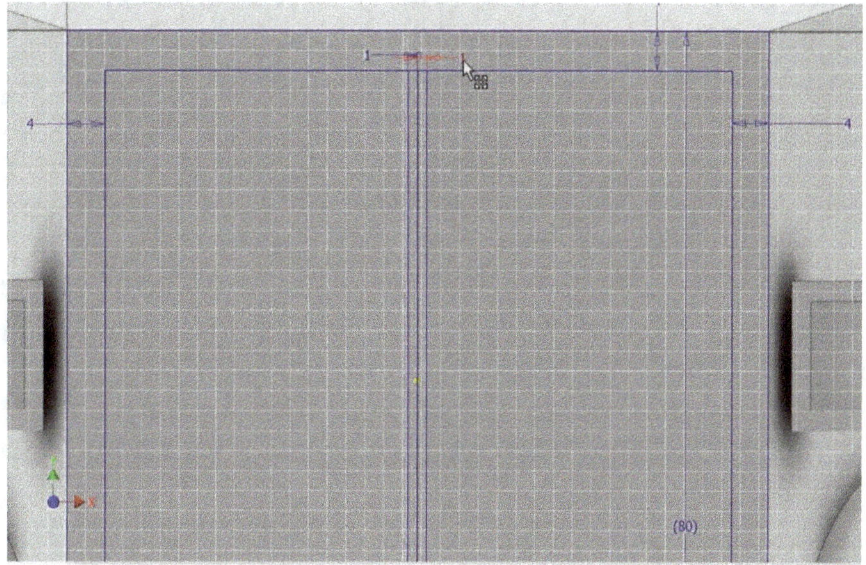

Figura 172: Una linea verticale congruente con la linea centrale e una linea verticale ciascuna a sinistra e a destra di essa (le linee dovrebbero iniziare e finire sul rettangolo interno).

Ora dovremmo disegnare molte di queste linee, perché vogliamo estrudere ogni secondo spazio tra di esse per ottenere la forma della griglia del radiatore. Per semplificarci la vita, usiamo un nuovo comando, il comando "Pattern", o anche "Rectangular Pattern" in questo caso.

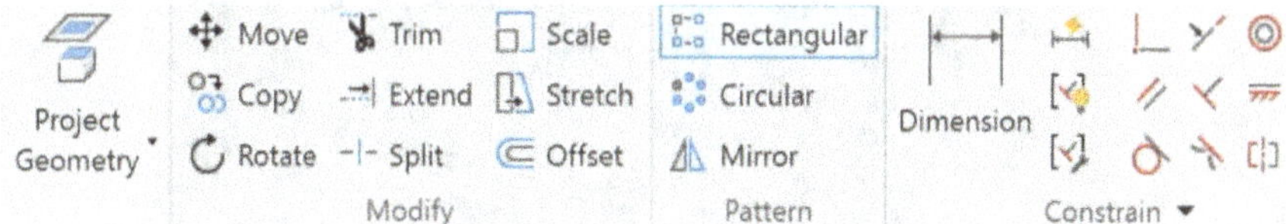

Figura 173: Il comando "Rectangular Pattern" nella sezione "Pattern"

Per fare questo, selezioniamo gli elementi della linea verticale. Prima seleziona la linea di sinistra, avvia il comando e poi dobbiamo specificare una direzione in cui il modello deve essere creato. Per farlo, dobbiamo semplicemente selezionare il segmento di linea superiore o inferiore a sinistra del rettangolo e, se necessario, girare la freccia verde visualizzata con "Flip" (opzioni) nella direzione desiderata, cioè a sinistra. Poi dobbiamo inserire una distanza di 1 mm tra gli elementi della linea e aumentare il numero a 33. Tada, il programma fa il lavoro per noi.

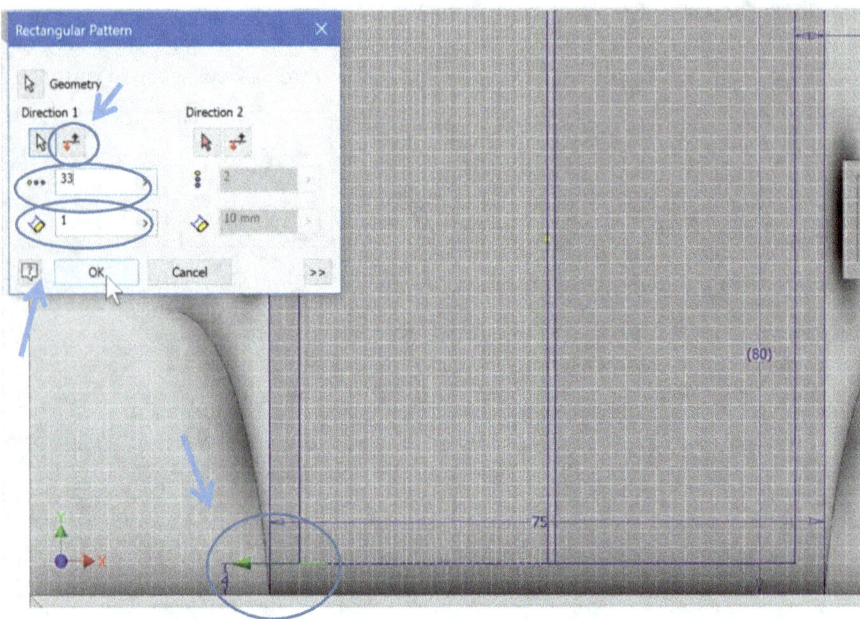

Figura 174: Il comando "Rectangular Pattern" nell'applicazione; la freccia verde (cerchiata) deve puntare a sinistra, se necessario capovolgila con "Flip" nelle opzioni "Direction"

Poi facciamo lo stesso per l'altro lato, ma a destra.

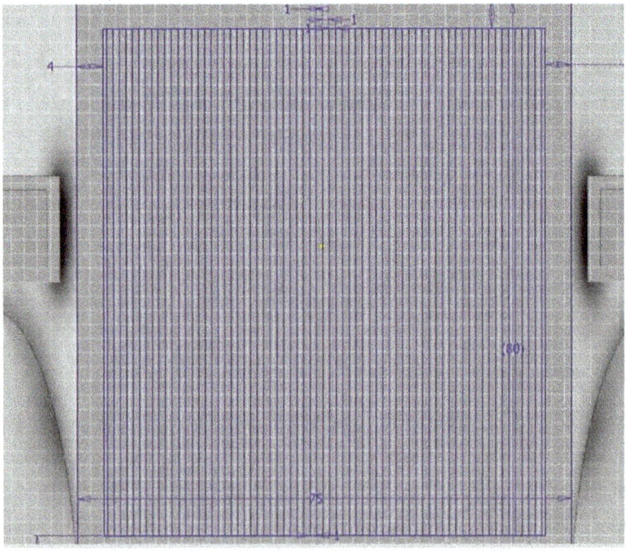

Figura 175: Il risultato del comando "Rectangular Pattern"; applicato in entrambe le direzioni

Per creare il corpo solido della griglia del radiatore, estrudiamo l'area tra i due rettangoli grandi e ogni altro rettangolo lungo e stretto di 2 mm verso l'esterno per creare il seguente corpo.

Figura 176: estrudi ogni secondo rettangolo 2 mm verso l'esterno per ottenere la griglia del radiatore

Molto bene! Dopo aver arrotondato qualche altro bordo, ognuno con 2 mm, secondo i gusti, diamo un'altra rapida occhiata ai singoli corpi e poi abbiamo finito questa lezione! Super se sei rimasto con lui!

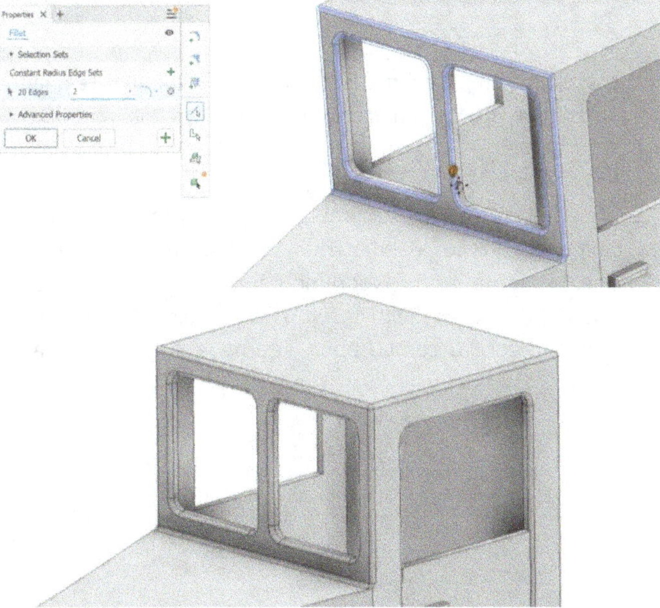

Figura 177: Arrotondamento dei bordi (ad esempio nella parte anteriore del parabrezza e nella parte superiore)

Come possiamo vedere, ora abbiamo creato diversi corpi nella cartella "Bodies" nell'albero della struttura. Più precisamente: uno ciascuno per le maniglie delle porte, la carrozzeria, i fari, i montanti, il paraurti e la griglia del radiatore. Ora possiamo nascondere / mostrare questi corpi come vogliamo o cambiare l'aspetto per ogni corpo separatamente.

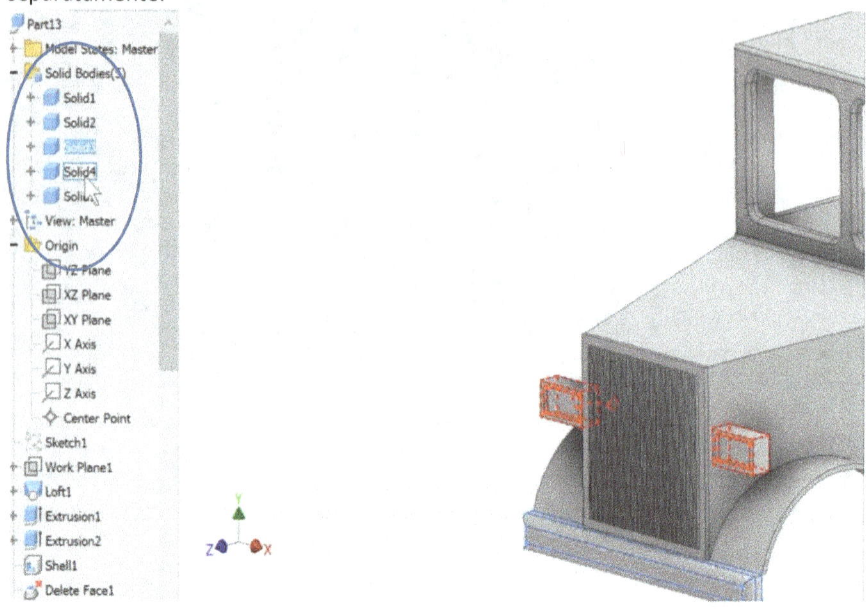

Se vogliamo possiamo stampare il modello così com'è con una stampante 3D. Se sei interessato alla stampa 3D, dai un'occhiata al mio libro "Stampa 3D | Passo dopo passo".

Tuttavia, se preferisci progettare il paraurti, la griglia del radiatore e i fari come componenti indipendenti e poi assemblarli in un insieme, dai prima un'occhiata alla prossima lezione. In questa lezione vedremo passo dopo passo e in dettaglio come funziona la gestione dei componenti in un assemblaggio. Costruiremo un modello semplificato di un motore a combustione interna a 4 cilindri. Sarà molto bello! Continuiamo subito!

4.4 Progetto di design IV: motore a combustione interna a 4 cilindri

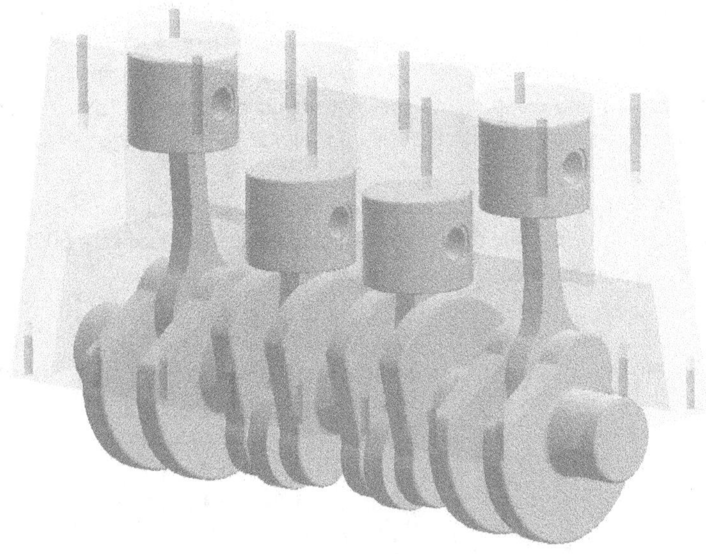

Figura 178: Un motore a 4 cilindri diventa il nostro quarto progetto di design

4.4.1 Parte 1: Carter

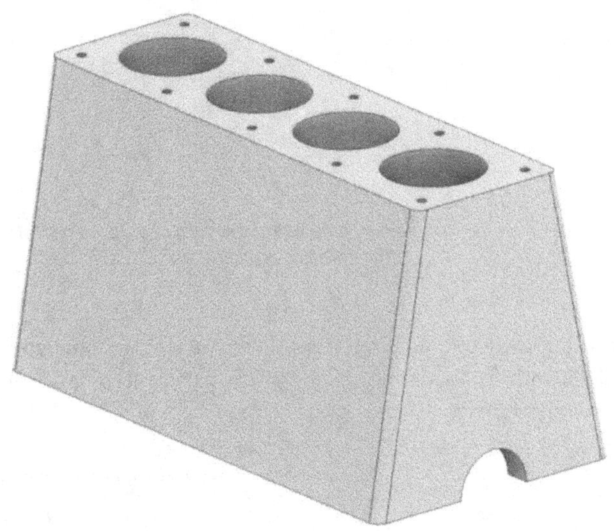

Figura 179: iniziamo con l'alloggiamento dell'albero motore o blocco motore.

In questo capitolo, come annunciato, vogliamo costruire un modello semplificato di un motore a 4 cilindri. Vogliamo prima costruire questo modello da diversi componenti principali, come nella realtà, ma poi trascureremo alcuni dettagli in modo che la costruzione non diventi troppo complessa. Per cominciare, abbiamo bisogno di un carter. Ometteremo una coppa dell'olio e una testa del cilindro con coperchio delle valvole. Quindi il primo componente che costruiamo è il carter, poiché crea un punto di partenza centrale. Per fare questo, iniziamo sul piano x-z con uno schizzo.

Per creare la forma del carter come corpo di base, per prima cosa spaniamo un rettangolo dal punto centrale e possiamo immediatamente specificare 500 mm come larghezza e 150 mm come altezza come dimensioni.

Poi finiamo lo schizzo e creiamo un piano parallelo al piano x-z in modalità 3D con una distanza di -250 mm, come abbiamo già imparato in una delle lezioni precedenti.

Figura 180: Disegna un profilo rettangolare (500 x 150 mm) sul piano x-z; crea un piano di offset (-250 mm) parallelo al piano x-z.

Su questo piano disegniamo poi un rettangolo con la stessa larghezza, cioè 500 mm e un'altezza di 250 mm. Dopo aver chiuso lo schizzo, usiamo il comando "Loft" e creiamo così un solido trapezoidale.

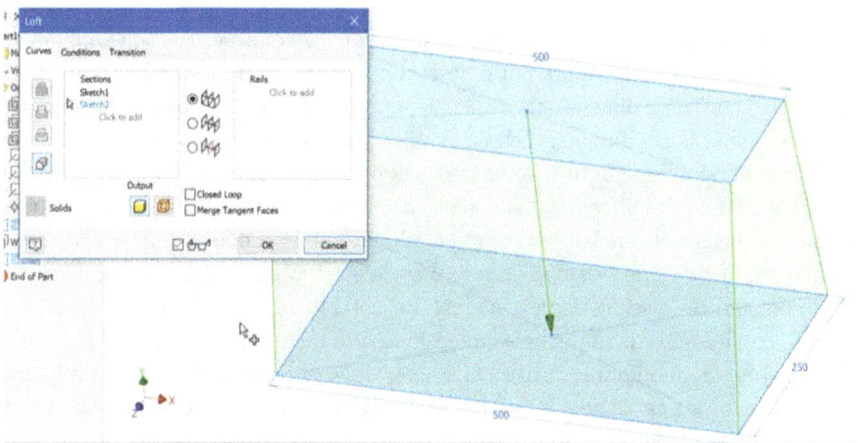

Figura 181: Creazione di un solido trapezoidale utilizzando il comando "Loft"

Ora ci occupiamo dei fori per i pistoni, cioè i cilindri. Possiamo forarli in due modi, sia con la funzione "Hole" che come ritaglio circolare con "Extrude". Dato che i fori devono passare completamente attraverso il cuboide, in questo caso usiamo semplicemente il cut-out. Per fare questo, iniziamo uno schizzo sulla superficie superiore. Vogliamo creare dei cilindri con un diametro di 90 mm e costruire un motore a 4 cilindri. Pertanto, abbiamo bisogno delle seguenti dimensioni e geometrie:

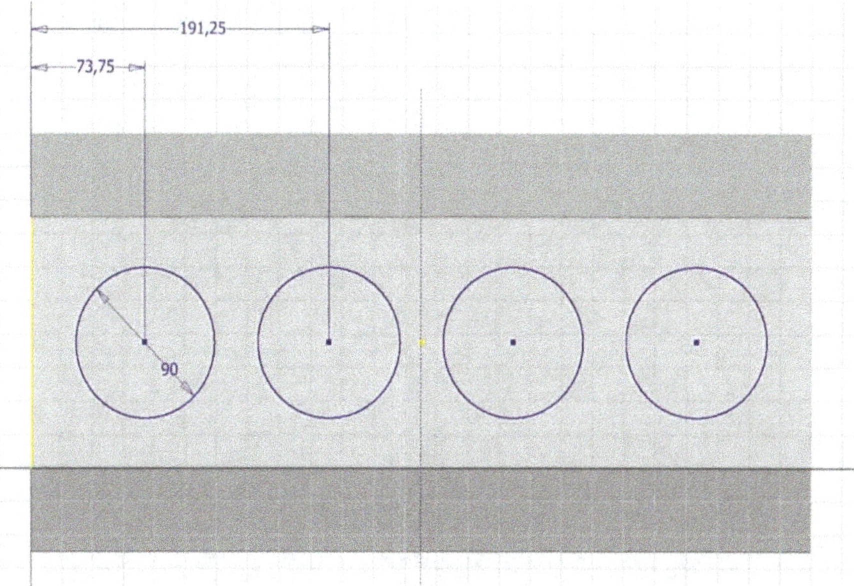

Figura 182: Per i cilindri abbiamo bisogno di quattro cerchi come illustrato

Qual è il modo più semplice per disegnare questi cerchi? Per prima cosa disegniamo un cerchio con un diametro di 90 mm e determiniamo la sua posizione nella direzione dell'asse x con una dimensione di 73,75 mm dal centro al bordo. Per definire completamente la posizione del cerchio, abbiamo bisogno non solo del diametro e di una dimensione ad un punto fisso nella direzione x, ma anche di una posizione nella direzione z. Dato che il centro del cerchio dovrebbe essere sull'asse x, usiamo una condizione invece di una dimensione. Seleziona il centro del cerchio e l'origine e seleziona la condizione orizzontalmente. Per il secondo cerchio usiamo di nuovo le condizioni. Prima disegna semplicemente un cerchio e poi imposta la condizione "Equal", così il cerchio avrà la stessa dimensione senza ulteriori dimensioni. Poi applica nuovamente la condizione "orizzontale" per la posizione z del cerchio. E una dimensione in "x", per la posizione x nel sistema di coordinate. In questo caso 191,25 mm, per creare una distanza uniforme di 117,5 mm tra i cilindri.

Dato che la nostra geometria dei quattro cerchi è assialsimmetrica intorno all'asse z, ora possiamo creare gli altri due cerchi molto velocemente e facilmente con il comando "Mirror". Per il comando dobbiamo prima creare un asse attorno al quale vogliamo specchiare, dato che l'asse z non è selezionabile in questo caso. Lo facciamo disegnando una linea congruente all'asse z e collegandola all'origine. Poi convertiamo questa linea in una linea di costruzione o ausiliaria cliccando con il tasto destro e selezionando "Construction". Questo può essere riconosciuto dal tipo di linea tratteggiata. Non definiremo completamente le linee di costruzione, poiché non sono necessariamente rilevanti. Abbiamo solo bisogno di una posizione definita nella direzione x, che abbiamo già.

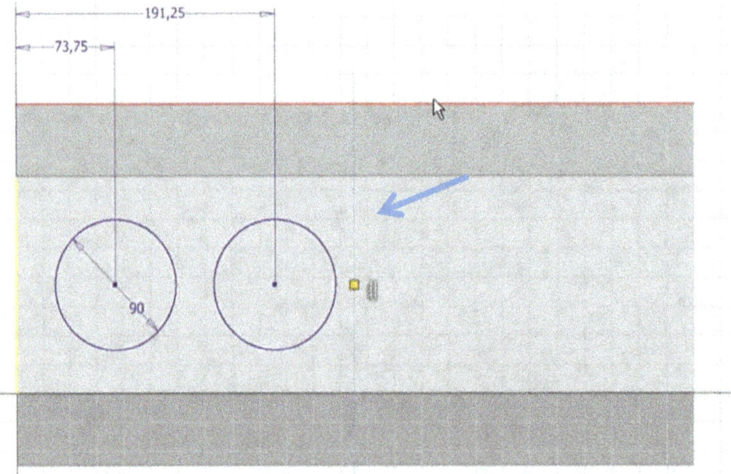

Figura 183: Prima disegna i due cerchi di sinistra, poi crea una linea verticale attraverso il punto centrale e convertila in una linea di costruzione cliccando con il tasto destro del mouse su di essa e selezionando "Construction Line"

Poi seleziona il comando "Mirror" nel menu "Pattern" e seleziona i due cerchi. Nelle opzioni, passa la selezione a "Linea a specchio" e poi seleziona la linea di costruzione appena creata. Con "Apply" gli altri due cerchi vengono creati e sono già completamente definiti.

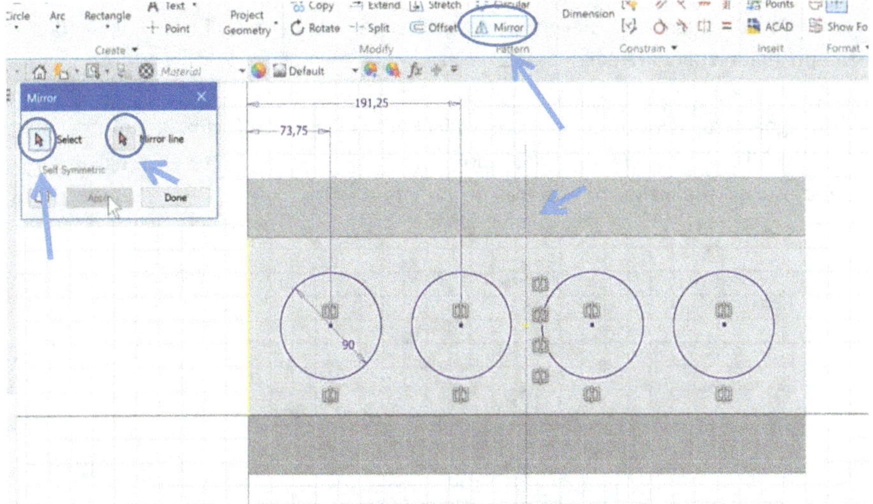

Figura 184: Creazione dei due cerchi sul lato destro dell'asse dello specchio con "Mirror"

Chiudiamo lo schizzo 2D e creiamo le sezioni con "Extrude" selezionando le quattro aree circolari. Nelle opzioni possiamo selezionare "To" per "Distance" e poi selezionare la superficie fino alla quale i ritagli devono essere fatti. Nel nostro caso selezioniamo l'area del pavimento. A proposito, "Output" deve essere impostato su "Cut".

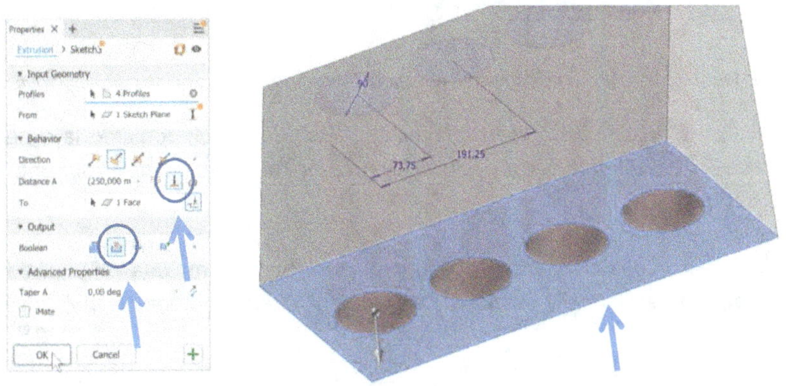

Figura 185: Crea i tagli con "Extrude"; per "Distance" : seleziona "To" e seleziona il lato inferiore dell'involucro

121

A proposito, avremmo potuto integrare queste aree circolari direttamente nel primo schizzo e quindi risparmiarci un passo.

Poi lavoriamo sulla parte inferiore del carter, che in seguito ospiterà l'albero motore. Per fare questo, creiamo un taglio trapezoidale che si estende simmetricamente dal centro dell'alloggiamento. Per prima cosa disegniamo una linea di base sul piano y-z e la impostiamo colineare con il fondo del carter.

Poi disegna il trapezio come mostrato e misura l'altezza con 100 mm. Poi misura i punti d'angolo inferiori con 25 mm ciascuno al muro. Per le linee laterali scegliamo una condizione parallela alle linee laterali del recinto.

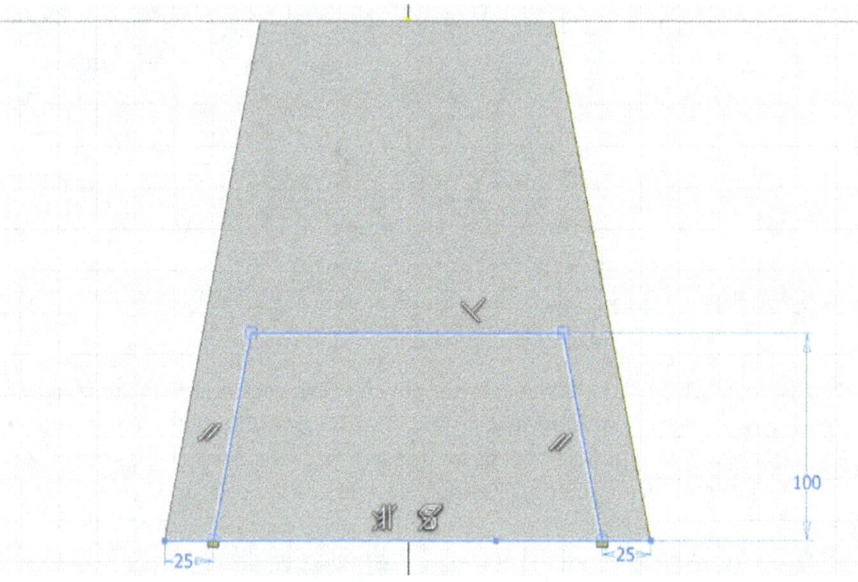

Figura 186: Il trapezio che dobbiamo disegnare sul piano y-z; segna per la visualizzazione

In modalità 3D usiamo di nuovo il comando "Extrude" e selezioniamo la superficie trapezoidale. Poi selezioniamo l'opzione "Symmetric" per "Direction" e l'opzione "Cut" per "Output".

Inseriamo anche una dimensione di 450 mm, dato che abbiamo una lunghezza di 500 mm e vogliamo lasciare 25 mm di spessore per ogni parete. Conferma e abbiamo finito.

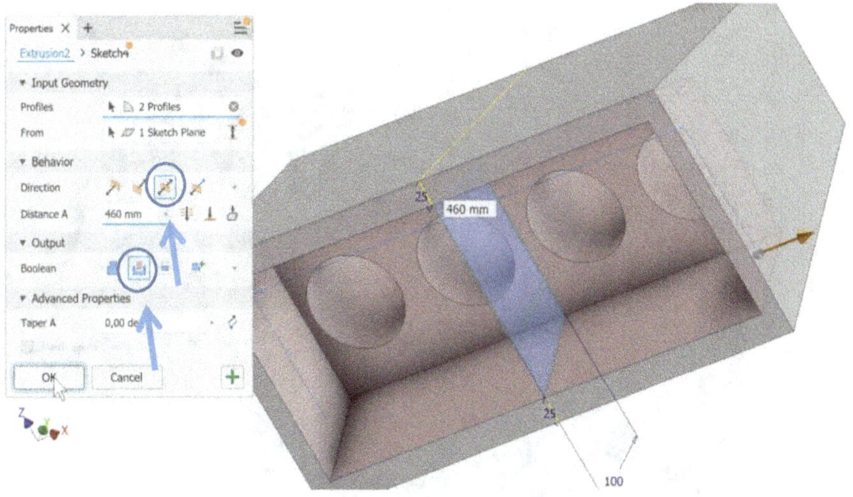

Figura 187: Convertire lo schizzo in una sezione con "Extrude"; usa 450 mm invece di 460 mm

Ora abbiamo bisogno di aggiungere ancora materiale per i supporti dell'albero motore. Disegniamo i seguenti tre profili rettangolari sulla superficie inferiore dell'involucro.

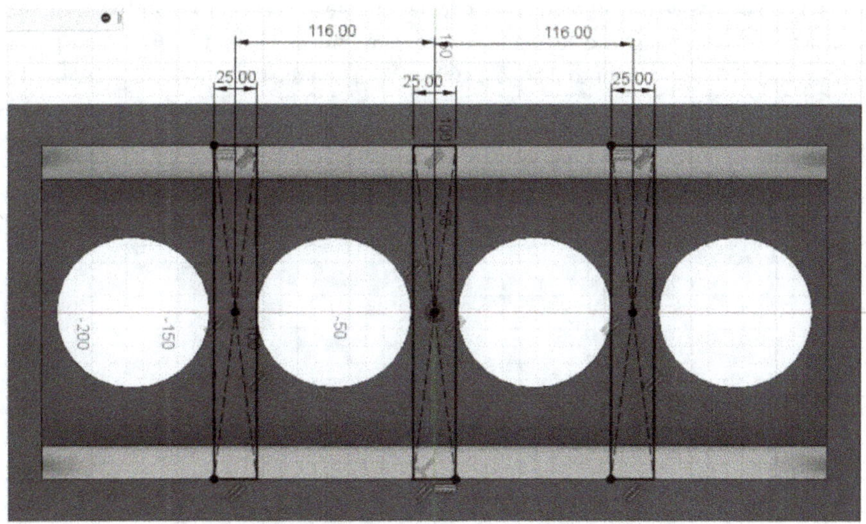

Figura 188: Disegna il profilo mostrato sul lato inferiore dell'involucro

Poi estrudiamo questi in modalità 3D selezionando "To" in "Distance", così come "Join" in "Operation", nelle opzioni di estrusione. In questo modo possiamo selezionare la superficie inferiore ed estrudere le tre barre su di essa.

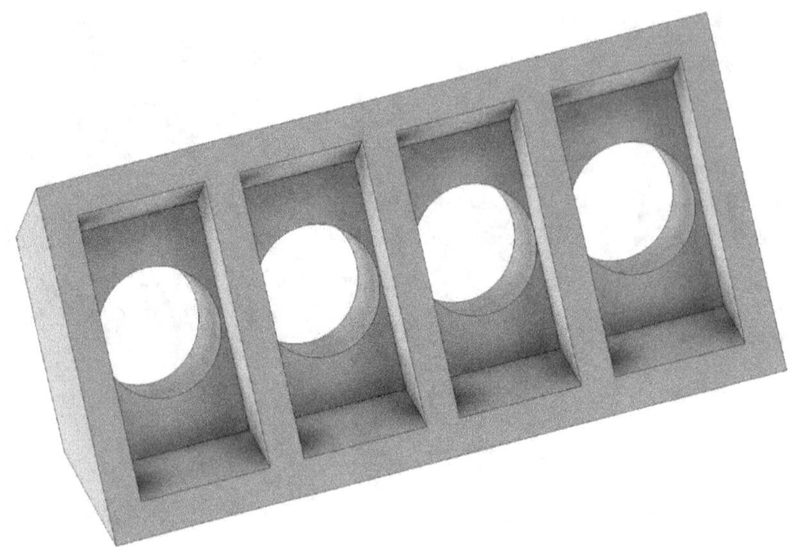

Figura 189: Le tre barre; già estruse

Nel passo successivo creiamo un taglio circolare per le superfici di supporto dell'albero motore. Per fare questo, disegniamo un cerchio con un diametro di 70 mm e una distanza di 125 mm dal punto d'angolo sulla parete laterale dell'involucro. Il centro del cerchio dovrebbe essere congruente con la linea di fondo.

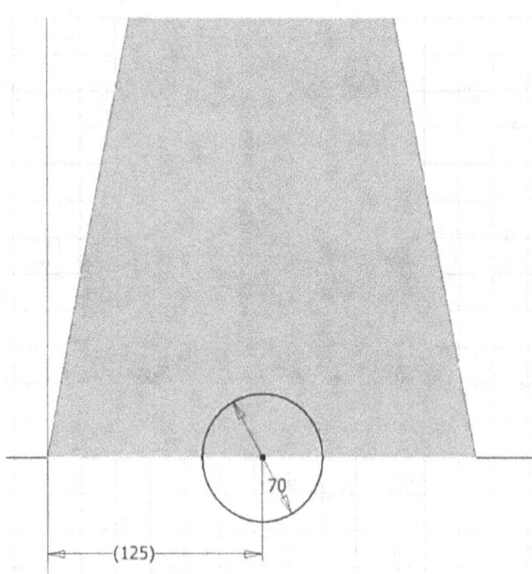

Figura 190: Disegno del cerchio mostrato sulla superficie laterale dell'involucro

Poi lo estrudiamo completamente attraverso l'intero involucro utilizzando l'opzione "Cut". Naturalmente avremmo potuto anche disegnare solo un semicerchio o usare la funzione "Trim".

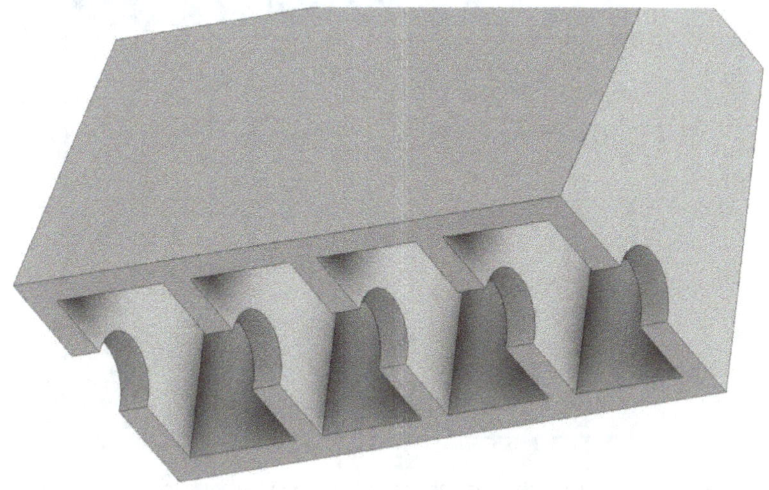

Figura 191: L'involucro dopo l'estrusione del profilo circolare con l'opzione "Cut"

Nel penultimo passo, vorremmo creare dei fori filettati per montare la testa del cilindro e la coppa dell'olio nel nostro carter molto primitivo. Per prima cosa creiamo i fori per la testa del cilindro. Per fare questo, usiamo la funzione "Hole" in modalità 3D. Tuttavia, per poter posizionare correttamente i fori, iniziamo prima uno schizzo 2D sulla superficie superiore dell'alloggiamento. Abbiamo bisogno di dieci fori per la testa del cilindro. Per crearli velocemente e facilmente, usiamo il comando "Pattern" dall'area "Create". In questo caso abbiamo di nuovo bisogno di "Rectangular Pattern". Per prima cosa creiamo un punto con una distanza di 20 mm da ciascuna delle linee laterali della superficie di supporto della testa del cilindro. Poi selezioniamo il punto e il comando "Pattern".

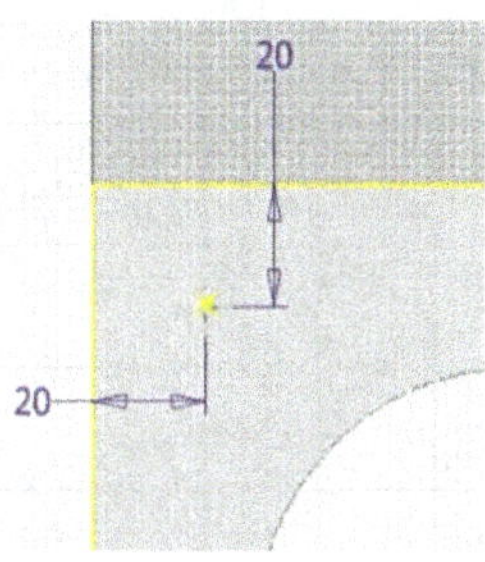

Figura 192: Prima disegna un punto sulla superficie superiore in uno schizzo

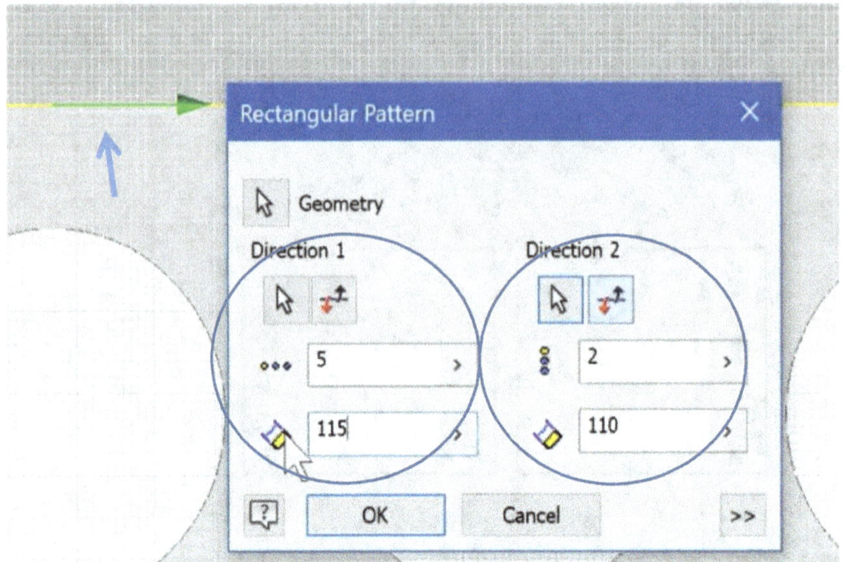

Figura 193: Seleziona il comando "Rectangular Pattern" e inserisci i valori; la freccia verde deve puntare a destra

Ci vengono mostrati due campi di selezione per le direzioni, così come le opzioni di input per la distanza e il numero della disposizione o del modello. Se selezioniamo "Direction 1" e selezioniamo la linea superiore della testa del cilindro, ci viene mostrata una freccia verde che dovrebbe puntare a destra. In caso contrario, capovolgilo con "Flip" nelle opzioni del modello. Poi scegliamo "Direction 2" e selezioniamo la linea verticale sinistra della testa del cilindro. La direzione dovrebbe puntare verso il basso in questo caso, se non è così, flip con "Flip". Ora possiamo impostare i valori per il numero e la distanza nelle opzioni. Pensalo come un tavolo. In direzione z abbiamo bisogno di 2 linee se vogliamo. In direzione x 5 linee. 2 x 5 è uguale a 10 punti per le buche.

I punti d'angolo dovrebbero avere ciascuno una distanza di 20 mm dal bordo, cioè abbiamo bisogno di una distanza di 115 mm per il modello in direzione x e 110 mm in direzione z. Poi confermiamo con Ok e otteniamo il modello desiderato.

Poi selezioniamo il comando "Hole" in modalità 3D e creiamo i fori inserendo le specifiche e selezionando i punti.

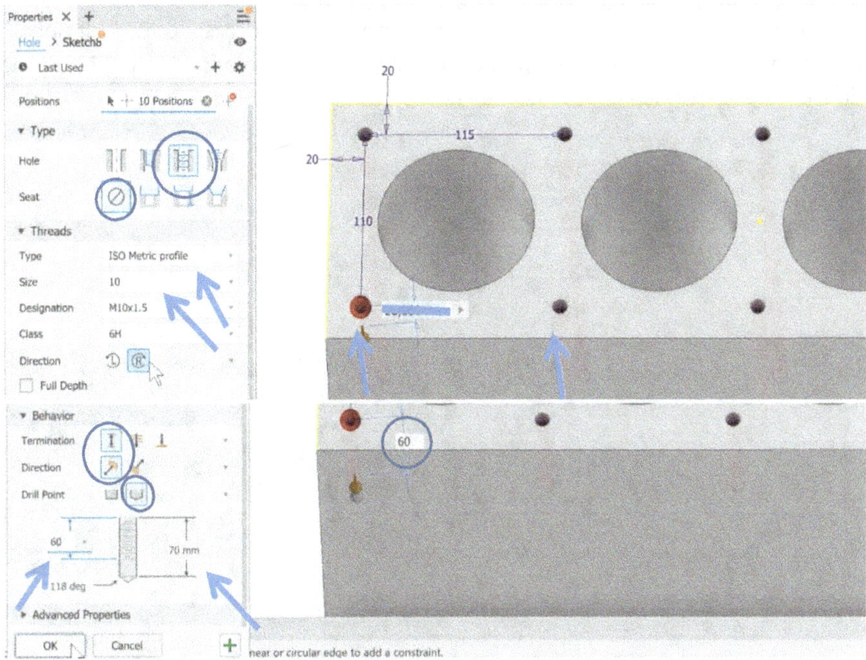

Figura 194: Seleziona il comando "Hole" in modalità 3D, seleziona i punti del foro e cambia le opzioni

Dopo aver selezionato i punti, selezioniamo il tipo di foro "Tapped Hole", poiché vogliamo creare un foro filettato. Nei campi di selezione inferiori possiamo poi scegliere quale dimensione deve avere il foro filettato. Per esempio, i nostri fori dovrebbero essere lunghi 70 mm e avere un diametro di 10 mm per una filettatura metrica M10. Inoltre, un passo di filettatura di 1,5. Conferma, e vengono creati i fori filettati.

Un altro suggerimento: come già detto molte volte, ci sono diversi metodi di costruzione, a volte più veloci, a volte più lenti, ma fondamentalmente tutti portano all'obiettivo. Quindi, se possibile, pensa insieme a loro in modo da poter riconoscere anche altri modi.

Con i fori, per esempio, è anche possibile creare prima un foro in modalità 3D e poi utilizzare la funzione "Pattern" della modalità 3D e posizionare i fori allo stesso modo dei punti di schizzo.

Guardiamo questo per i fori per il montaggio della coppa dell'olio.
Selezioniamo "Hole" e poi prima la superficie di foratura, cioè il lato inferiore dell'involucro. Poi determiniamo la posizione di questo foro in direzione x e z. Basta cliccare prima sul bordo superiore, inserire un valore, in questo caso 12,5 mm e poi cliccare sul bordo laterale e inserire anche 12,5 mm. È importante <u>non</u> premere "Invio"

nel mezzo, ma semplicemente selezionare subito il bordo successivo. Poi seleziona il tipo di foro e le specifiche come prima. Tuttavia, vogliamo solo fori filettati M8 e una dimensione di 40 mm.

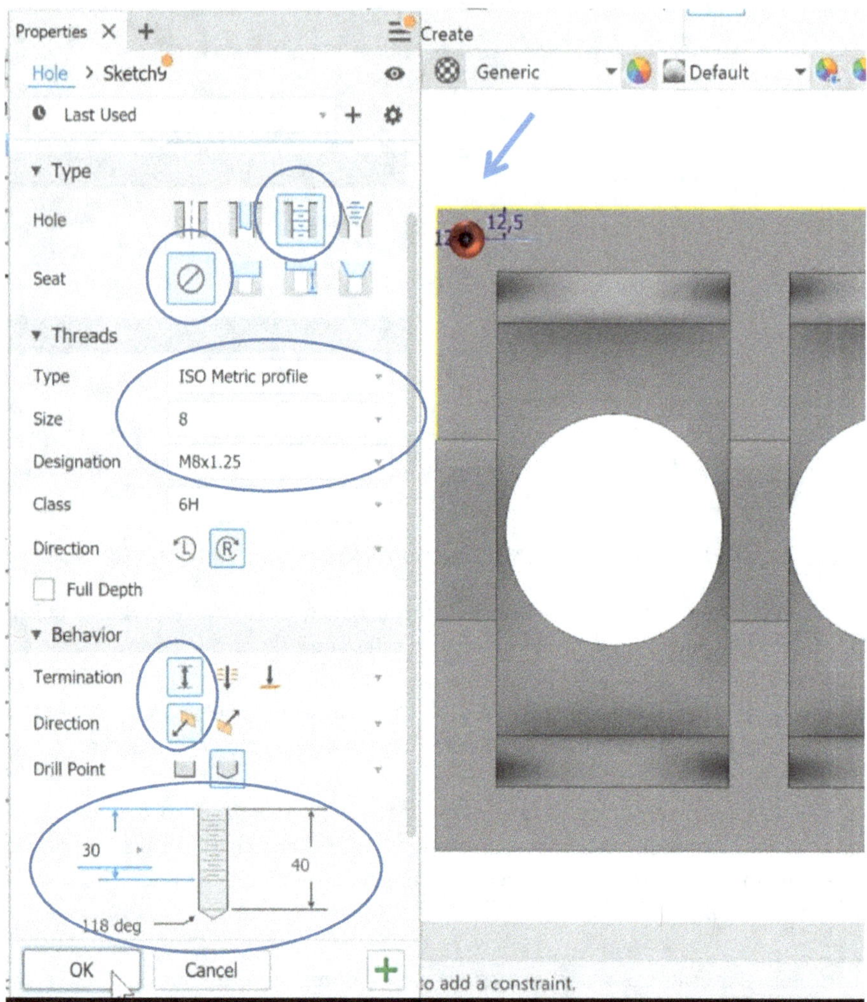

Figura 195: Usa "Hole" per praticare il primo foro sul lato inferiore; 12,5 mm di distanza da ogni bordo; M8 x 1,25 30 mm di filettatura per un foro di 40 mm

Ora conferma con "OK" e il foro è creato. Poi selezioniamo il foro e usiamo il comando "Pattern". Nel passo successivo passiamo a "Directions" nelle opzioni e poi clicchiamo sull'asse x per specificare la prima direzione, eventualmente ruotiamo la direzione della freccia con "Flip" e possiamo procedere per la seconda direzione analogamente come per lo schizzo 2D prima. Nella direzione x vogliamo 8 fori con una distanza di 67,5 mm tra i fori e nella direzione z 2 fori con una distanza di 225 mm; in totale 16 fori.

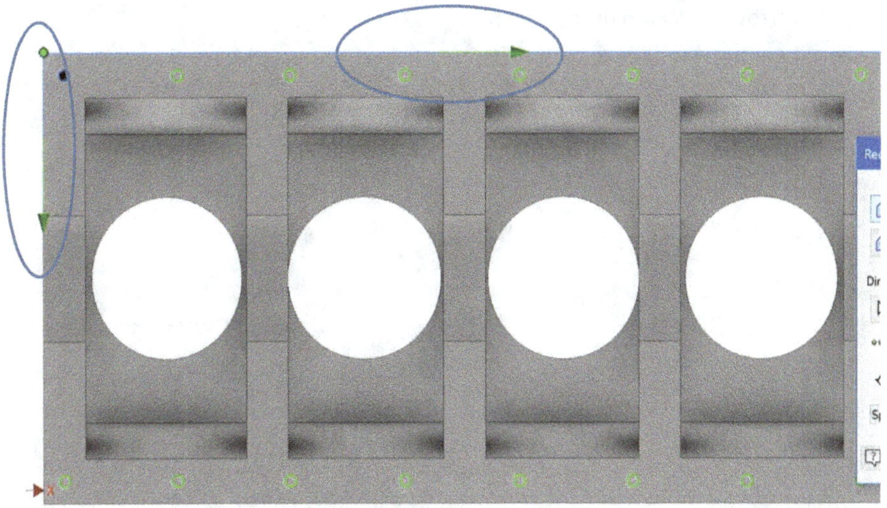

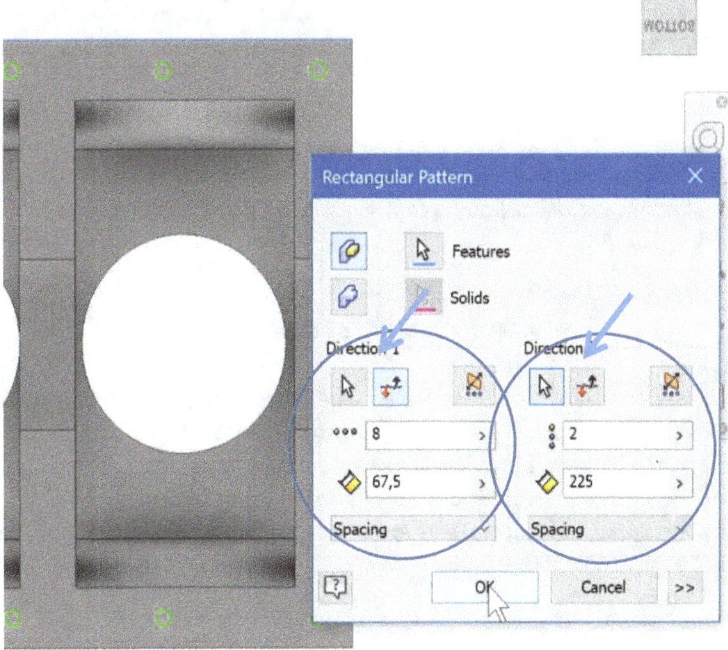

Figura 196: Seleziona il bordo sinistro e superiore in modo che appaiano le frecce verdi (immagine in alto); inverti la direzione delle frecce con "Flip" se necessario; inserisci i valori (immagine in basso).

Nell'ultimo passo per il carter e in questa lezione usiamo il comando "Fillet" per arrotondare gli angoli. Seleziona il comando, seleziona i bordi desiderati e inserisci un raggio di arrotondamento di es. 10 mm.

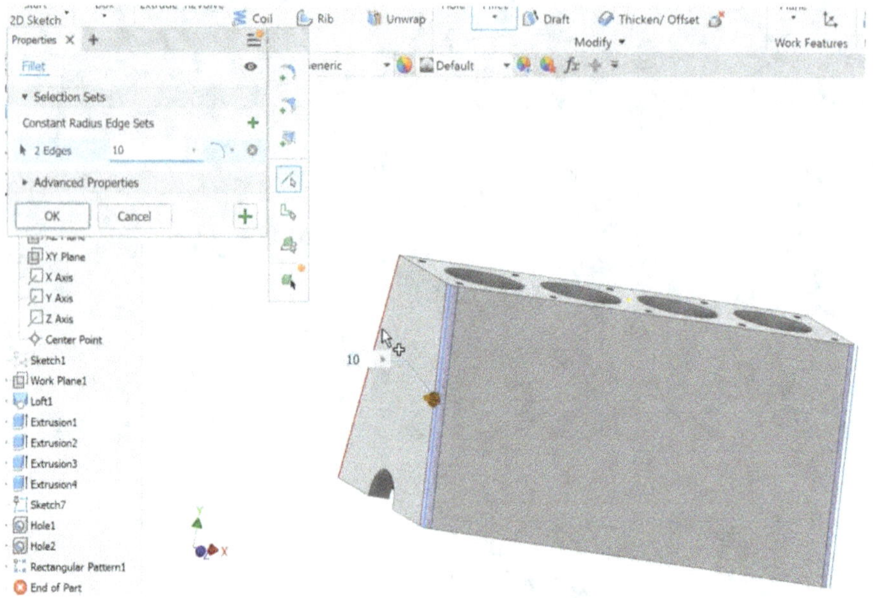

Figura 197: Per esempio, arrotondando gli angoli di 10 mm

Il carter è finito! La prossima lezione continuerà con il pistone, la biella e lo spinotto del pistone.

4.4.2 Parte 2: Biella, pistone e spinotto

In questa sezione siamo interessati alle bielle, ai pistoni e agli spinotti dei pistoni. Iniziamo con la creazione dei pistoni. Per questo iniziamo con un nuovo file, dato che il pistone è una singola parte individuale dell'insieme: "motore". Poi iniziamo uno schizzo sul piano x-z e prima disegniamo un cerchio di 85 mm di diametro. Poi finiamo lo schizzo. Ora dobbiamo ancora estrudere la superficie del cerchio, scegliamo ad esempio 70 mm. Nella fase successiva scaviamo il pallone e gli diamo uno spessore di parete di 5 mm.

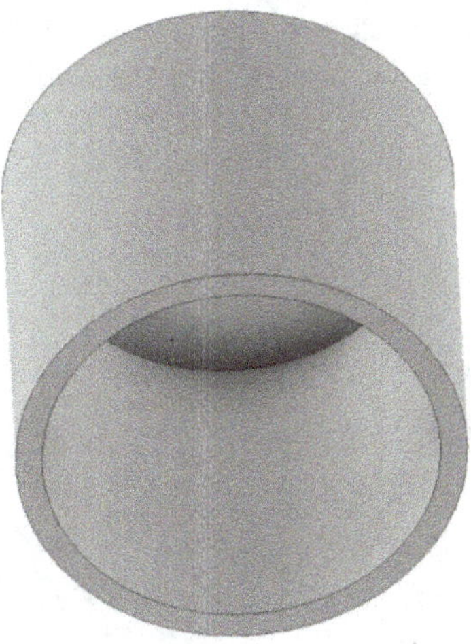

Figura 198: Il corpo base del pistone creato con "Sketch", "Extrusion" e "Shell"

Poi iniziamo uno schizzo sul piano y-z del pistone per fare un'incisione per lo spinotto del pistone, che poi collega il pistone e la biella. Per esempio, scegliamo un diametro di 30 mm e dimensioniamo il cerchio con 35 mm al bordo inferiore in modo che sia centrato. Disegniamo anche il cerchio in modo che sia in linea con l'asse y.

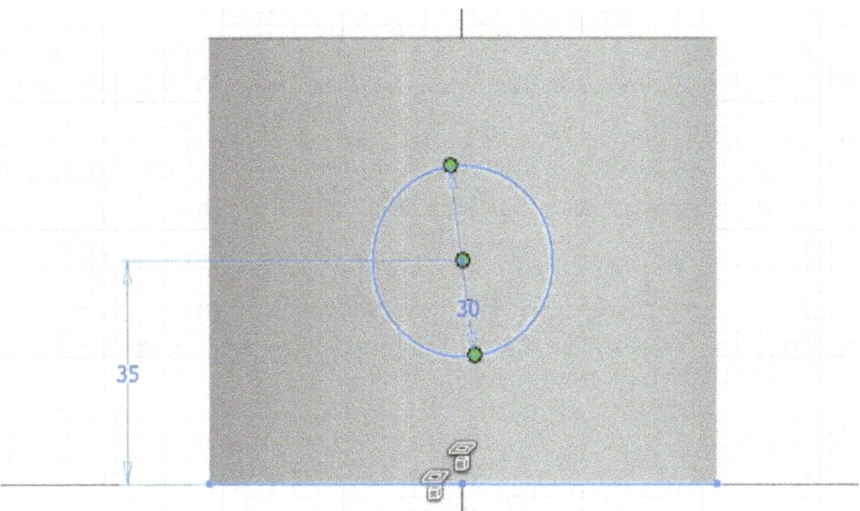

Figura 199: Lo schizzo sul piano y-z per la sezione

Poi estrudiamo il ritaglio in modalità 3D e creiamo un'apertura. Infine, arrotondiamo i bordi superiore e inferiore del pallone con 2 mm ciascuno.

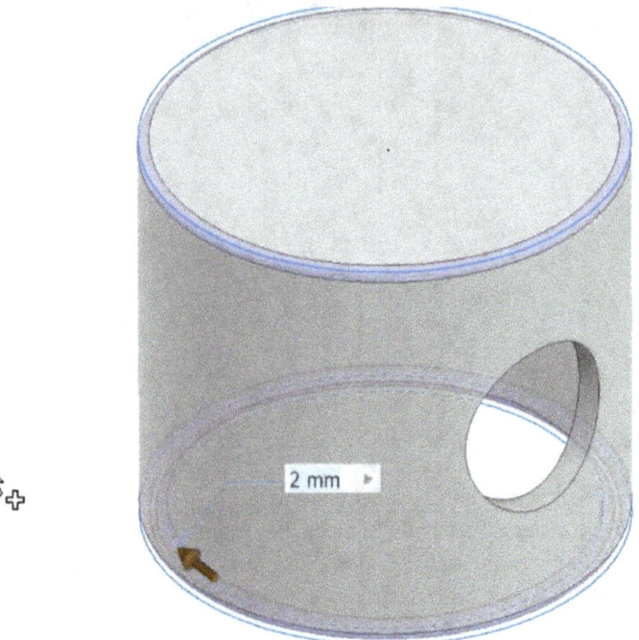

Figura 200: Il taglio dovrebbe passare attraverso tutta la parte; arrotonda i bordi in alto e in basso

Le fasce elastiche e altri dettagli non sono inclusi per ragioni di complessità e di tempo.

Continuiamo poi con la biella e lo spinotto del pistone prima di montare i pistoni nel carter.

Per la biella creiamo di nuovo una nuova parte singola, poiché anche questo componente è una parte indipendente dell'insieme. Abbozziamo il seguente profilo trasversale della biella sul piano y-z.

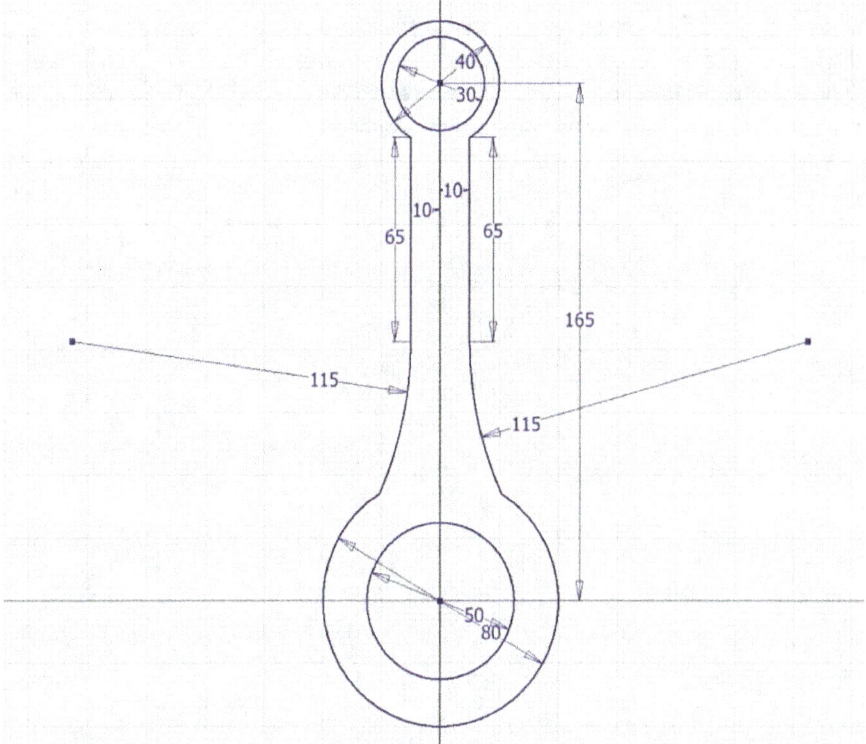

Figura 201: La sezione trasversale della biella; puoi anche provare a disegnare il profilo da solo; in alternativa, segui i singoli passi.

Iniziamo con i due "occhi". L'occhio superiore della biella dovrebbe avere un diametro interno di 30 mm e 40 mm esterno.

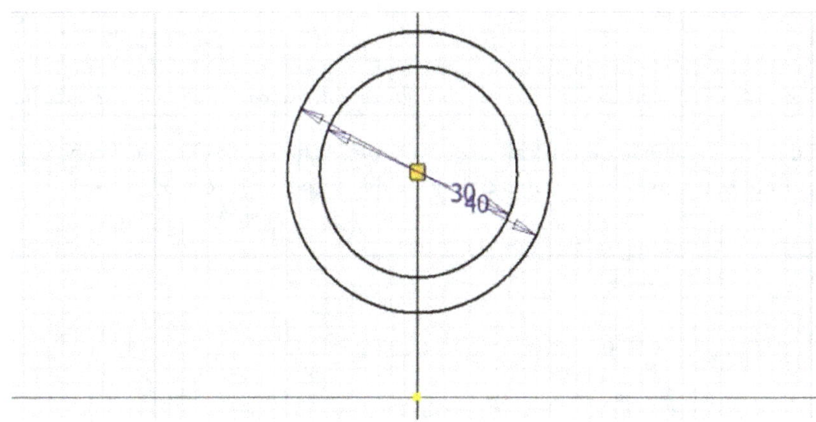

Figura 202: iniziamo con due cerchi concentrici (30 mm e 40 mm di diametro)

L'occhio di biella inferiore 50 mm all'interno e 80 mm all'esterno. Poi dimensioniamo la distanza tra i centri dei cerchi come 165 mm e impostiamo i due centri verticalmente l'uno rispetto all'altro. Impostiamo anche il centro dei due cerchi inferiori congruente con l'origine per definire e posizionare completamente lo schizzo precedente.

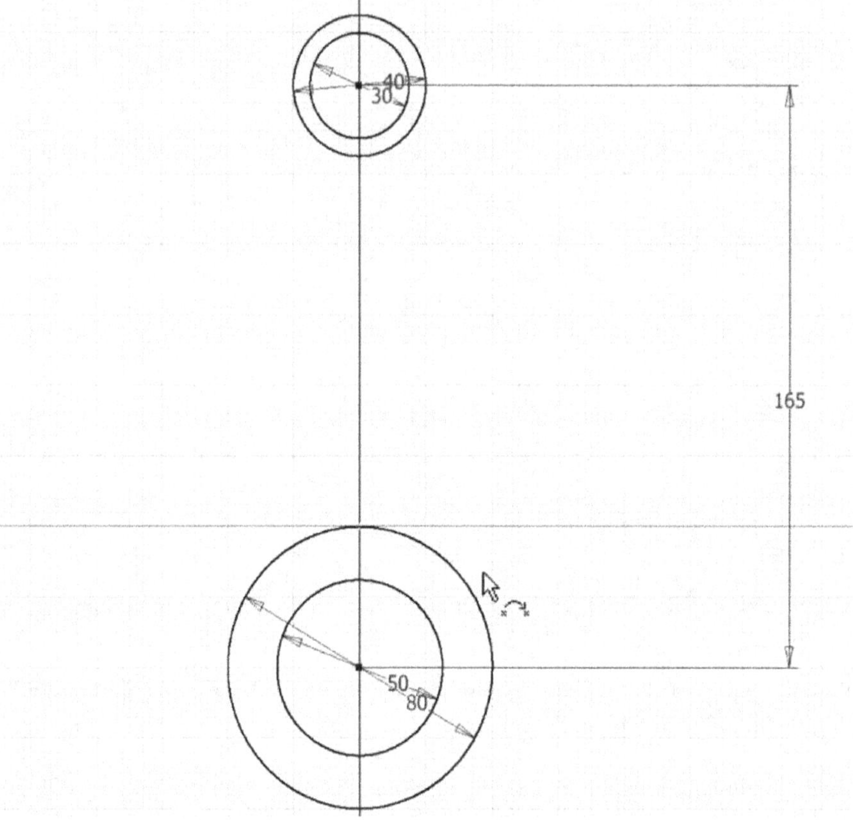

Figura 203: Aggiungi altri due cerchi (50 mm e 80 mm) e dimensionali a 165 mm l'uno dall'altro

Poi disegniamo due linee verticali lunghe 65 mm, ognuna delle quali dovrebbe avere una distanza orizzontale di 10 mm dal centro dell'occhio superiore della biella.

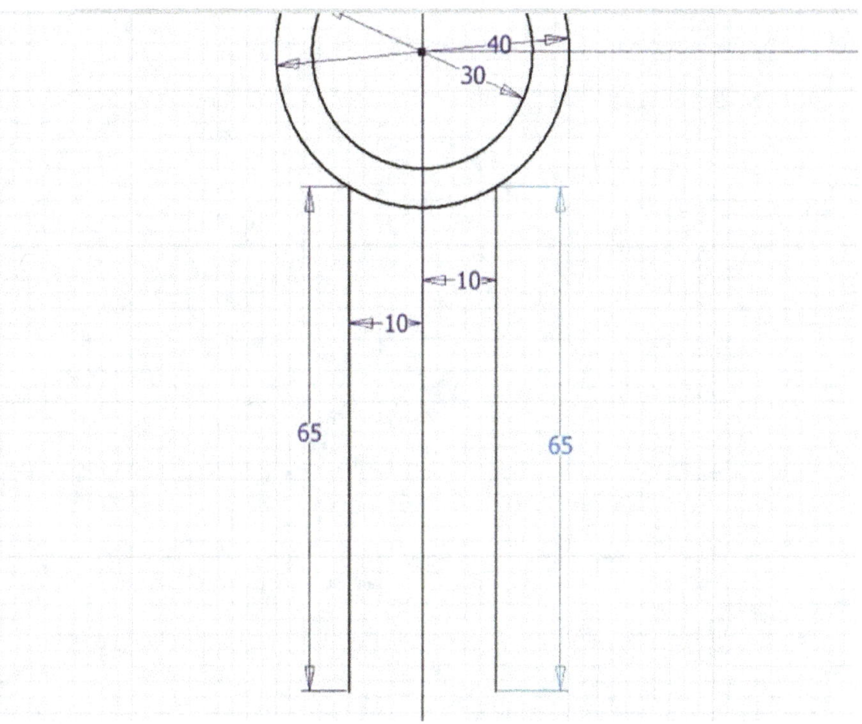

Figura 204: Disegna due linee verticali lunghe 65 mm ad una distanza di 10 mm dalla linea centrale.

Completiamo il profilo con due curve tangenziali, ognuna delle quali dovrebbe avere un raggio di R=115 mm.

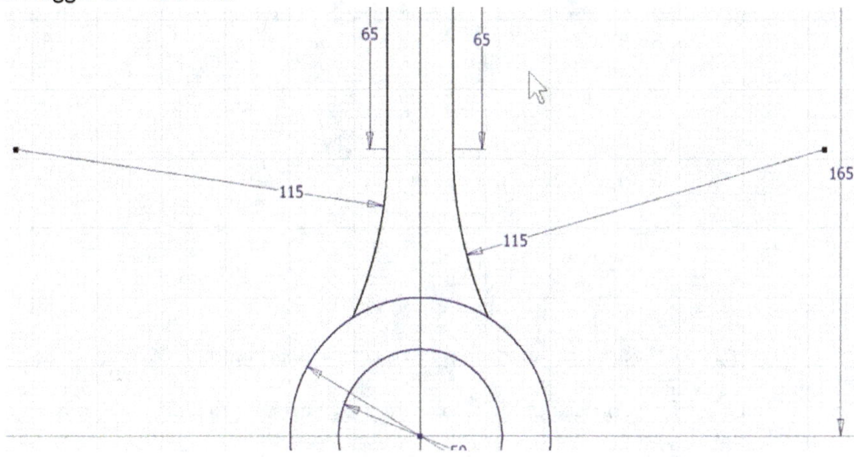

Figura 205: Collega le estremità superiori e inferiori con due curve da 115 mm

Infine, usiamo la funzione "Trim" e rimuoviamo le linee in eccesso.

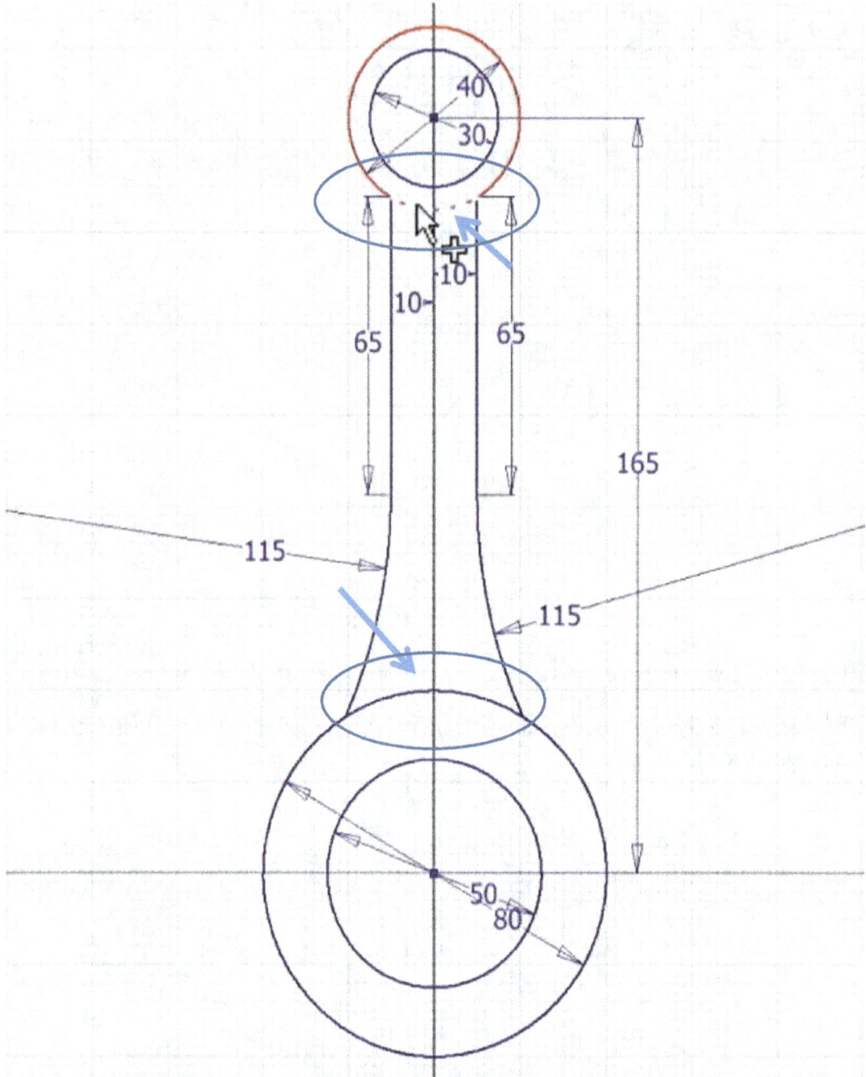

Figura 206: Rimuovi le sezioni di cerchio in eccesso (vedi frecce) con "Trim"

Quando questo è fatto, possiamo finire lo schizzo ed estrudere la biella di 20 mm.

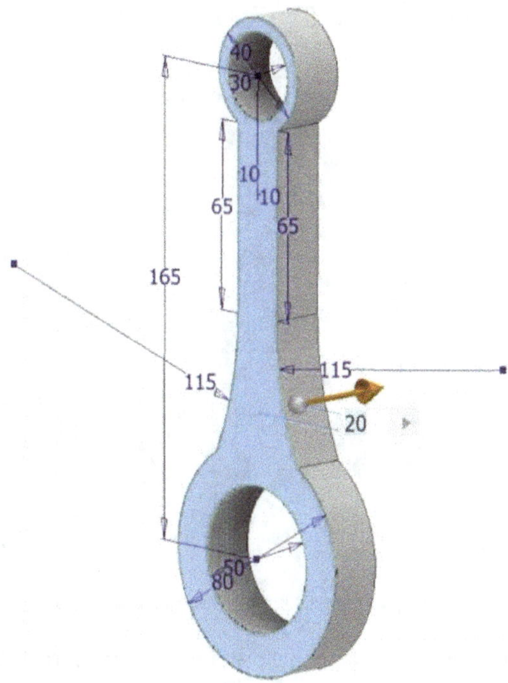

Figura 207: estrusione di 20 mm del profilo della biella

Affinché le transizioni non siano troppo estreme, possiamo arrotondare la transizione in basso e in alto con 20 mm nella zona della biella.

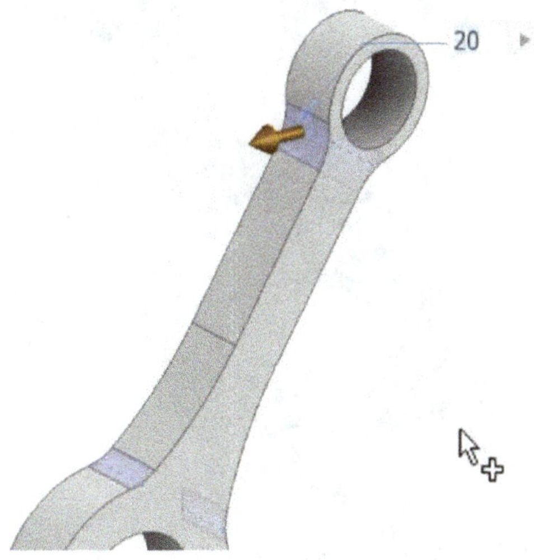

Figura 208: Arrotondamento delle transizioni superiori e inferiori sui lati con 20 mm ciascuno

Arrotonda anche i bordi delle due superfici di 1 mm ciascuno.

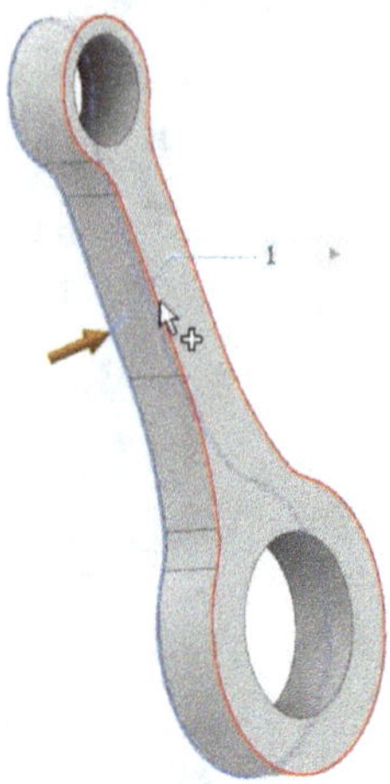

Figura 209: Arrotonda i bordi esterni della biella di 1 mm.

In questo caso, anche la biella è un modello altamente semplificato. Normalmente, una biella assomiglia a quella in questa foto.

Figura 210: Una vera biella di un motore

Nella zona inferiore è divisa in due parti, la geometria è più mirata e ci sono anche i cosiddetti gusci di cuscinetti di biella che si poserebbero nell'occhio inferiore.

Disegniamo quindi lo spinotto del pistone prima di iniziare ad assemblare i componenti. Per fare questo, creiamo di nuovo una nuova parte e disegniamo un cerchio con un diametro di 30 mm sul piano y-z, che poi estrudiamo 76 mm simmetricamente e scaviamo fino ad uno spessore della parete di 3 mm.

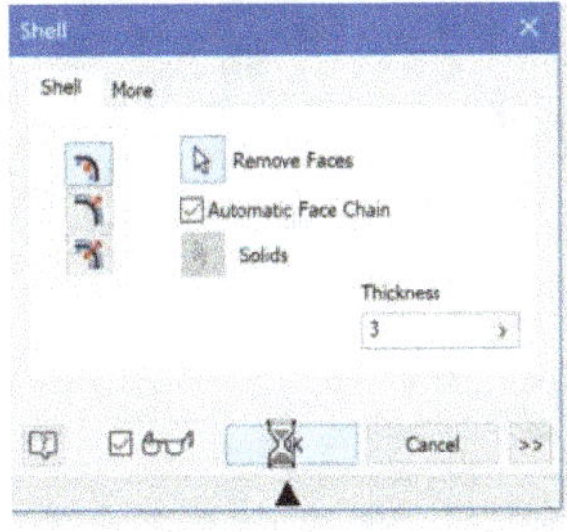

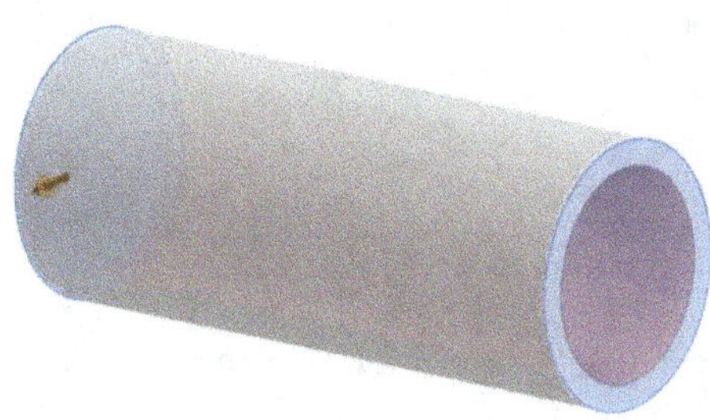

Figura 211: estrudi un profilo di 30 mm ed estrudi 76 mm; per "Direction": seleziona "Symmetric"; svuota a 3 mm di spessore della parete con "Shell", seleziona entrambe le facce laterali per questo scopo

Per l'assemblaggio creiamo un nuovo file di assemblaggio, cioè un file "assembly". Il carter sarà il nostro corpo base, quindi lo trasciniamo semplicemente nell'assemblaggio per primo. Per farlo, prima apri tutte le parti del motore e poi clicca sul piccolo simbolo "finestra" in alto a destra per visualizzare tutte le finestre aperte una accanto all'altra.

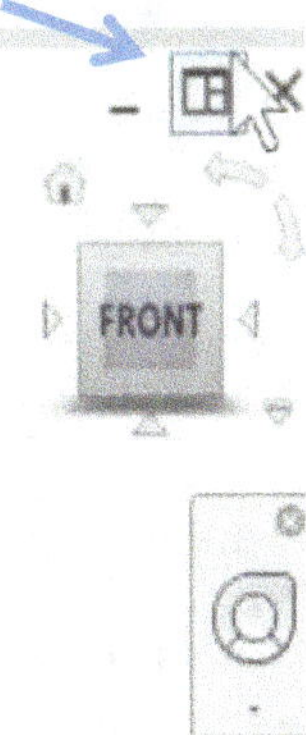

Figura 212: Premi il simbolo della piccola finestra in alto a destra per visualizzare tutti i file aperti uno accanto all'altro (se necessario, apri prima tutti i file necessari).

Ora puoi cliccare nella finestra desiderata e poi trascinare e rilasciare la parte nell'albero della struttura nella finestra corretta con il pulsante del mouse premuto.

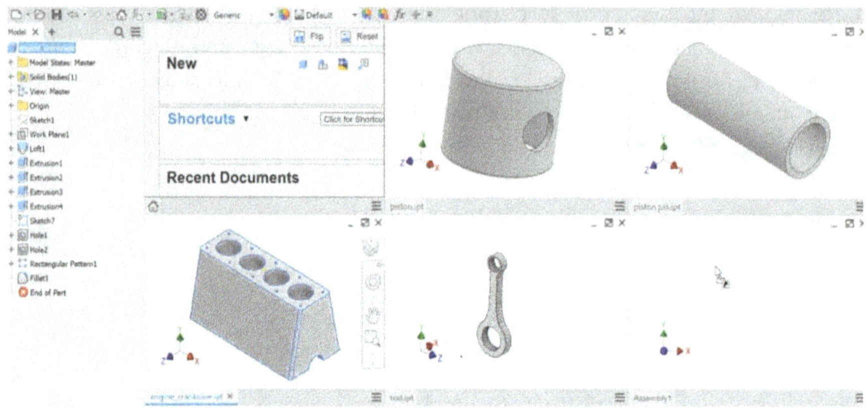

Figura 213: Tutti i file aperti sono ora visualizzati uno accanto all'altro

Il carter viene poi allineato e fissato automaticamente in base all'origine. Poi tiriamo tutte le altre parti nell'assemblaggio. Quando abbiamo fatto questo, alla fine copiamo i pistoni, le bielle e gli spinotti dei pistoni quattro volte ciascuno, dato che abbiamo quattro cilindri.

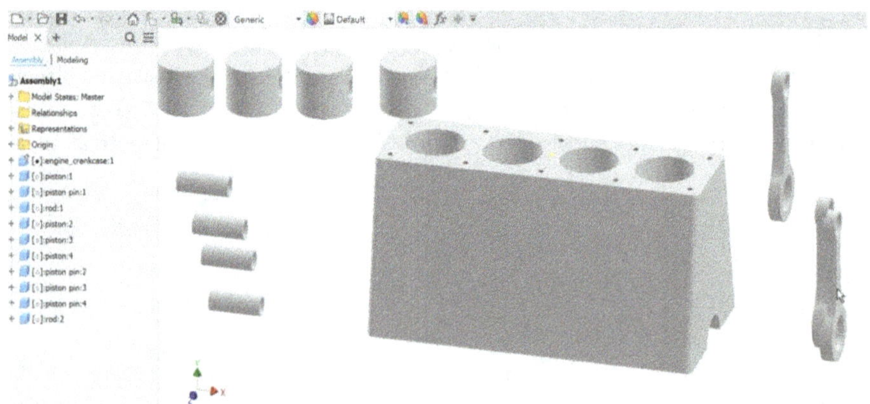

Figura 214: Trascina il pistone, il perno di manovella e la biella nell'insieme e poi copiali/incollali

Poi per prima cosa montiamo la biella sullo spinotto del pistone scegliendo i seguenti punti come origini del giunto e selezionando il tipo di giunto "Rotational".

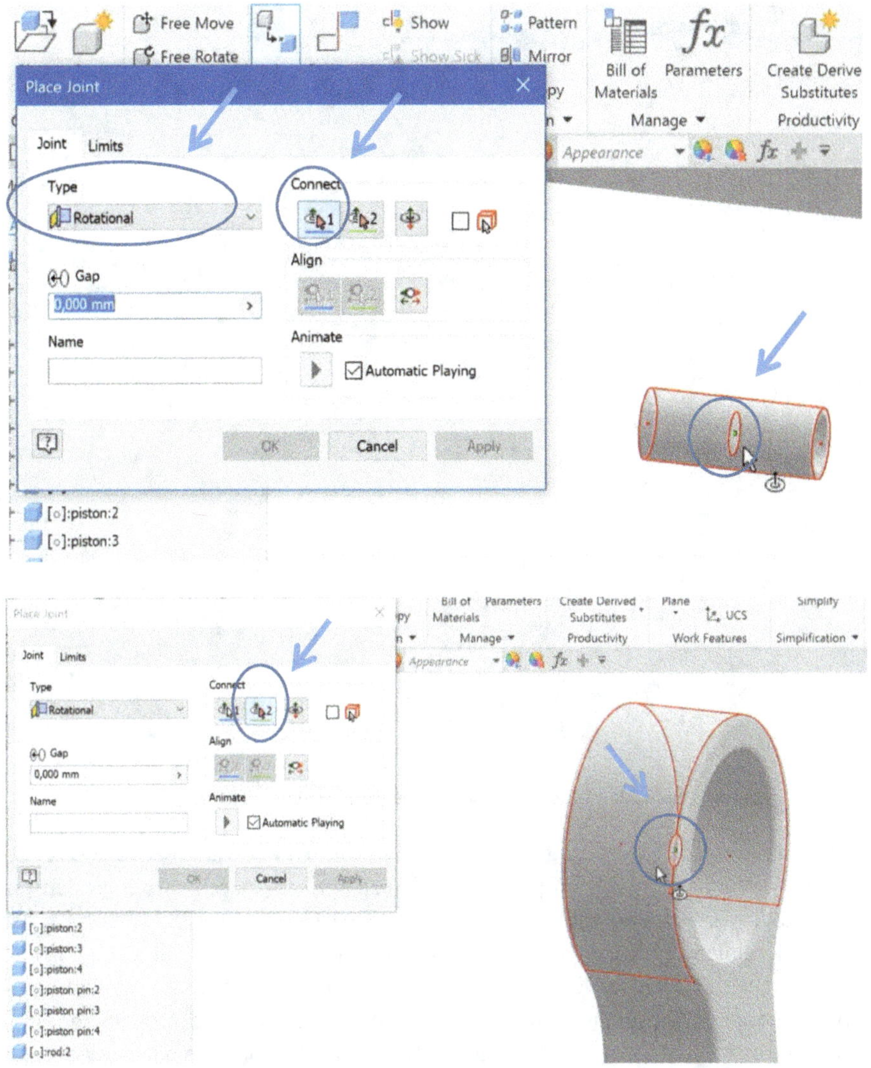

Figura 215: Seleziona il comando "Joint", seleziona "Type": "Rotational" e definisci le origini del giunto come mostrato, prima su uno dei perni del pistone e poi su una delle bielle.

Poi montiamo il perno e il pacchetto di bielle nel pistone, utilizzando un'origine di giunzione laterale sul perno e al centro dell'apertura del perno sul pistone. Il tipo di articolazione è di nuovo "Rotational". Qui è necessaria un po' di pazienza fino a quando non vengono selezionate o trovate le due corrette origini del giunto. Presta particolare attenzione al corretto allineamento degli assi alle origini del giunto.

141

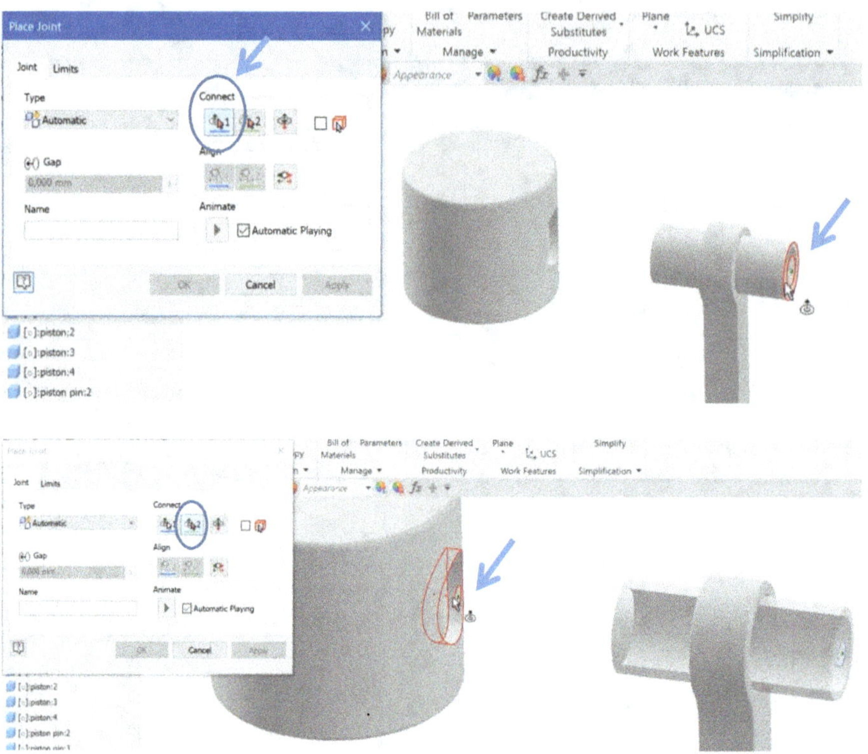

Figura 216: "Montaggio" della biella con lo spinotto nel pistone

Ora dovremmo collegare tutti gli altri pistoni, spinotti e bielle esattamente allo stesso modo. Per renderci la vita un po' più facile, copiamo semplicemente il gruppo già collegato di pistoni, bielle e spinotti del pistone altre tre volte nel passo successivo. Per farlo, selezioniamo i tre componenti e li copiamo con CTRL-C. Con CTRL-V li incolliamo nell'ambiente di progettazione. La cosa bella è che i link vengono mantenuti! Lo notiamo quando spostiamo le parti incollate. Abbiamo risparmiato molto tempo e possiamo cancellare le parti precedentemente inserite che non sono più necessarie. Lo facciamo rapidamente e facilmente selezionandoli e premendo il tasto "Rimuovi" sulla tastiera. Così tanto per copiare ed eliminare parti e parti collegate all'interno di un assemblaggio.

Ora dobbiamo collegare i pistoni con i cilindri. Per questo selezioniamo il tipo di giunto "Cylindrical" e le origini del giunto mostrate.

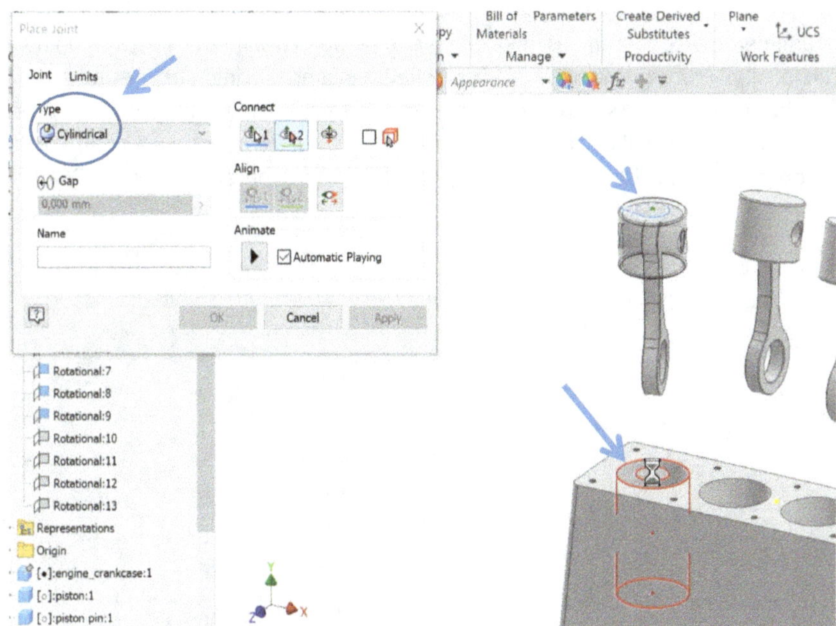

Figura 217: Collegamento del gruppo pistone, biella e spinotto del pistone all'alloggiamento dell'albero motore

Ora abbiamo quasi finito con il nostro semplicissimo modello di motore a 4 cilindri. Nella prossima lezione disegneremo l'albero motore. Andiamo!

4.4.3 Parte 3: Albero a gomiti

Per l'albero motore, l'ultima parte del nostro motore, ricominciamo una nuova parte singola. Alla fine, l'albero motore dovrebbe assomigliare a questa immagine:

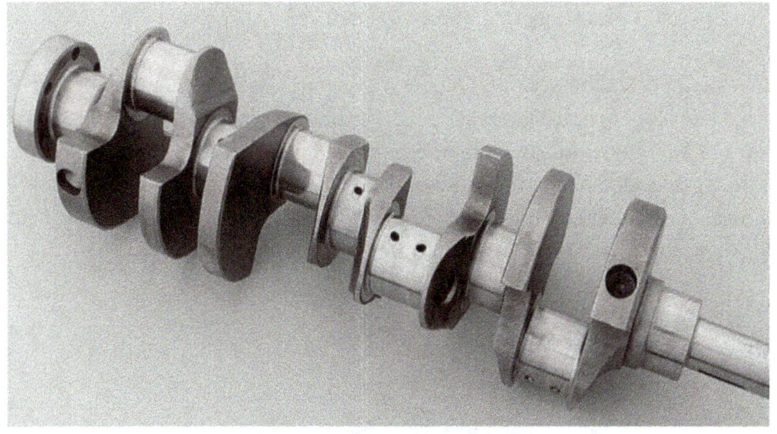

Figura 218: Un vero albero motore

Naturalmente procederemo di nuovo in modo un po' semplificato. Iniziamo un nuovo schizzo sul piano y-z nella vista laterale. Poi disegniamo il primo cuscinetto principale dell'albero motore o il suo perno con un cerchio semplice di 65 mm di diametro con l'origine come punto di partenza. In modalità 3D estrudiamo questa superficie circolare e selezioniamo una distanza di 20 mm in una direzione e confermiamo con "Ok".

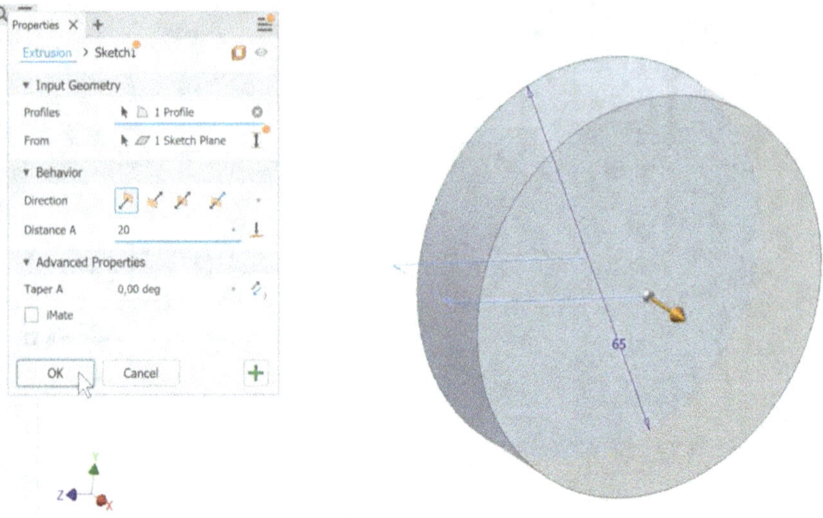

Figura 219: Disegna un cerchio sul piano y-z ed estrudi 65 mm

Dato che il nostro albero a gomito deve essere simmetrico, disegneremo solo una metà di esso per il momento e più tardi lo specchieremo semplicemente sul piano y-z. Ora costruiamo l'albero motore sezione per sezione usando l'estrusione. Sei anche invitato a considerare come potresti costruire l'albero a gomito con la funzione "Revolve", cioè come una parte in rotazione, e se questo è possibile?

Iniziamo per la prossima sezione della prima guancia dell'albero motore, uno schizzo sul perno dell'albero creato in precedenza. Per questo creiamo due cerchi, uno con un diametro di 70 mm e uno con un diametro di 160 mm ad una distanza di 45 mm l'uno dall'altro includendo una condizione verticale tra i loro due centri. Il centro del cerchio superiore dovrebbe anche essere 40 mm verticale dal centro del perno dell'albero e stare in linea con esso, cioè essere collegato verticalmente.

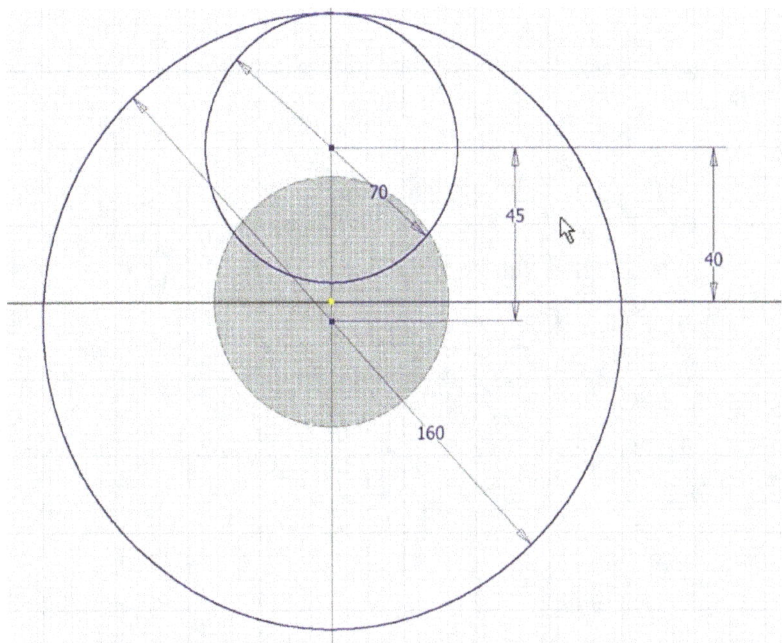

Figura 220: Disegna due cerchi come mostrato su un lato del corpo

Poi disegniamo due linee di collegamento e le dimensioniamo verticalmente con una lunghezza di 60 mm e con una dimensione parallela di 30 mm al centro superiore del cerchio.

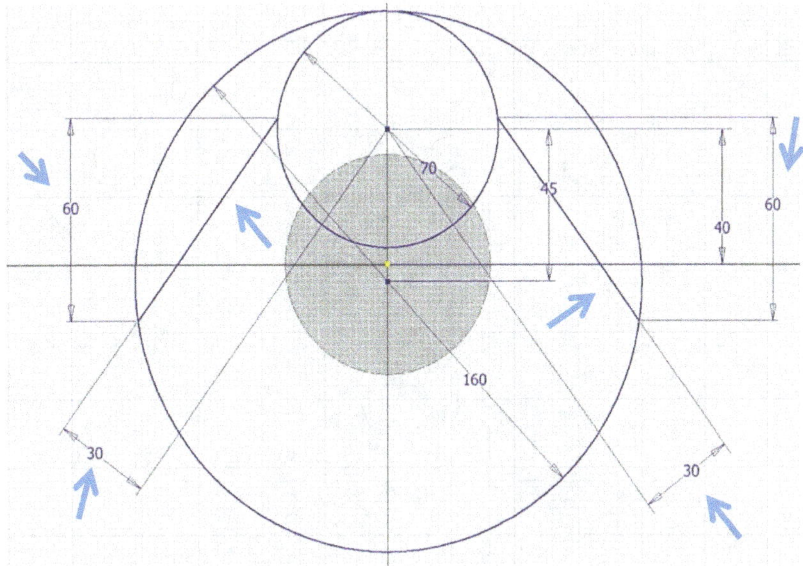

Figura 221: Creazione e dimensionamento di due linee di collegamento tra i cerchi

Nell'ultimo passo usiamo la funzione "Trim" per tagliare via tutte le linee e le sezioni superflue.

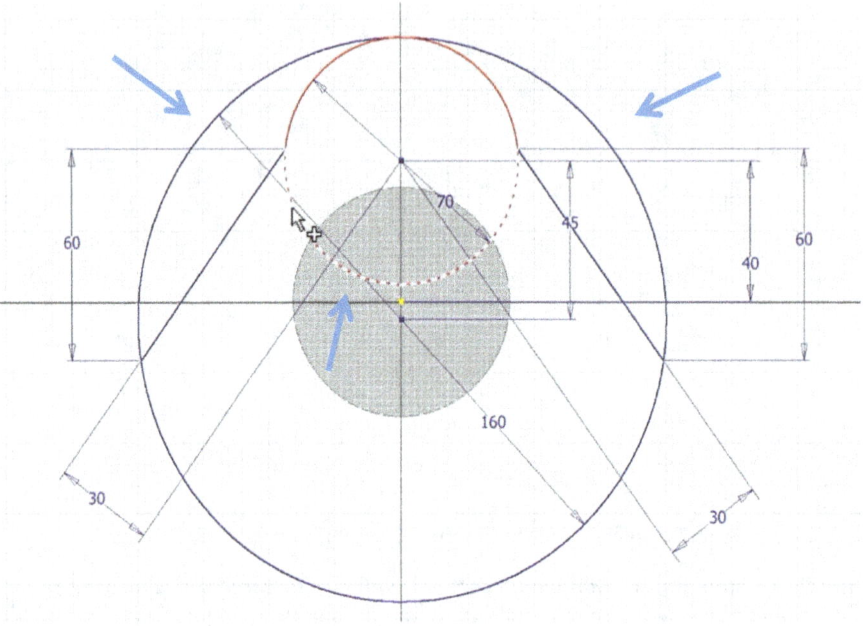

Figura 222: Rimuovi le sezioni di cerchio superflue (vedi frecce) con "Trim"

Poi estrudiamo questa guancia di 22 mm.

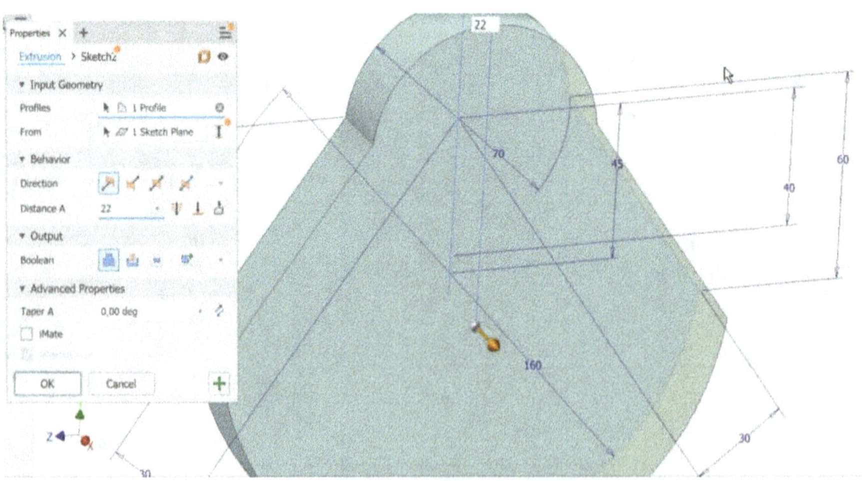

Figura 223: estrudere la guancia dell'albero motore di 22 mm

Nel prossimo passo, disegniamo il perno dell'albero per la biella su questa guancia. Per questo disegniamo un cerchio di 50 mm che dovrebbe sedersi concentricamente alla curva superiore della guancia dell'albero motore. Abbiamo bisogno di una dimensione di 16 mm per l'estrusione.

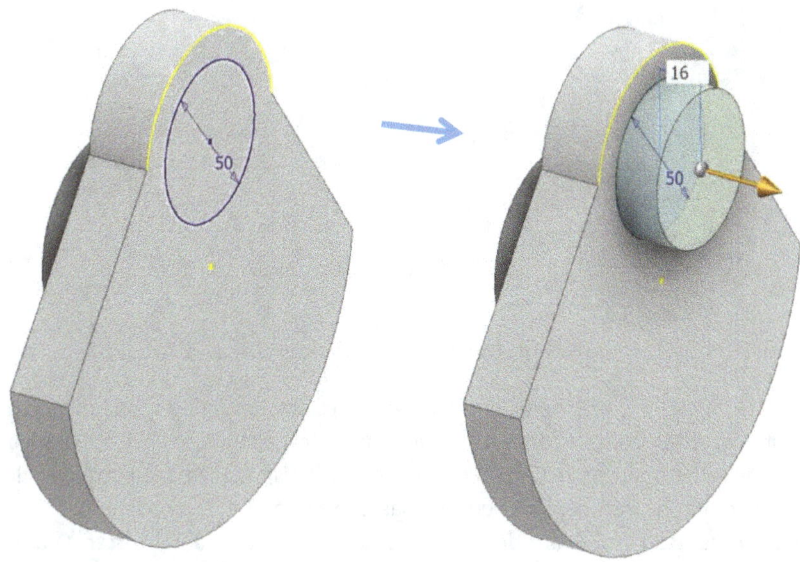

Figura 224: disegnare un cerchio di 50 mm in uno schizzo 2D e poi estrudere 16 mm

Se volessimo prendere una strada più tortuosa, potremmo ora disegnare guancia per guancia e albero per albero sopra l'altro come uno schizzo 2D ed estruderli, proprio come abbiamo fatto fino a questo punto. Ma è molto più facile usare solo questa metà per la prima biella. Questo corpo rappresenta più o meno 1/8 dell'intero albero motore.

Di seguito useremo abilmente la funzione "Mirror" per risparmiarci un po' di lavoro. Quindi per la seconda guancia dell'albero a gomito e le sezioni adiacenti del perno dell'albero, rispecchiamo semplicemente il primo corpo.

Lo facciamo selezionando il comando "Mirror" e poi passando a "Mirror Solids" nella piccola finestra delle opzioni che si apre. Dato che abbiamo solo un corpo, questo viene selezionato automaticamente. Nel passo successivo, passiamo a "Mirror Plane" nella finestra delle opzioni e selezioniamo la superficie laterale di metà dell'albero della biella come piano a specchio.

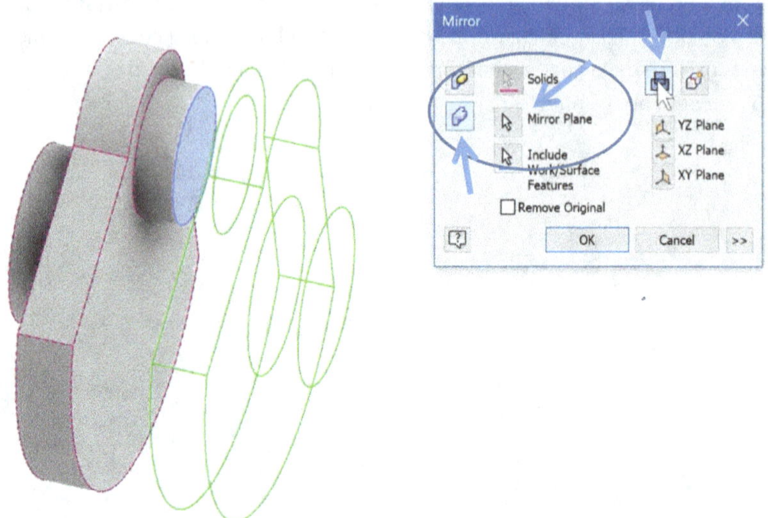

Figura 225: speculare il primo ottavo dell'albero motore sulla superficie blu

Possiamo lasciare "Join" nella finestra delle opzioni per questo passo, dato che vogliamo ottenere solo un corpo e la guancia è già correttamente allineata. Il secondo ottavo dell'albero motore è finito. Per i prossimi 2/8 rispecchiamo la parte dell'albero motore creata in precedenza in questo passo. Seleziona il corpo, seleziona "Mirror Plane". In questo caso, il lato del perno dell'albero che riposa nel carter. Ora, però, dobbiamo cambiare un po' la nostra procedura, perché vogliamo creare un nuovo corpo per il momento. Quindi dobbiamo selezionare "New Solid" nella finestra delle opzioni del comando specchio.

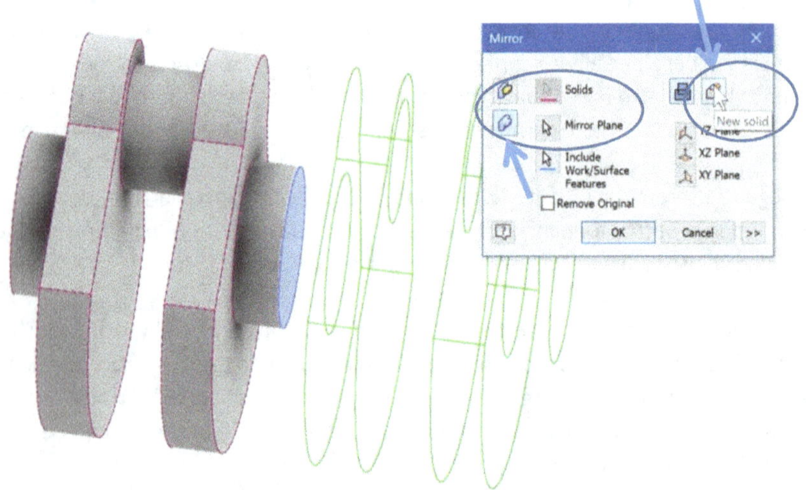

Figura 226: rispecchia la seconda ottava dell'albero motore di nuovo sulla superficie blu

Perché un nuovo corpo? Perché, come possiamo vedere ora, questo quarto dell'albero motore deve ancora essere ruotato di 180 gradi intorno - in questo caso - all'asse x in modo che sia in opposizione all'altro quarto. Altrimenti tutti i pistoni funzionerebbero allo stesso modo, ma solo due dei quattro pistoni devono essere sempre nella stessa posizione.

Questo è il motivo per cui abbiamo creato il nuovo corpo, perché altrimenti non saremmo in grado di ruotare questo quarto dell'albero indipendentemente dall'altro quarto.

Per la rotazione usiamo semplicemente il comando "Move Bodies" dal menu "Modify".

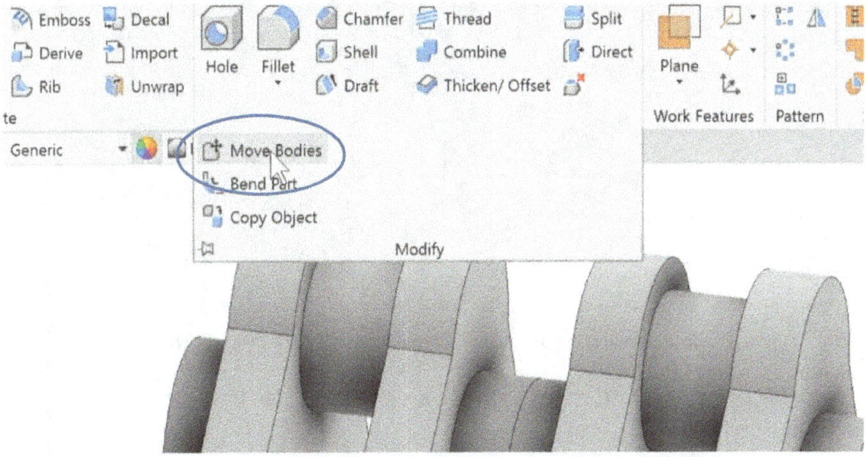

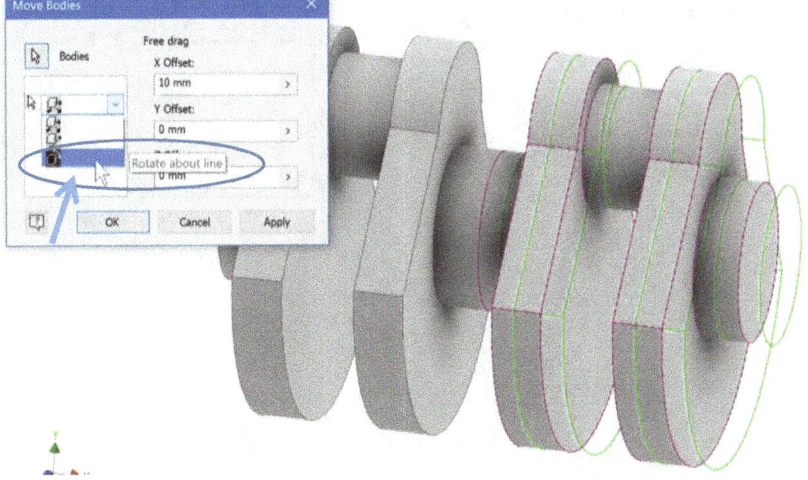

Figura 227: Il comando "Move Bodies" nel menu a tendina "Modify"

Poi seleziona prima il corpo, nella finestra delle opzioni nell'area sinistra usa il menu a tendina per cambiare in "Rotate about Line".

Figura 228: Seleziona la seconda ottava dell'albero motore e poi "Rotate about Line"

Poi seleziona l'asse di rotazione, nel nostro caso l'asse x, e poi inserisci un angolo. Abbiamo bisogno di mezza rotazione, cioè 180°.

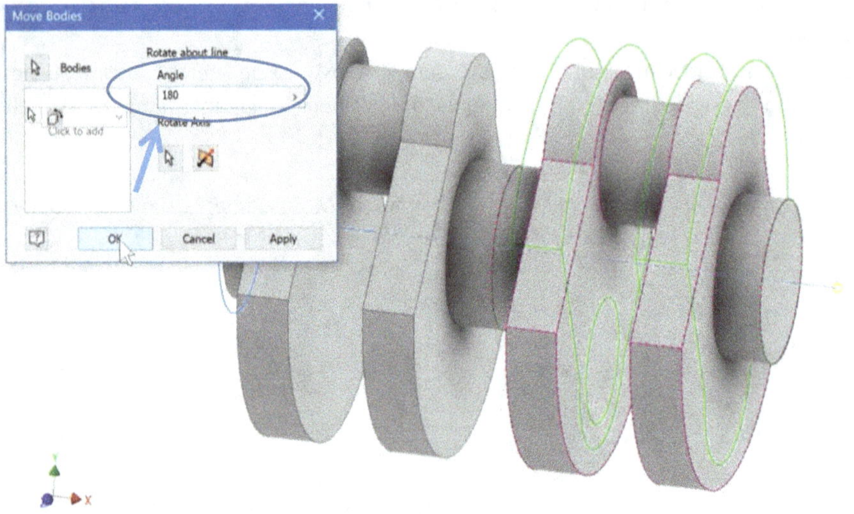

Figura 229: Inserisci un angolo di 180°; prima seleziona l'asse x nella struttura ad albero

Conferma con "OK". Vediamo che i perni dell'albero per le bielle sono ora nella posizione corretta.

Prima di continuare, allunghiamo il perno dell'albero motore, che è venuto un po' troppo corto a causa del rispecchiamento. Seleziona semplicemente "Extrude" e determina una superficie per lo schizzo 2D. Disegna un cerchio concentrico intorno al perno dell'albero ed estrudi 30 mm.

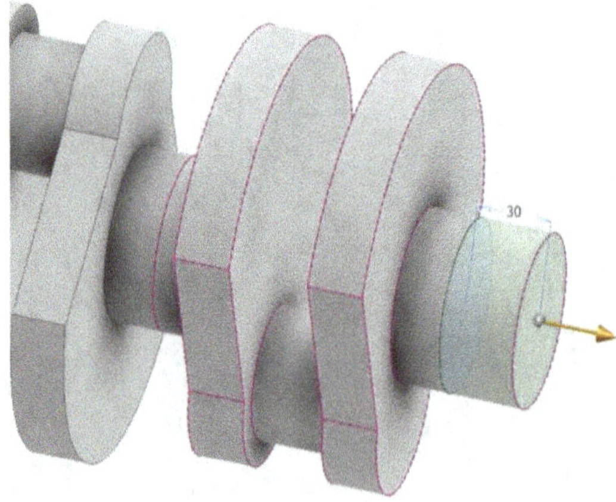

Figura 230: Allunga il pezzo finale dell'albero motore precedente di 30 mm

Ora vogliamo collegare le due parti esistenti dell'albero a gomito, ora dimezzato, di nuovo insieme per riunire i due corpi. Per farlo, usiamo la funzione "Combine" dal menu "Modify". Seleziona corpo e comando, nelle opzioni a "Output": seleziona "Join" e premi "OK".

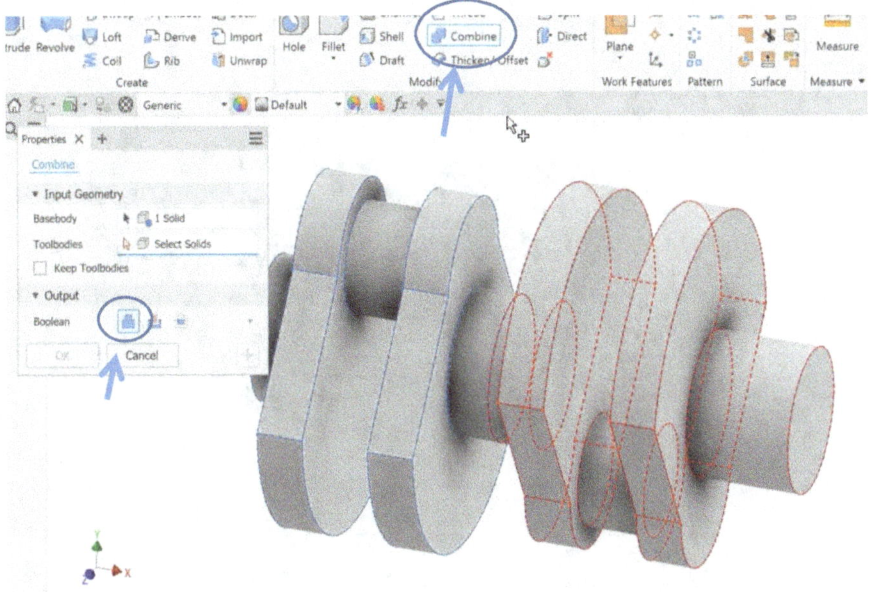

Figura 231: Ricollega i due corpi ancora singoli dell'albero motore con "Combine"

Questo approccio ci ha già fatto risparmiare un bel po' di lavoro. Per continuare a velocità esponenziale, raddoppiamo il nostro albero motore mezzo finito un'ultima volta. Questa volta possiamo di nuovo lasciare "Join" invece di "New Body" come tipo di connessione, dato che l'allineamento è corretto.

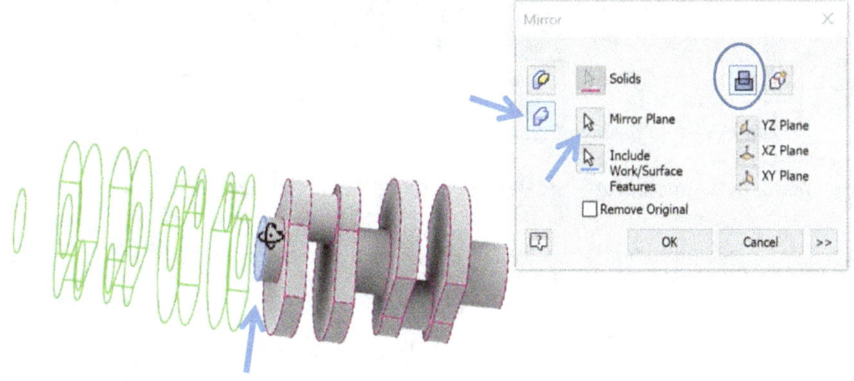

Figura 232: Crea l'ultima parte dell'albero motore con "Mirror"; specchia sulla superficie blu

Con un clic, l'albero motore è finalmente quasi finito. Cosa manca ancora? Per prima cosa, alcuni filetti, che vorremmo fare così: 10 mm sui bordi delle transizioni nelle zone inferiori dei longheroni e 5 mm sui bordi delle transizioni nelle zone superiori.

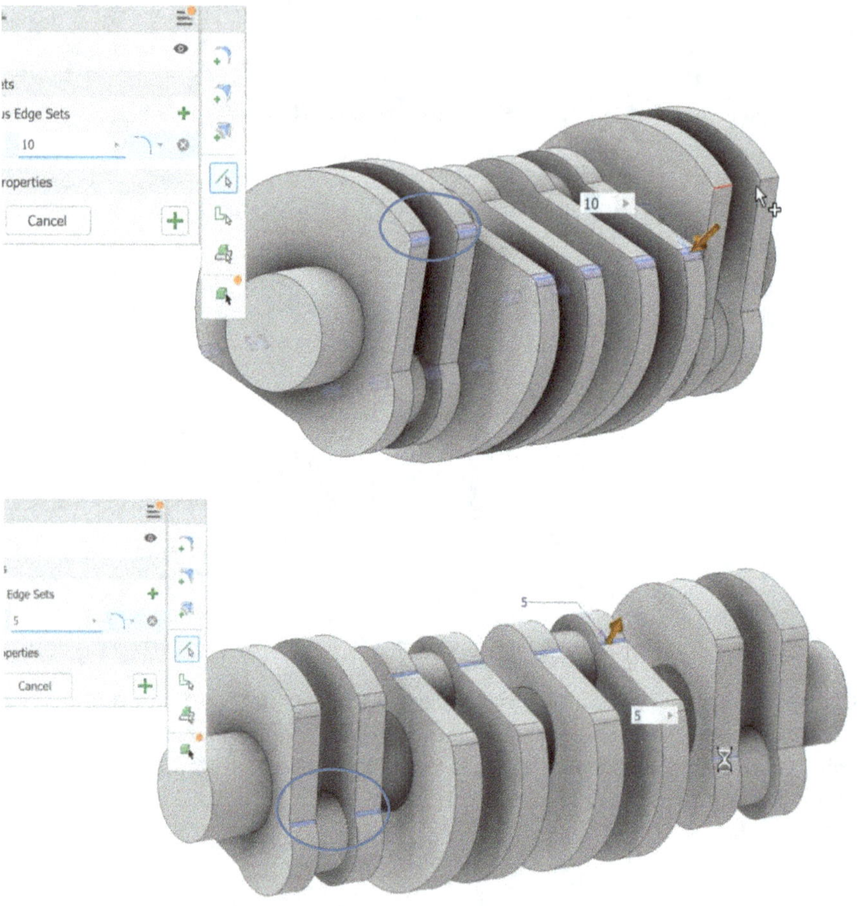

Figura 233: Fai dei filetti; nell'immagine superiore 10 mm e nell'immagine inferiore 5 mm

Per inciso, avremmo potuto integrare questi filetti nello schizzo dei longheroni subito.

E poi 3 mm di filetti per i bordi sulle facce laterali dei longheroni e dei perni dell'albero.

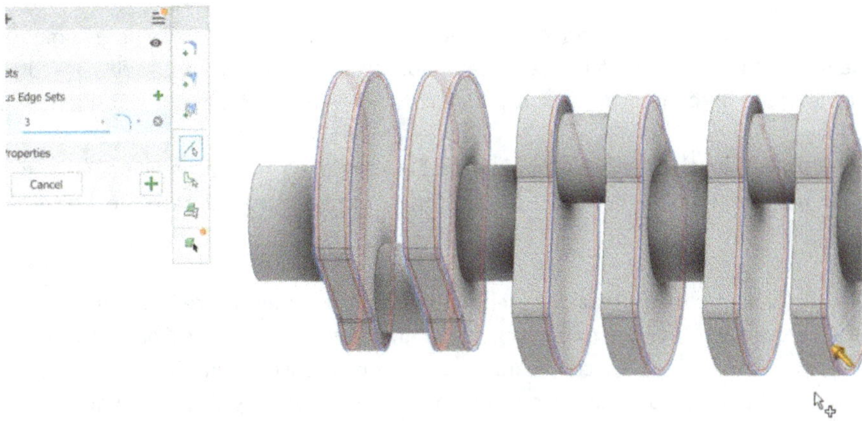

Figura 234: filetti da 3 mm per i bordi laterali delle guance dell'albero motore

Inoltre, ora dobbiamo inserire il nostro albero motore nel nostro gruppo motore e poi creare il giunto all'alloggiamento dell'albero motore. Per fare questo, selezioniamo semplicemente l'origine del giunto, ad esempio al centro del perno dell'albero con cui abbiamo iniziato e selezioniamo la seconda origine del giunto al centro del cuscinetto principale dell'alloggiamento dell'albero motore. Selezioniamo "Rotational" come tipo di giunto.

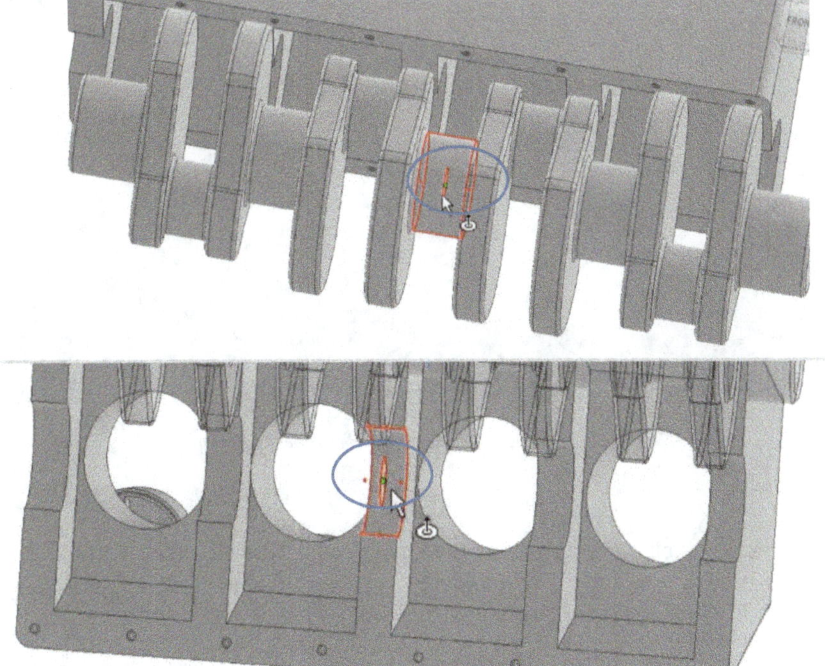

Figura 235: Applica il comando "Joint" e seleziona queste due origini del giunto

Perfetto, finalmente tutti i componenti per il nostro modello di motore notevolmente semplificato sono pronti. Alla fine del capitolo, vorremmo naturalmente collegare tutte le bielle all'albero motore e far funzionare virtualmente il nostro motore. Sprint finale!

Per i collegamenti di biella e albero motore, nascondiamo il carter per il momento per una migliore visione d'insieme (clicca con il tasto destro sul carter e seleziona "Visibility").

Il collegamento o la creazione dell'articolazione è di nuovo relativamente poco spettacolare. Posiziona la prima origine del giunto centralmente nell'occhio inferiore della biella e posiziona la seconda origine centralmente sul perno dell'albero dell'albero motore. Il tipo di giunto in questo caso è di nuovo "Cylindrical". Procedi allo stesso modo per le altre bielle.

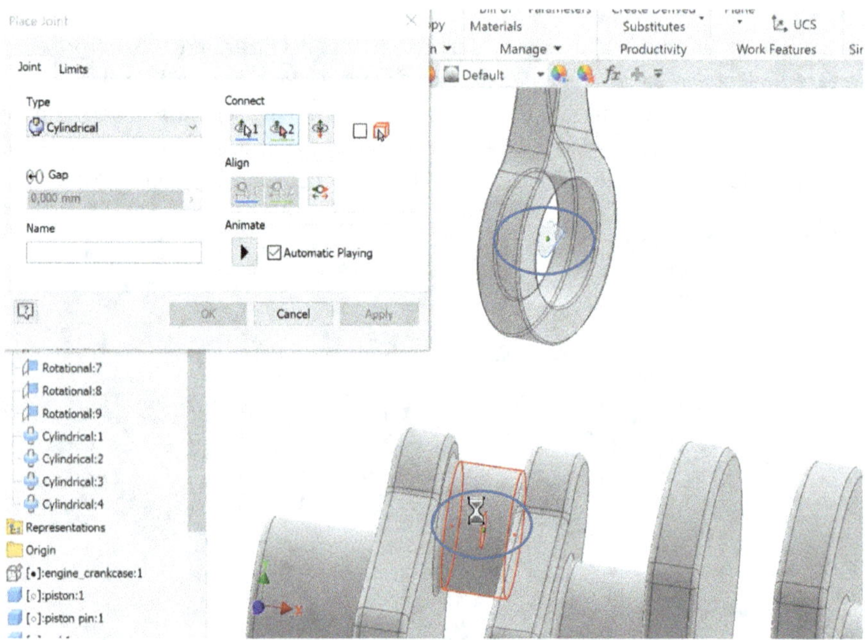

Figura 236: Collegamento della biella all'albero motore

Quando tutto è collegato, possiamo prima mostrare di nuovo il carter cliccando con il tasto destro sul suo corpo e selezionando "Visibility" e allo stesso tempo renderlo trasparente selezionando "Transparent".

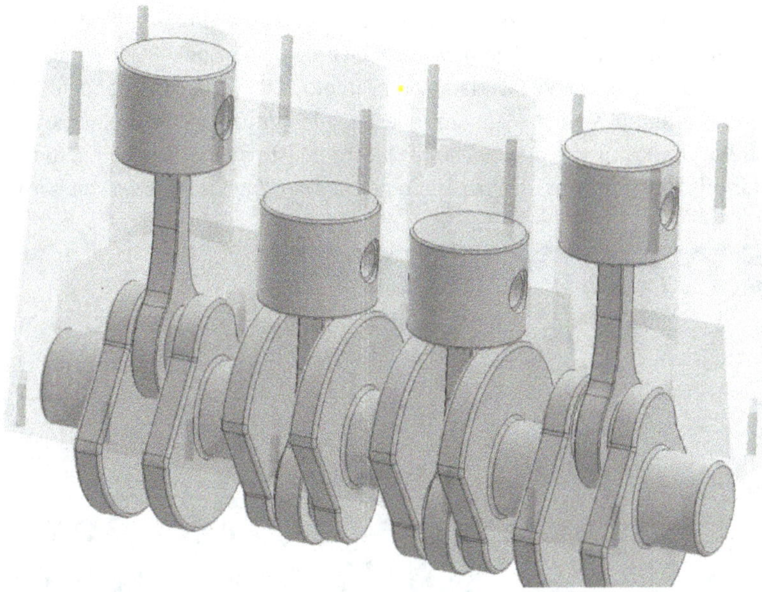

Figura 237: Tutti i giunti sono stati creati e l'alloggiamento dell'albero motore è ora trasparente

Per concludere il capitolo, ora vogliamo far funzionare il nostro motore virtualmente. Se abbiamo posizionato tutti i giunti correttamente, questo non dovrebbe essere un problema. Per fare questo, troviamo il giunto dell'albero motore con l'alloggiamento dell'albero motore e clicchiamo con il tasto destro del mouse su di esso. Selezioniamo "Drive" e poi dobbiamo inserire un punto iniziale e finale, in questo caso due angoli.

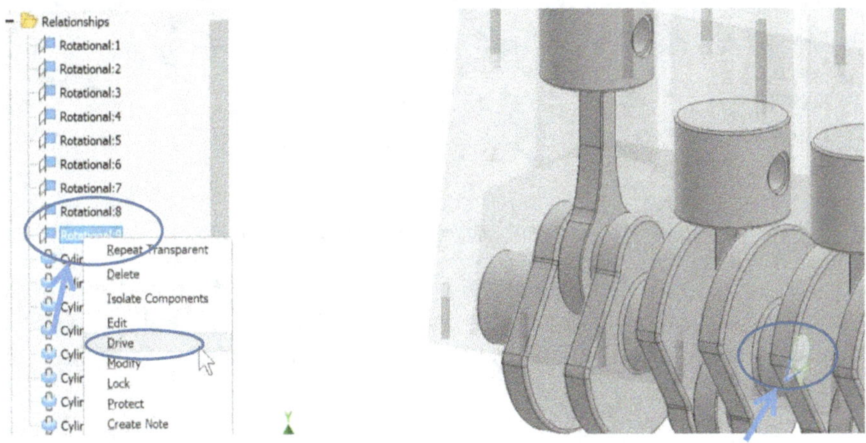

Figura 238: Seleziona il giunto destro e fai clic destro su di esso; seleziona "Drive"

Per esempio, possiamo inserire 0° come angolo iniziale e un multiplo di 360° come angolo finale, dato che vogliamo vedere diverse rivoluzioni. 360° è logicamente un'intera rivoluzione. Quindi inseriamo ad esempio 1080°, che corrisponde a 3 x 360°! Poi basta premere il simbolo "Play" e, allacciate le cinture per favore, il motore è in funzione! A proposito, ora puoi anche registrare questa animazione con la funzione di registrazione integrata. Ma un altro modo per farlo in "Inventor Studio" più tardi.

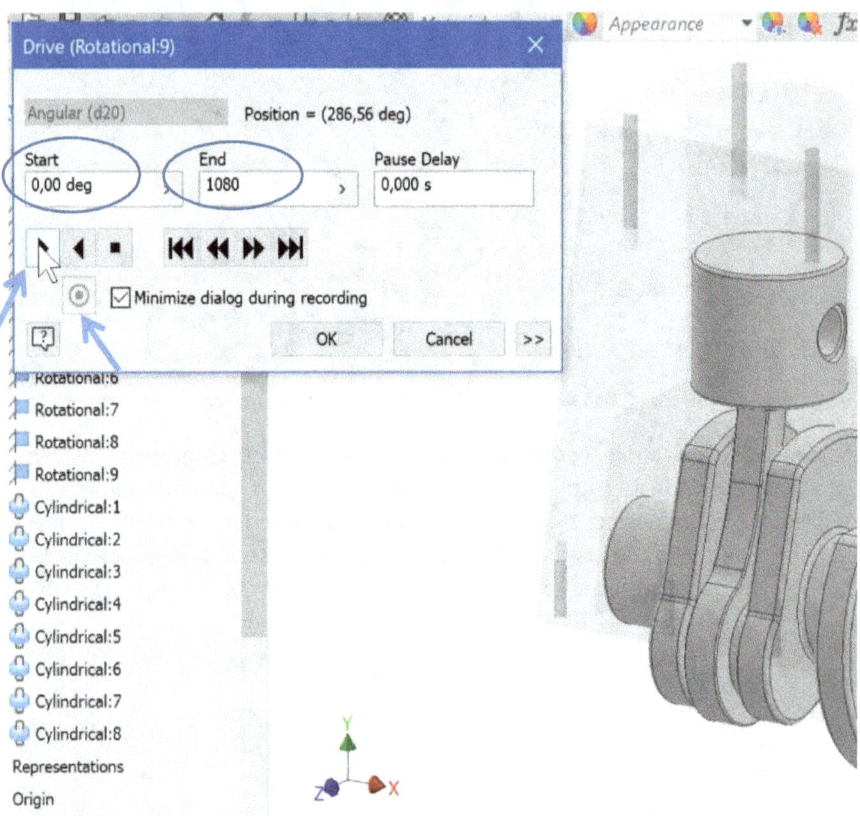

Figura 239: Controllo dell'animazione del giunto con le opzioni

Rispetto, se sei arrivato fin qui, puoi davvero essere orgoglioso di te stesso! A proposito, puoi terminare l'animazione del giunto semplicemente premendo il tasto "ESC".

5 Introduzione alla progettazione della lamiera con "Inventor"

Bentornato! Passiamo ora alla costruzione di lamiere in questo capitolo. L'area appositamente designata "Sheet Metal" è di grande importanza se vuoi costruire lamiere. I comandi e le funzioni in questa scheda sono ben progettati per questo.

Se vuoi progettare un corpo in lamiera, hai bisogno soprattutto di facilità nel trattare curve, linguette, srotolamenti e altri elementi e caratteristiche specifiche della lamiera.

Se vuoi costruire un elemento in lamiera curva, come questo elemento,

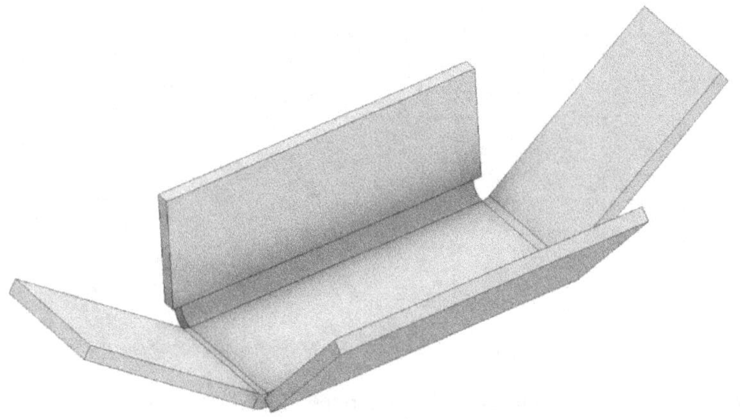

Figura 240: Un esempio di foglio che costruiremo in questa lezione

In pratica, cioè nel laboratorio artigianale, hai bisogno di un pezzo di lamiera tagliato nella forma base, che poi piegherai o lavorerai in forma.

Questa forma di base, chiamata anche srotolamento, può essere facilmente creata in "Inventor" in questa sezione. Per farlo, costruisci semplicemente il foglio finito e già piegato e applica un comando.

Questo significa che disegni il corpo di lamiera desiderato e finito e poi semplicemente fai in modo che il programma generi lo svolgimento, cioè le dimensioni e le geometrie per i documenti di produzione.

Vediamo questo con l'esempio mostrato. La procedura per la costruzione è ora molto simile, ma ancora un po' diversa, come se stessi costruendo un solido.

Andiamo! Iniziamo una nuova parte nell'ambiente "Part" come al solito. Prima di iniziare la costruzione, selezioniamo il pulsante "Convert to Sheet Metal" nell'area in alto a destra.

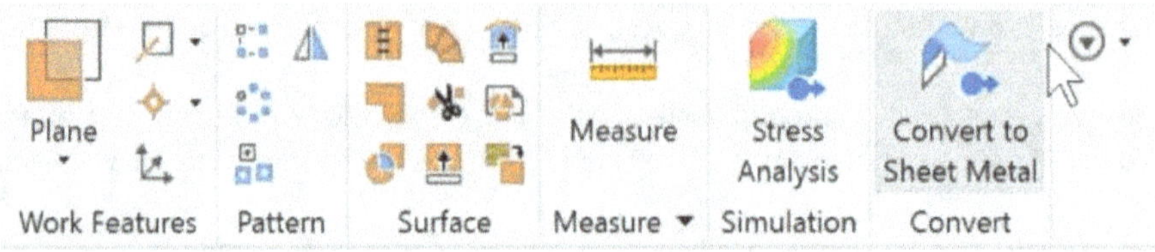

Figura 241: Conversione di una singola parte in lamiera con "Convert to Sheet Metal"

Il programma ci porta ora nel campo delle costruzioni in lamiera.

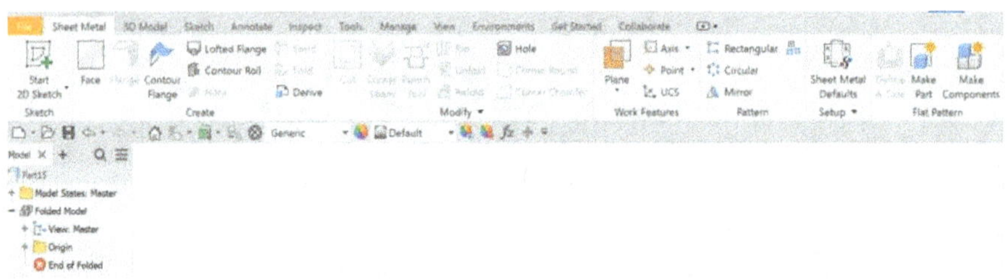

Figura 242: La scheda "Sheet Metal" si apre con caratteristiche specifiche per la lamiera

Per il pavimento o l'elemento base creiamo poi un foglio iniziando un nuovo schizzo su un piano. Poi disegniamo ad esempio un profilo rettangolare in uno schizzo 2D per il nostro elemento base, proprio come al solito.

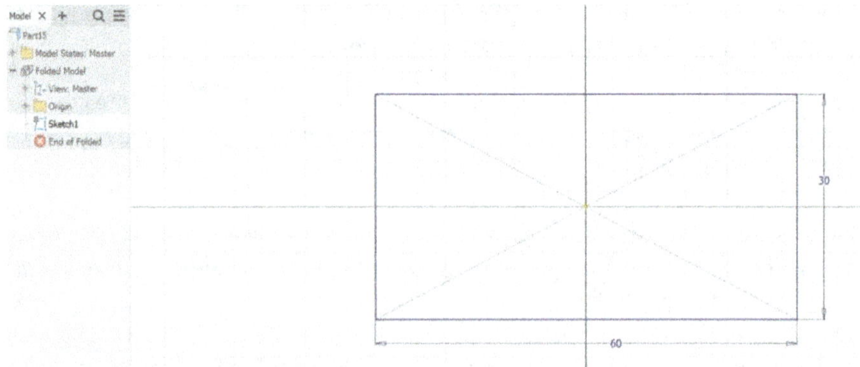

Figura 243: Il profilo di base rettangolare della nostra lamiera di esempio (60 x 30 mm) sul piano x-z

Ora normalmente useremmo il comando "Extrude" in modalità 3D, ma non lo facciamo qui. Questa è una delle più grandi differenze nell'area della costruzione di lamiere. Ora costruiamo il nostro corpo in lamiera con i due comandi "Face" e "Flange". Per l'elemento di base, seleziona prima il comando "Face" e il profilo abbozzato. Devi solo cliccarci sopra, lo spessore è già selezionato. Vedremo perché è così e come puoi cambiare lo spessore tra un momento.

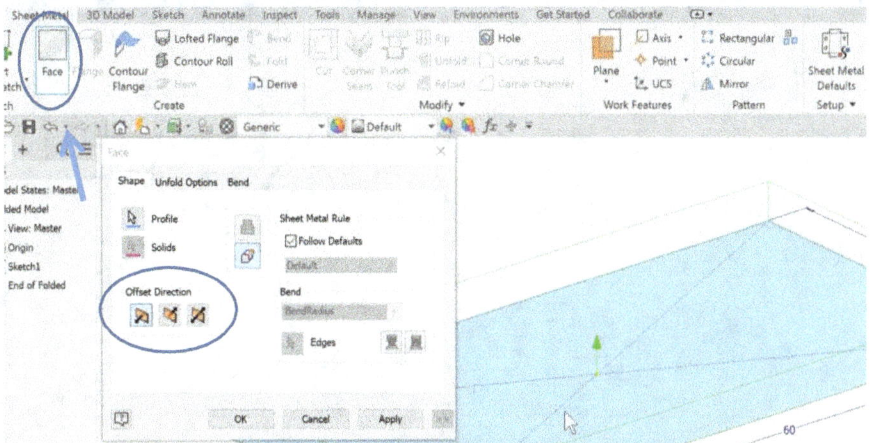

Figura 244: Il comando "Face" nell'area "Create" della scheda "Sheet Metal"

Con il pulsante "Sheet Metal Defaults", che si trova nella barra del menu in alto sotto "Setup" nella scheda "Sheet Metal", il cosiddetto "Sheet Metal Rule" può essere selezionato e modificato con un clic sul simbolo della matita.

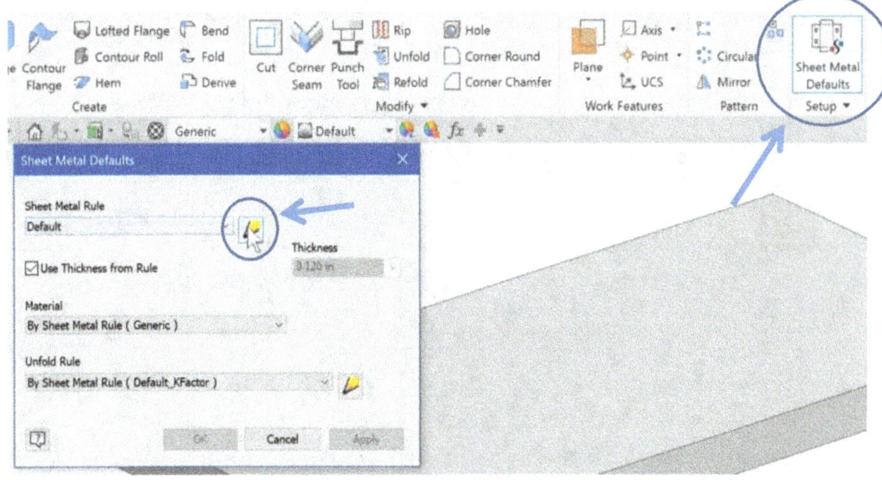

Figura 245: Modifica delle "Sheet Metal Defaults"; clicca sull'icona della matita

Anche il materiale può essere selezionato qui. Se modifichiamo la "Sheet Metal Rule", possiamo impostare lo spessore della nostra lamiera e cambiare tutti i parametri importanti specifici per le costruzioni in lamiera come il "Fattore K" o le proprietà di piegatura ("Bend conditions"). Se necessario, puoi passare ad un materiale diverso qui. Tuttavia, si raccomanda di regolare solo lo spessore della lamiera e di chiedere i parametri al tuo fornitore di lamiere o di lasciarli con i valori di default.

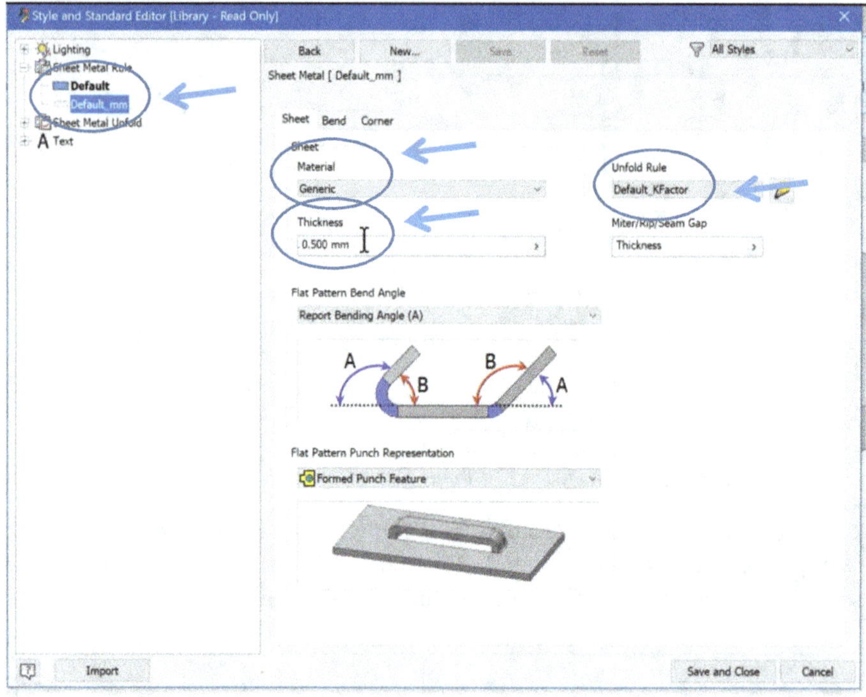

Figura 246: Spessore del foglio, fattore K e altre impostazioni specifiche del foglio

Cosa succede dopo? Per continuare a costruire il nostro corpo in lamiera, ora usiamo il comando "Flange".

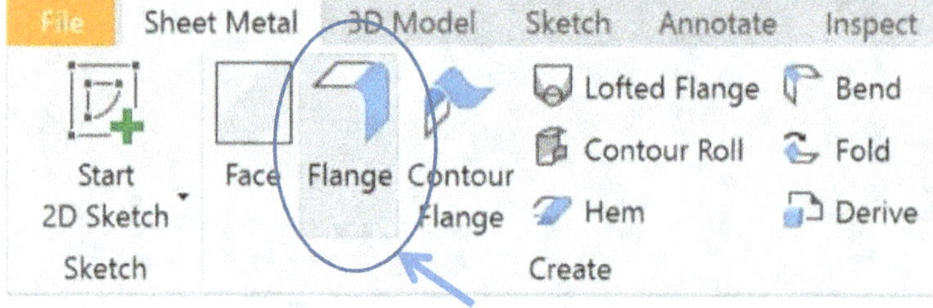

Figura 247: Il comando "Flange" nella sezione "Create" dalla scheda "Sheet Metal"

Per fare questo, selezioniamo sempre i bordi o gli schizzi nel seguente modo. Dato che il nostro foglio è tenuto relativamente semplice, selezioniamo semplicemente il bordo laterale dell'elemento di base. Come puoi vedere, il programma ora crea immediatamente il materiale con la curva corretta.

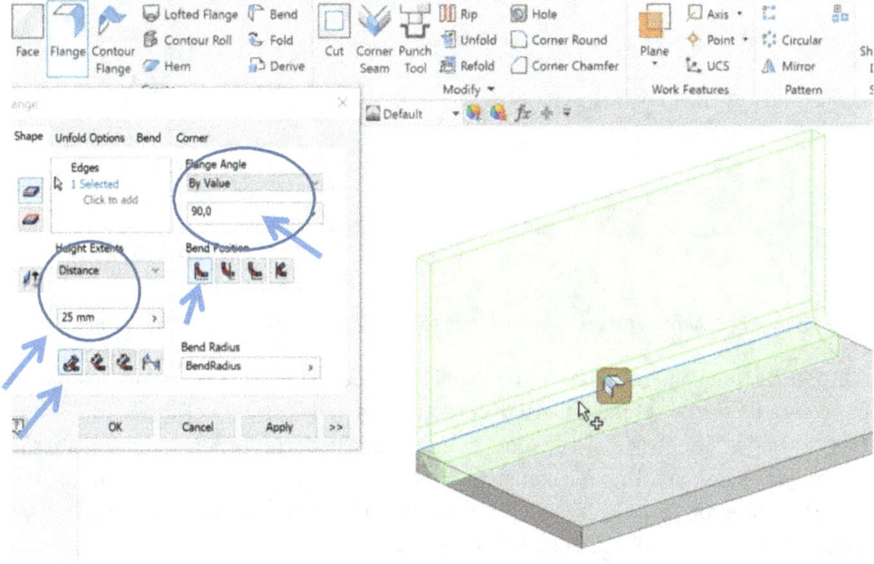

Figura 248: Seleziona il comando "Flange", seleziona un bordo e imposta i parametri; angolo di piegatura 90° e altezza 25 mm

Nella finestra delle opzioni puoi cambiare tutti i parametri importanti, ad esempio l'angolo di piegatura o la posizione di piegatura. Costruiamo anche gli altri elementi mancanti del nostro foglio di esempio.

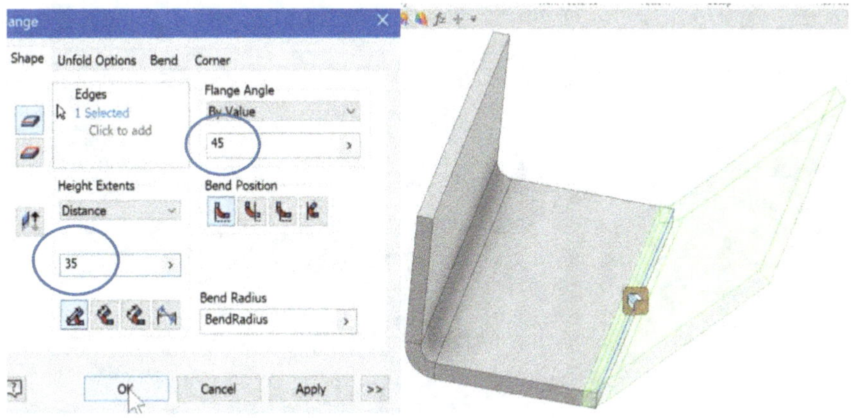

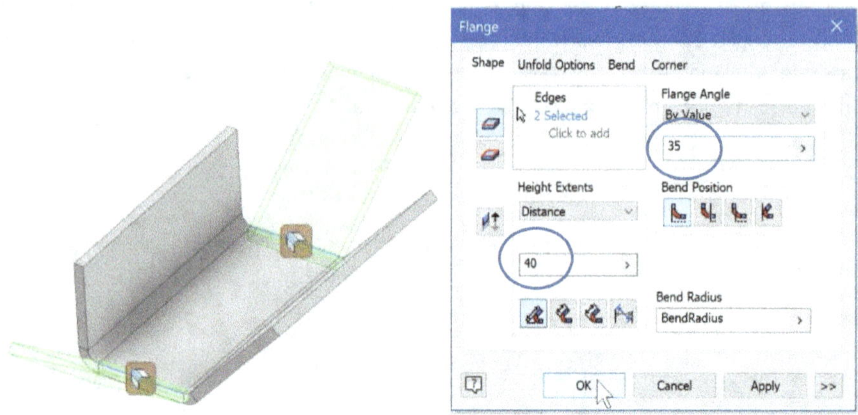

Figura 249: Altre alette per la lamiera; foto sopra: 45° e 35 mm; foto sotto 35° e 40 mm

A proposito, puoi anche utilizzare i comandi adatti dalle altre sezioni, come il comando per creare un foro o smussi o filetti di bordo dalla scheda "3D Model".

Nella sezione "Sheet Metal" ci sono due funzioni importanti per i principianti che vorremmo esaminare. Uno è il comando "Unfold" e l'altro è "Create Flat Pattern". Per elaborare ulteriormente una sezione di lamiera in forma non piegata o per creare supporti per la produzione, possiamo da un lato utilizzare il comando "Unfold" dalla sezione "Modify". Per fare questo, seleziona prima la sezione del foglio che deve rimanere ferma, cioè intorno a quale parte del foglio deve essere dispiegato, ad esempio questo:

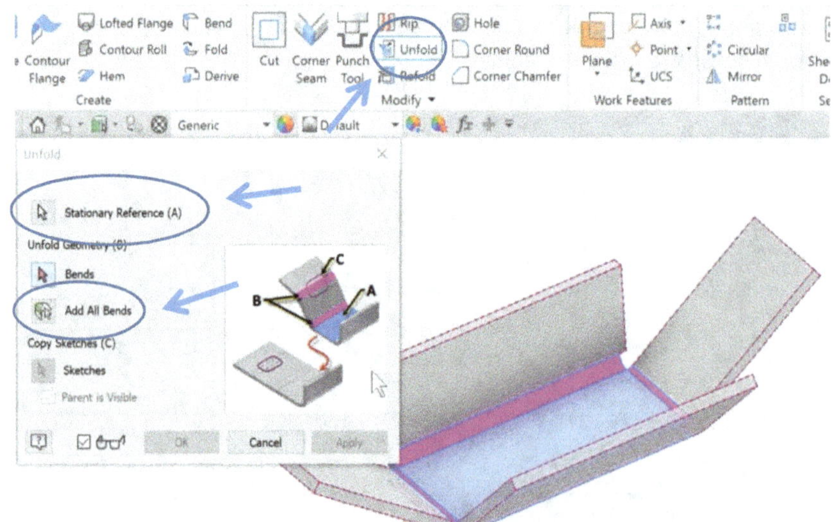

Figura 250: Usa il comando "Unfold"; seleziona l'area blu come riferimento fisso

Nella barra delle opzioni, seleziona "Add all bends", per esempio, per selezionare tutte le curve, o seleziona solo le singole curve.

Per i documenti di produzione effettivi, tuttavia, è meglio utilizzare il comando "Create Flat Pattern" dalla sezione "Flat Pattern". Per fare questo, seleziona semplicemente il comando e sarai trasferito all'area di lavoro "Flat Pattern". Il foglio verrà srotolato automaticamente.

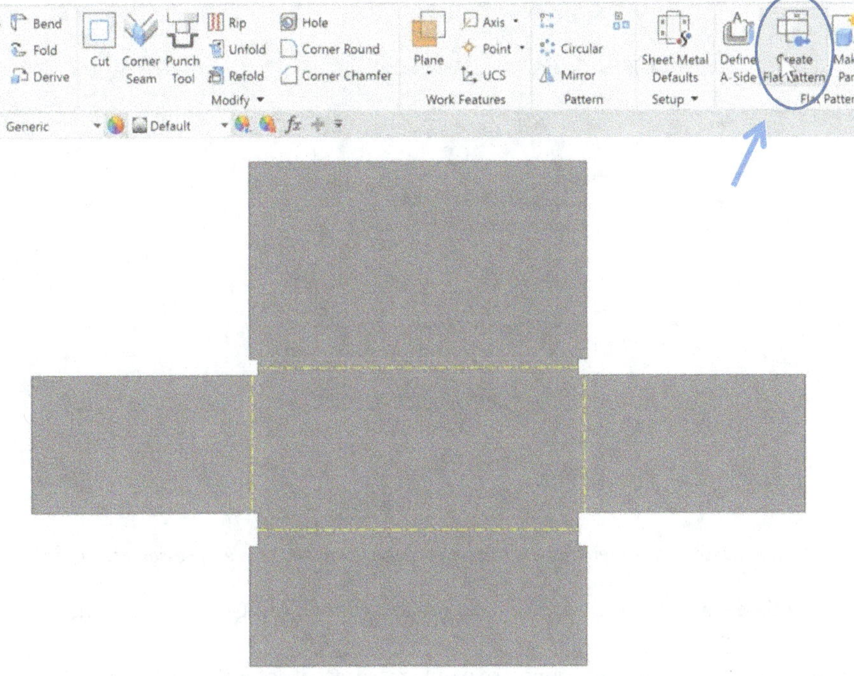

Figura 251: Crea lo svolgimento del foglio usando "Create Flat Pattern"
(annulla prima "Unfold")

Se tutto si adatta, puoi uscire di nuovo da questa area di lavoro con "Go to Folded Part" e poi vedere lo "Flat Pattern" creato nell'albero della struttura sulla sinistra.

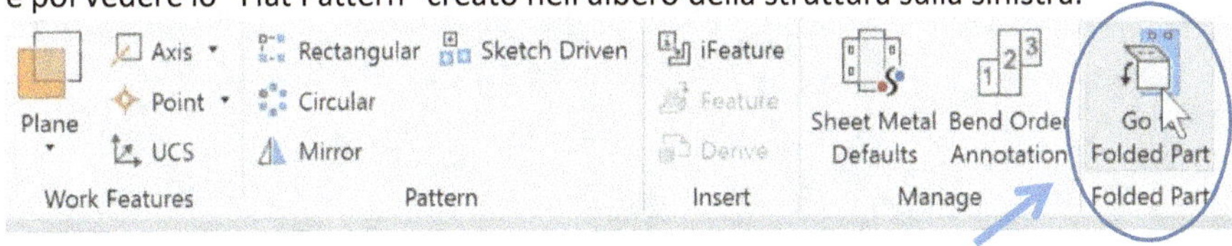

Figura 252: Uscire dall'area di lavoro "Flat Pattern" con "Go to Folded Part"

Puoi poi esportare lo sviluppo generato per la produzione o creare un disegno tecnico da esso.

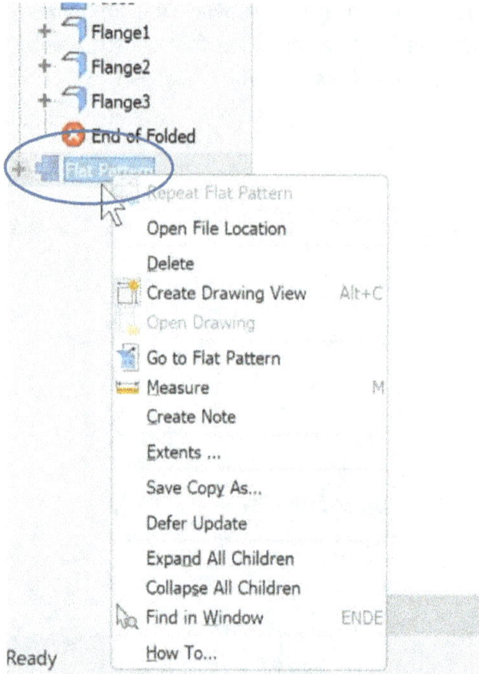

Figura 253: Lo "Flat Pattern" creato appare nella struttura ad albero e può essere modificato

Alla faccia della sezione "Design" e della progettazione CAD! Ottimo lavoro finora!

Assicurati di continuare per conoscere o utilizzare tutto il potenziale di "Inventor". Nella prossima sezione esamineremo brevemente le aree di "Render" e "Animation" prima di passare alla "Simulation" e ai disegni tecnici.

Sezione II: Rendering & Animazione

In questa parte del corso ci occuperemo delle due funzioni "Render" e "Animation". Queste due funzioni possono essere trovate nel cosiddetto "Inventor Studio" sotto "Environments".

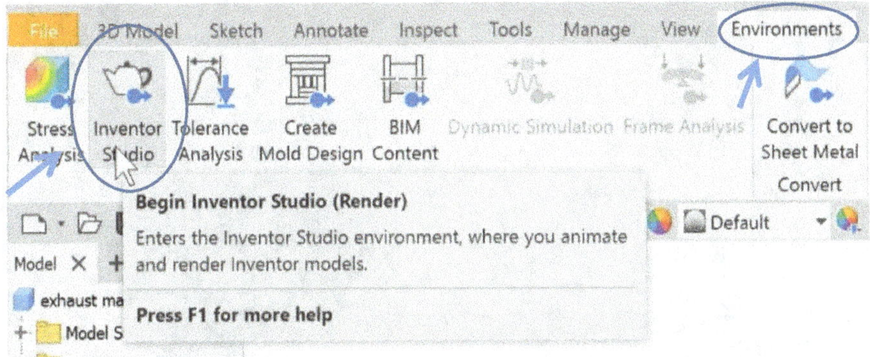

Figura 254: passare all'area "Inventor Studio"; scheda "Environments"

Ne hai bisogno ogni volta che vuoi presentare parti individuali o assemblaggi già progettati staticamente, cioè sotto forma di foto, o dinamicamente, cioè sotto forma di video per la presentazione di un prodotto, per un sito web, per una riunione o semplicemente per la tua cerchia di amici. È, per così dire, uno studio fotografico e cinematografico integrato per gli oggetti costruiti.

6 Rendering e animazione

In questa lezione inizieremo prima con la funzione "Render". Usiamo uno dei nostri progetti di costruzione come oggetto, cioè il collettore di scarico. Come puoi vedere, l'ambiente del programma non è praticamente cambiato. A sinistra c'è l'albero della struttura e in alto la scheda "Render" con le singole funzioni e comandi.

A proposito, il rendering qui significa semplicemente che un grafico o un'immagine viene generato dalle informazioni geometriche del componente CAD. Potresti, ovviamente, semplicemente fare uno screenshot se sei di fretta. Tuttavia, una grafica renderizzata sarà significativamente diversa per risoluzione e realismo, ma richiederà anche più tempo per essere creata.

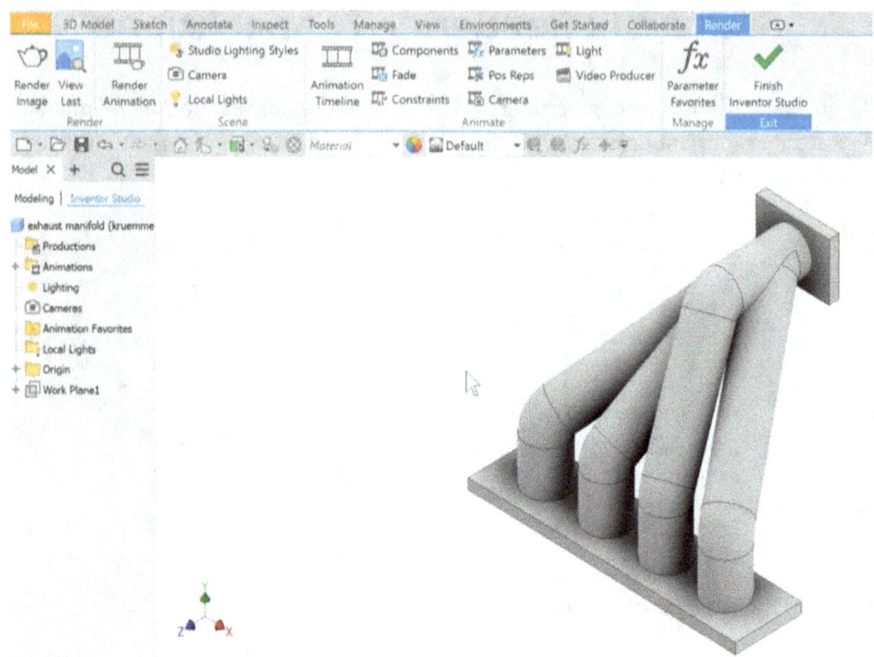

Figura 255: L'area "Inventor Studio"

Proviamo tutto passo dopo passo. Per prima cosa, ovviamente, puoi nascondere tutti gli elementi indesiderati nell'albero della struttura cliccando con il tasto destro su un oggetto e selezionando "Visibility", ma questo non è necessario nel nostro caso perché abbiamo solo il collettore di scarico come parte individuale. Nel secondo passo possiamo cambiare l'aspetto ("Appearance") del nostro oggetto. Possiamo usarlo per trasferire l'aspetto e la consistenza di certi materiali al nostro intero oggetto di costruzione o solo a singole superfici. Un gran numero di materiali sono disponibili per la selezione. Tuttavia, questa funzione è indipendente dalla scheda "Render". Dobbiamo passare alla familiare scheda "Tools".

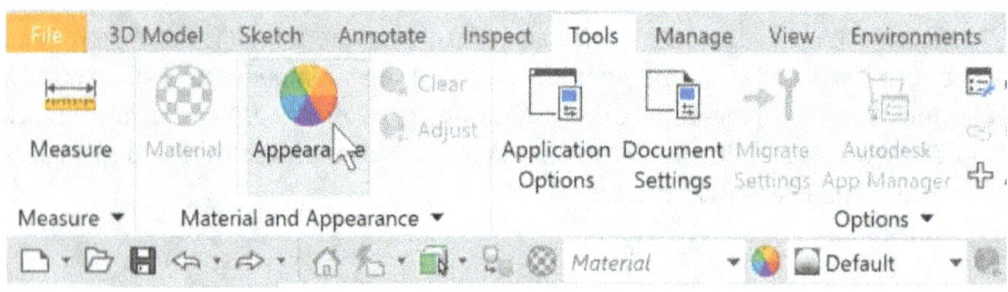

Figura 256: Il comando "Appearance" dalla scheda "Tools"

Per esempio, potremmo semplicemente far visualizzare il collettore di scarico in rame. Per farlo, prima contrassegna la singola parte con il mouse, premi il pulsante "Appearance", poi cerca il materiale nella libreria dei materiali e aggiungilo al documento cliccando sulla piccola freccia nell'area di destra.

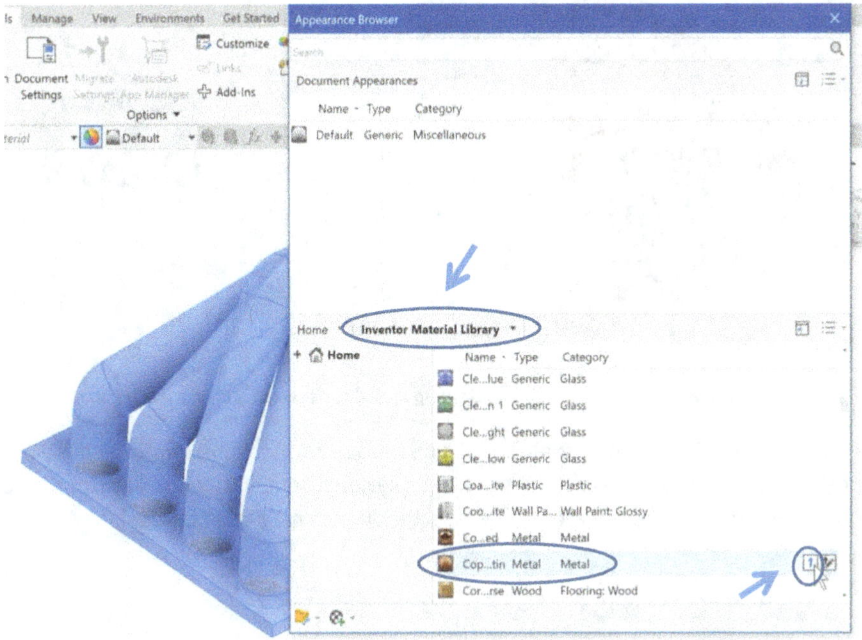

Figura 257: Visualizzazione del collettore di scarico in rame o altro materiale

Perfetto, a proposito, il risultato finale è visibile solo quando tutto è stato renderizzato. Nell'area "Scene", troviamo poi alcuni comandi con i quali possiamo modificare la nostra scenografia, per così dire, cioè lo sfondo e i dintorni.

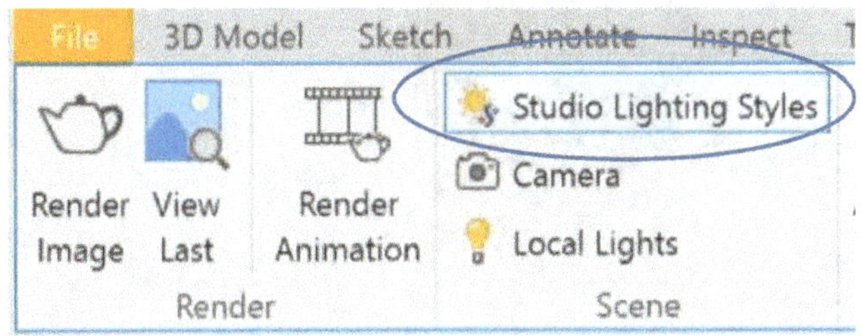

Figura 258: L'area Scena in Inventor Studio

Qui puoi selezionare un'impostazione predefinita con "Studio Lighting Styles", ad esempio "Warm Light". Si applica con un clic destro e "Activate".

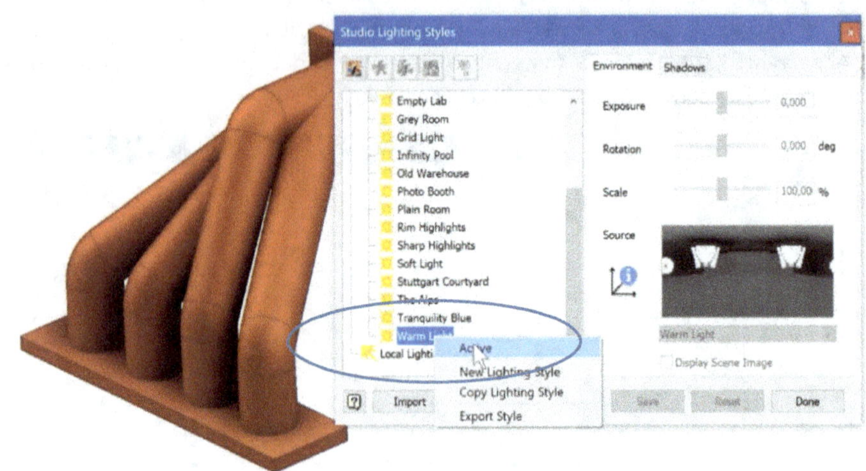

Figura 259: Cambiare gli "Studio Lighting Styles"; ad esempio in "Warm Light"

Con le "Local Spots", gli "spots" per una maggiore luce possono anche essere posizionati in luoghi specifici. Per farlo, seleziona semplicemente "Posizione" e "Obiettivo" e viene posizionato uno "Spot" che illumina meglio la posizione.

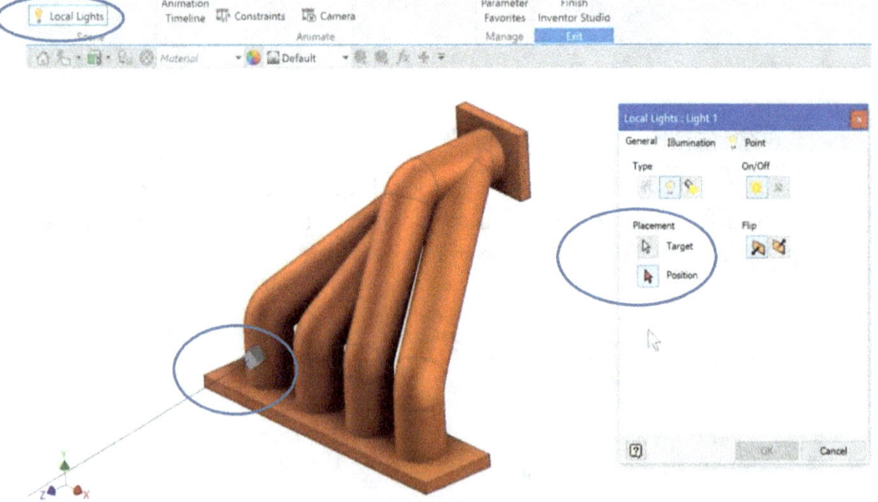

Figura 260: Posizionare uno spot (rettangolo grigio) per aumentare l'illuminazione di un luogo

La stessa procedura può essere utilizzata per posizionare una telecamera, che può poi essere selezionata durante il processo di rendering. È meglio provare molte impostazioni diverse in modo da trovare qualcosa che si adatta meglio a te individualmente.

Il rendering vero e proprio viene ora avviato con il comando "Render Image". Basta cliccare sul simbolo della "teiera" e poi fare le impostazioni desiderate.

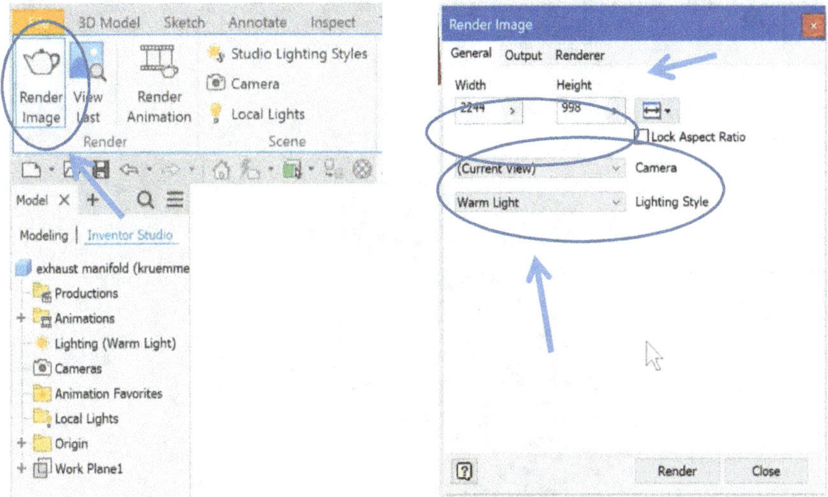

Figura 261: Iniziare il processo di rendering con "Render Image" (sinistra); impostazioni (destra)

Qui, la dimensione desiderata del rendering può essere impostata e, sotto "Camera", può essere selezionata la vista o la prospettiva attualmente visualizzata o, come detto prima, una camera creata. Anche lo "Lighting Style" può essere cambiato di nuovo. Nella voce di menu "Output" può essere impostata una directory in modo che l'immagine venga salvata immediatamente dopo il rendering e nella scheda di menu "Renderer" possono essere fatte le impostazioni per la durata / qualità del rendering. Tuttavia, puoi anche lasciare i valori predefiniti.

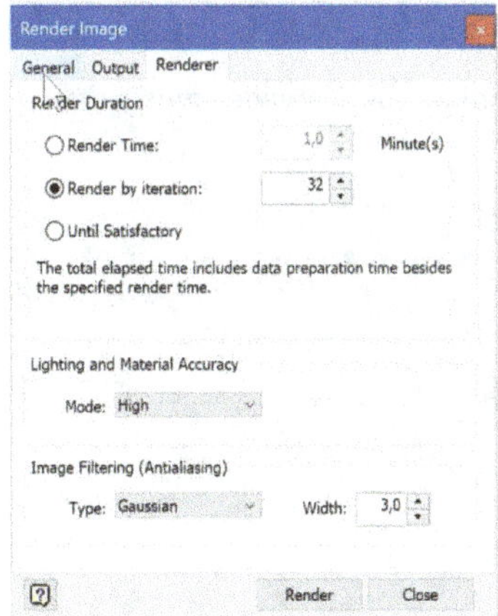

Figura 262: scheda "Render" delle impostazioni di rendering con valori predefiniti

Più alta è la risoluzione e la qualità del rendering, più tempo ci vorrà. Poi avvia semplicemente il rendering e aspetta. Il file e il progresso vengono quindi visualizzati. Puoi poi salvare l'immagine renderizzata cliccando su "Save rendered image" in alto a destra.

Figura 263: Il processo di rendering non ancora finito

Questo è tutto per il rendering, non c'è molto altro da discutere in questo ambiente. Ora continueremo con l'ambiente "Animation" e poi torneremo ad argomenti più interessanti.

Per la funzione "Animation", che si trova anche in "Inventor Studio", usiamo il modello costruito del nostro motore a 4 cilindri.

Con un clic sul pulsante "Animation Timeline" mostriamo prima la timeline che si apre nell'area inferiore.

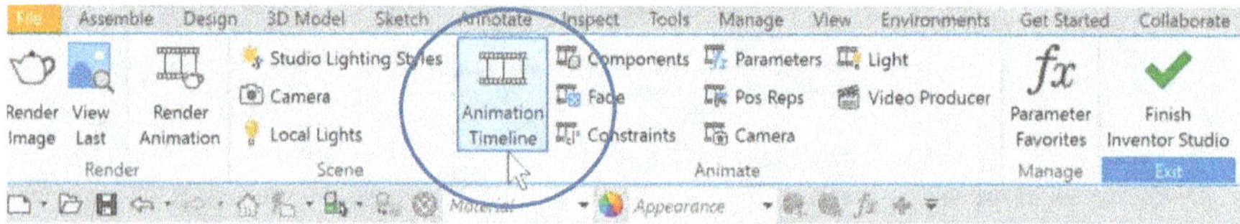

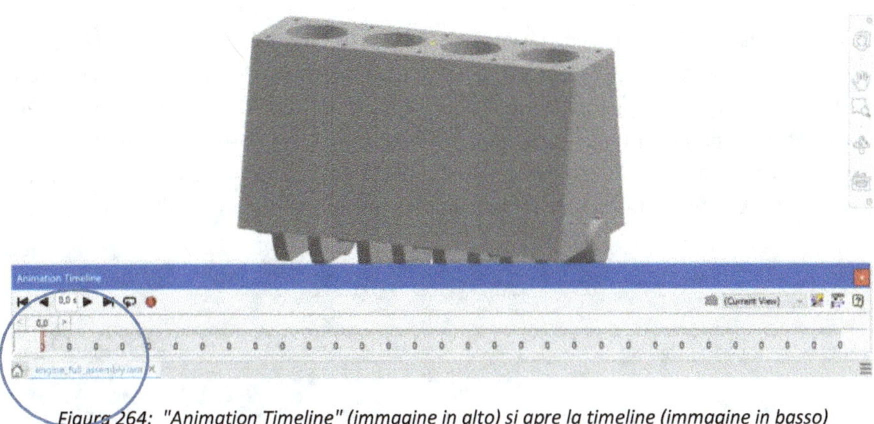

Figura 264: "Animation Timeline" (immagine in alto) si apre la timeline (immagine in basso)

Ora vorremmo creare una sorta di video in cui i pistoni si muovono su e giù nei cilindri. Sfortunatamente, il giunto esistente dell'albero motore non può essere animato in questo ambiente perché i giunti non sono visualizzati in "Animation". I "Constraints", invece, vengono visualizzati e possono anche essere animati. L'avevo già menzionato all'inizio. Se stai progettando un'animazione, ha quindi senso usare i "Constraints" nella costruzione o almeno applicarli specificamente per l'animazione. Questo è ciò che faremo nel seguito. L'animazione è poi molto semplice. Per questo dobbiamo sostituire il giunto dell'albero motore con due "Constraints". Chiudiamo "Inventor Studio" per il momento e cerchiamo il giunto dell'albero motore nell'ambiente di assemblaggio. Dato che vogliamo sostituire questo giunto, lo sopprimiamo cliccando con il tasto destro e selezionando "Suppress".

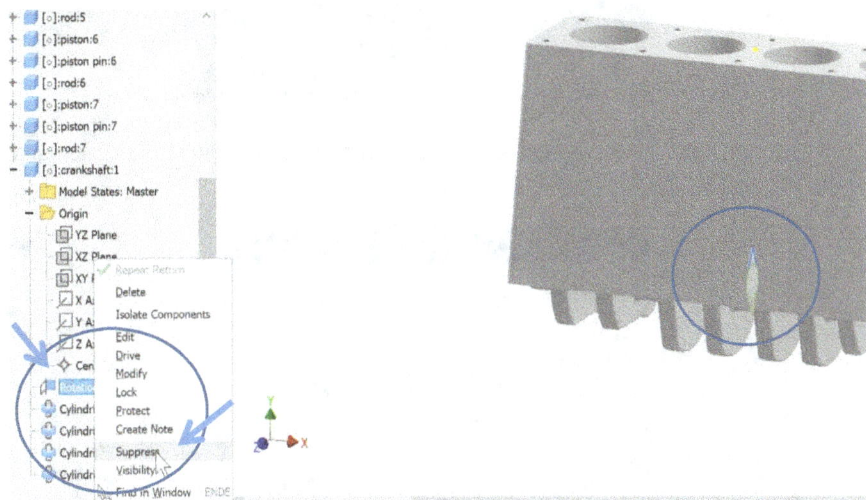

Figura 265: Ricerca e soppressione del giunto dell'albero motore ("Rotational") nell'albero della struttura

In alternativa, puoi anche cancellarlo, ma in quel caso sarà definitivamente sparito. Poi possiamo muovere l'albero motore di nuovo liberamente. Ora dobbiamo collegare l'albero motore all'alloggiamento dell'albero motore di nuovo con "Constraints". Per fare questo, usiamo prima il "Constrain": "Insert" per collegare gli assi dell'albero a gomiti e i ricettacoli nell'alloggiamento. Poi clicca sul bordo sinistro della superficie centrale del supporto dell'albero motore e seleziona la controparte nell'alloggiamento.

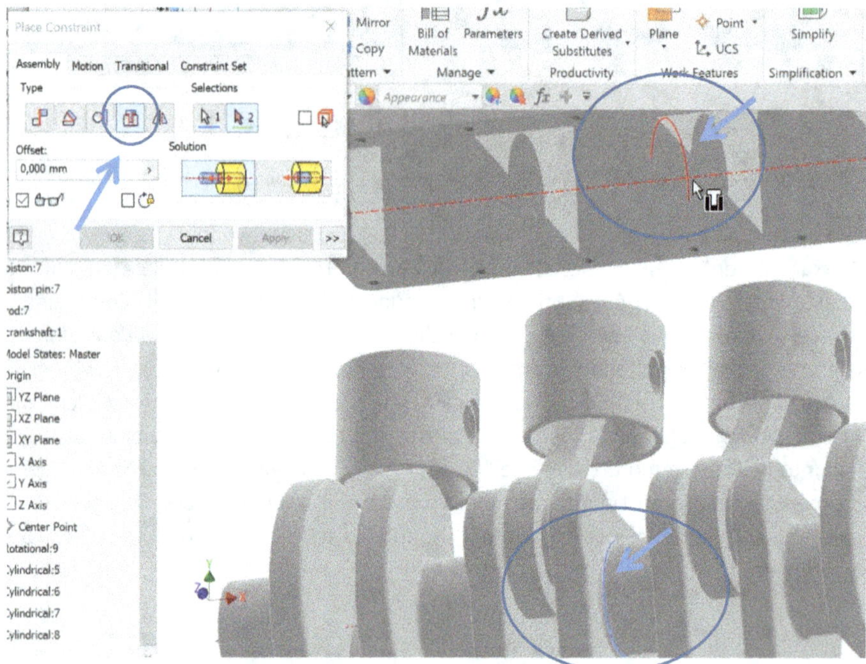

Figura 266: Il "Constrain": usa "Insert" e collega l'albero motore con l'alloggiamento

Nelle opzioni dobbiamo correggere l'allineamento. Per fare questo, selezioniamo "Aligned" per "Solution" e un offset di -5 mm.

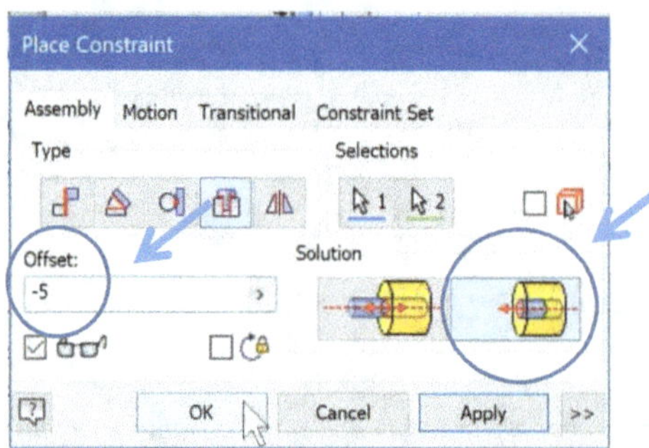

Figura 267: Cambia "Solution" in "Aligned" e inserisci un offset di -5 mm

Quindi l'albero motore è centrato correttamente. L'albero a gomiti è ora montato in modo rotante nell'alloggiamento dell'albero a gomiti. Per avere una definizione completa, creiamo un'altra dipendenza dall'angolo con "Constrain": "Angle". Ne abbiamo bisogno anche per l'animazione. Per fare questo, colleghiamo il piano x-z dell'albero motore con il piano x-y dell'alloggiamento dell'albero motore.

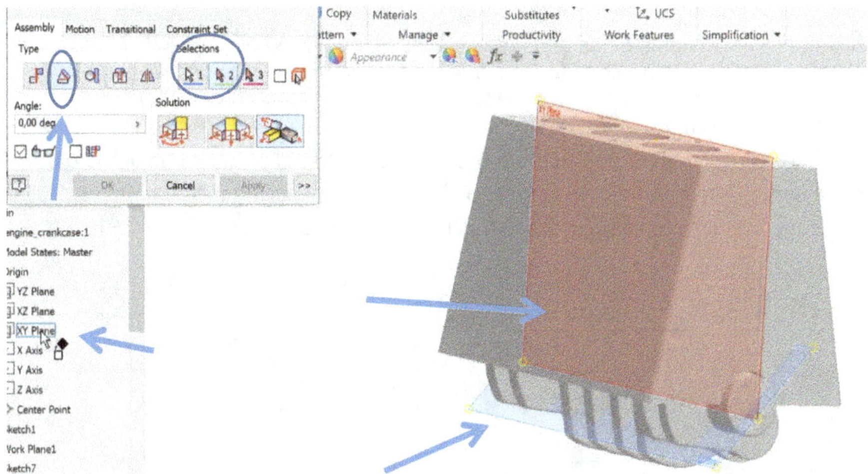

Figura 268: Seleziona "Constrain" e scegli "Angle" come "Type"; poi seleziona il piano x-z dell'albero motore e il piano x-y dell'alloggiamento dell'albero motore nell'albero della struttura uno dopo l'altro.

In "Solution" selezioniamo "Directed Angle" e inseriamo un angolo di 90 gradi in modo che i pistoni si allineino come mostrato.

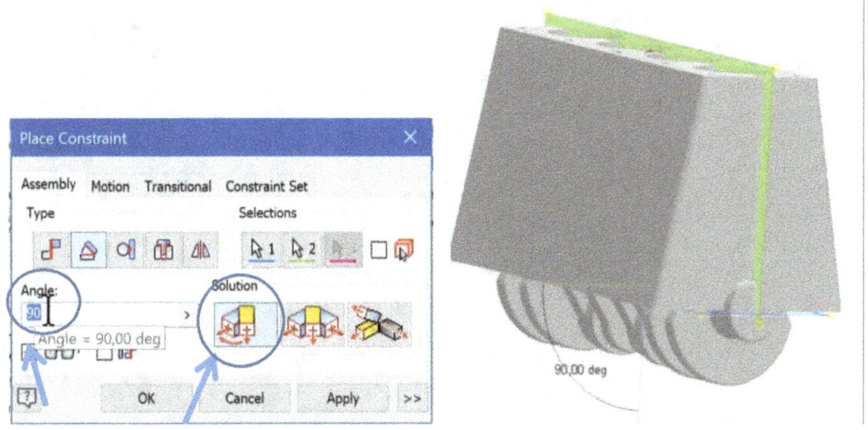

Figura 269: Per "Solution": seleziona "Directed Angle" e inserisci 90° come angolo

Perfetto! Ora abbiamo definito l'albero motore con "Constraints" invece di un giunto e possiamo tornare all'area "Inventor Studio".

Un altro consiglio: per animazioni molto semplici e veloci, puoi anche semplicemente fare a meno dell'animazione in "Inventor Studio" e invece animare il giunto dell'albero motore nell'ambiente "Design", come avevamo già fatto, e creare un video screencasting di esso, cioè una registrazione dello schermo, con la funzione di registrazione integrata - forse ti ricordi - o anche con un software esterno.

Prima di iniziare, dobbiamo impostare il cursore nella timeline su una durata, ad esempio 10 secondi, perché questo è quanto dovrebbe durare la nostra animazione.

Di seguito, vorremmo animare alcuni giri del motore in questi 10 secondi, così come rendere l'alloggiamento dell'albero motore trasparente nel corso. Per la prima parte, il movimento, selezioniamo il comando "Constraints" nell'area "Animate" e poi la relazione angolare dall'albero delle strutture per l'albero motore.

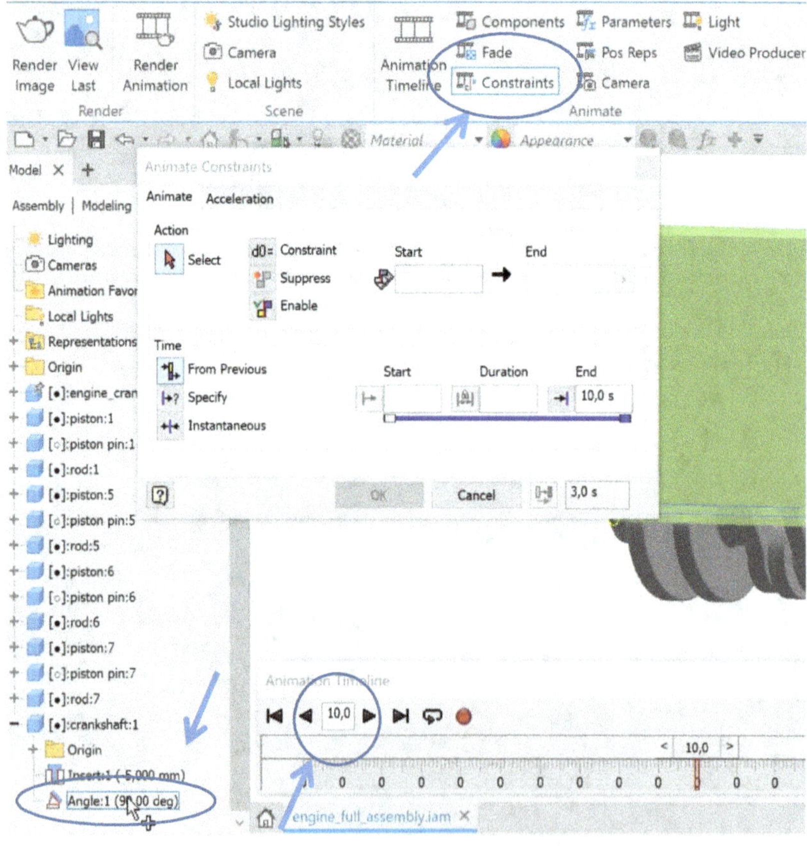

Figura 270: Usare "Animate Constrain" nell'area "Animate"

Ora dobbiamo determinare le posizioni per "Start" e "End". Abbiamo inserito 90° come inizio e lo lasciamo così com'è. Per la posizione finale selezioniamo ad esempio 1170°. Perché questo numero? Perché vogliamo ad esempio 3 intere rivoluzioni. Una rivoluzione completa ha 360°. 3 x 360° per tre giri dà 1080°. Poi dobbiamo aggiungere il nostro punto di partenza, cioè i 90°, e otteniamo 1170°. I tempi di inizio e fine sono già inseriti perché abbiamo impostato la linea temporale a 10 secondi. Potremmo cambiarlo qui - se lo desideri. Poi clicca semplicemente su "OK".

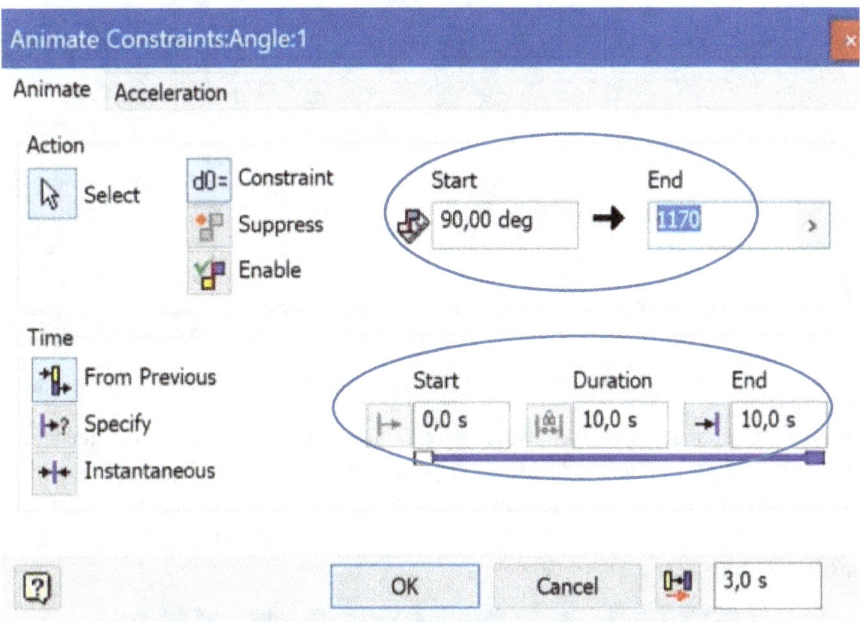

Figura 271: Inserisci il punto di inizio e fine e, se applicabile, l'ora di inizio e fine

Per la seconda parte dell'animazione, cioè per rendere l'alloggiamento dell'albero motore trasparente, selezioniamo il comando "Fade".

Selezioniamo l'alloggiamento dell'albero motore come componente e lasciamo che la trasparenza inizi al 100%, cioè nessuna trasparenza, e la aumentiamo ad esempio al 50% fino alla fine del processo.

Per esempio, vogliamo che questo processo inizi al primo secondo e finisca a tre secondi, cioè che duri due secondi. Per farlo, selezioniamo "Specify" per "Time" e inseriamo i valori di inizio e fine. Infine, conferma con "Ok".

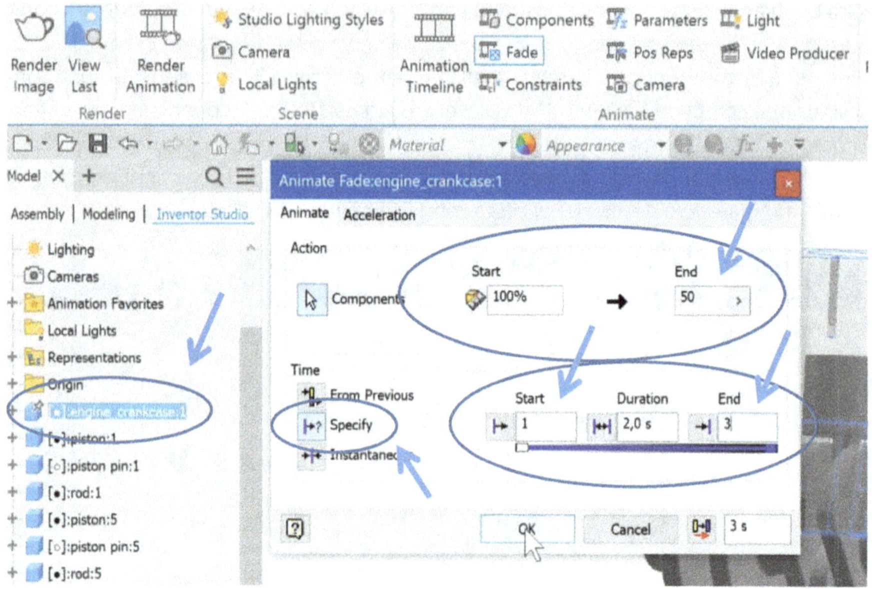

Figura 272: Applicare il comando "Fade" con le impostazioni mostrate

alla fine dell'animazione potremmo rendere di nuovo opaco l'alloggiamento dell'albero motore. Lo facciamo in modo esattamente opposto con lo stesso comando. Prima imposta il tempo di inizio ad esempio a sette secondi e il tempo di fine a nove secondi, poi il programma adotta automaticamente il valore 50 % per l'inizio della trasparenza. Inseriamo 100 % come valore finale.

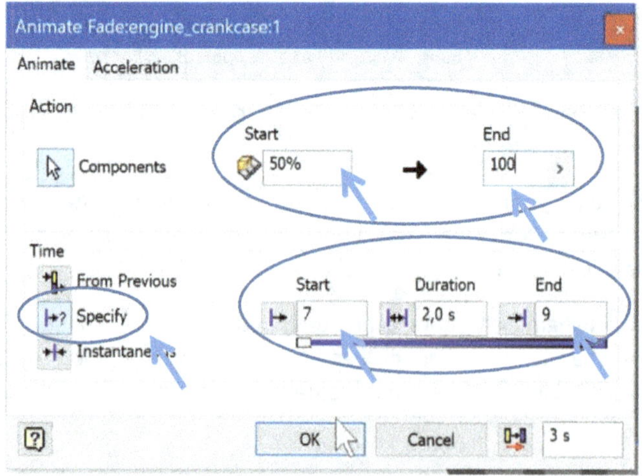

Figura 273: Usando il comando "Fade" di nuovo con nuove impostazioni come mostrato

Molto bene. Con un clic su Play nella timeline possiamo riprodurre l'animazione, il cursore deve essere all'inizio. A proposito, con il pulsante "Expand Action Editor" in alto a destra della timeline possiamo guardare tutti i comandi di animazione creati e modificarli di nuovo.

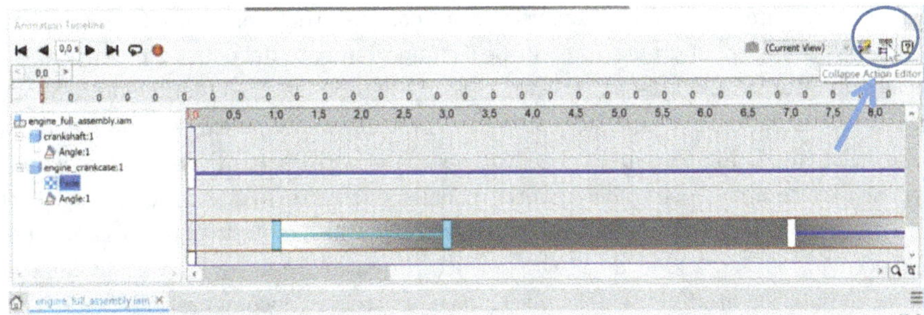

Figura 274: Massimizza / minimizza la "Animation Timeline" con il pulsante in alto a destra

Cliccando su "Render Animation" o sul piccolo pulsante rosso nella timeline dell'animazione, dobbiamo poi renderizzare la nostra animazione in un video con le impostazioni desiderate e possiamo poi salvarla.

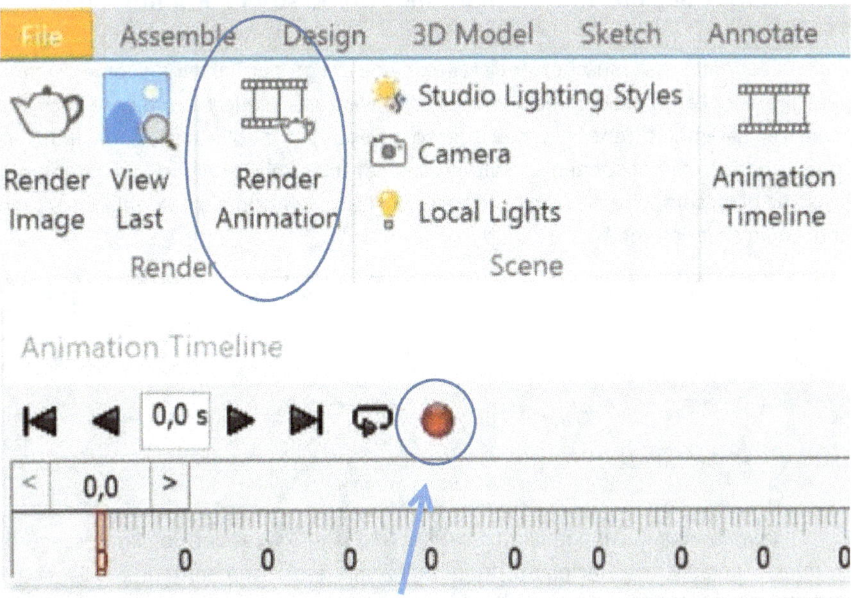

Figura 275: avviare il rendering dell'animazione o la registrazione in due modi

Superbamente fatto! Questo è tutto per l'area di animazione / rendering e lo "Inventor Studio". Continuiamo con un'area molto eccitante di "Inventor". Di seguito ci occuperemo delle simulazioni FEM nell'area "Stress Analysis". Assicurati di continuare!

Sezione III: Simulazioni FEM e disegni tecnici

In quest'ultima parte del corso, le cose si fanno davvero interessanti, perché affrontiamo l'ambiente "Stress Analysis", e la creazione di disegni tecnici. Con la sezione "Stress Analysis" puoi simulare i carichi e il comportamento del materiale. Potresti già avere familiarità con il termine FEM, cioè il "Metodo degli elementi finiti". Senza entrare nel dettaglio di questo complesso principio matematico, dovresti almeno averne sentito il nome e sapere che il software FEM può essere utilizzato per simulare i carichi e il comportamento dei materiali di un componente. In questo corso pratico, ci occuperemo esclusivamente dell'applicazione della metodologia. Diamo poi un'occhiata alla creazione di disegni tecnici. Ne hai bisogno per la trasmissione di informazioni alla produzione della macchina e per scopi di documentazione.

7 simulazioni FEM con "Inventor"

7.1 Introduzione alla simulazione e primo studio di simulazione

Vorremmo utilizzare il moschettone creato in uno dei progetti di design come esempio per conoscere l'ambiente "Stress Analysis" di "Inventor". In questo ambiente possiamo simulare i carichi e ottenere come risultato ad esempio le sollecitazioni risultanti nel componente o gli spostamenti risultanti, quindi in termini semplici, ad esempio la flessione di un componente sotto un carico applicato. Per prima cosa dobbiamo creare uno studio di carico con "Create Study".

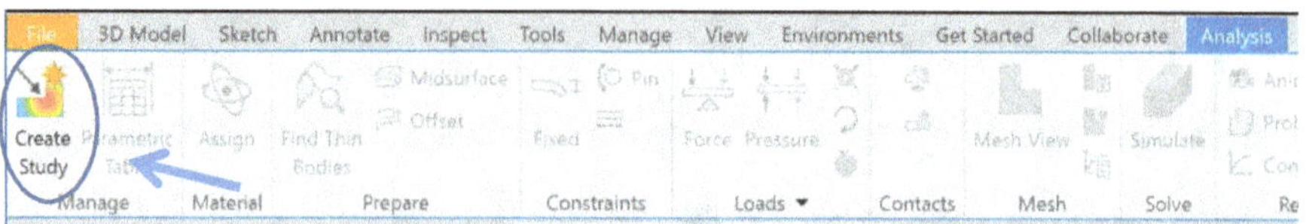

Figura 276: Crea uno studio di stress con "Create Study"; prima apri il moschettone e seleziona "Stress Analysis" sotto "Environments"

Si apre una finestra in cui possiamo selezionare quale simulazione vogliamo eseguire. In questo corso per principianti, ci occuperemo esclusivamente di quella che è probabilmente l'applicazione più comune: il caricamento statico. Questo è il motivo per cui lo selezioniamo. Possiamo lasciare i valori impostati come sono.

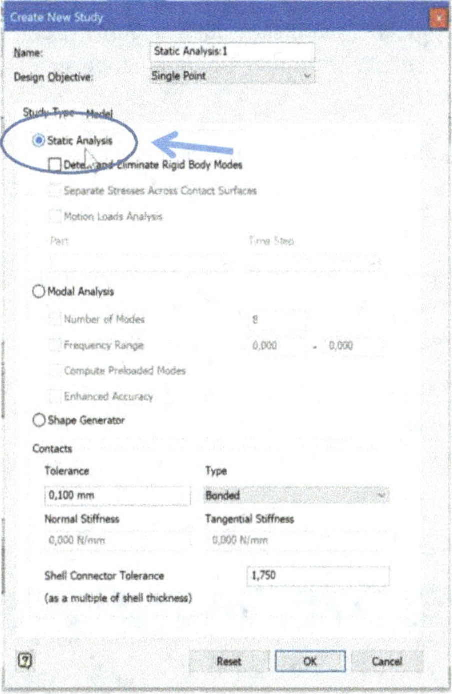

Figura 277: Si apre una finestra; seleziona "Static Analysis" e lascia le impostazioni come sono

Questo studio di carico ci viene poi mostrato con tutte le opzioni e le impostazioni rilevanti sulla sinistra nella struttura ad albero.

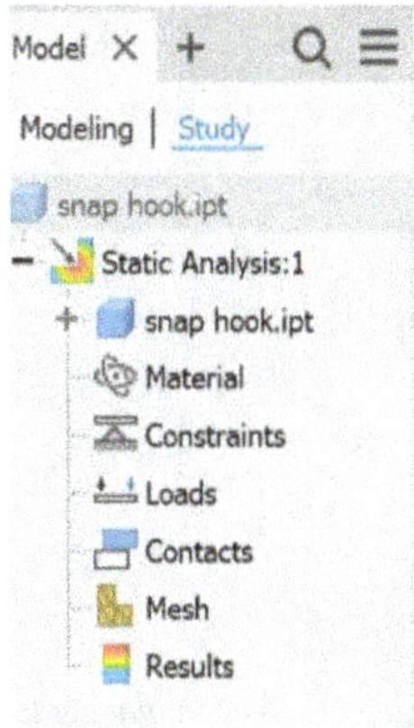

Figura 278: Lo studio creato è visualizzato nella struttura ad albero

Nell'area "Analysis" ci sono tutte le impostazioni nella barra del menu superiore di cui abbiamo bisogno per la simulazione. Se vogliamo far calcolare diverse situazioni di carico, per esempio simulare due diversi punti di applicazione della forza, possiamo anche creare diversi studi di questo tipo. Per farlo, dobbiamo semplicemente cliccare di nuovo su "Create Study".

Per la simulazione di un carico su un componente, procediamo successivamente in quattro passi. Questa procedura è relativamente identica per ogni studio, solo il contenuto differisce.

Il primo passo è controllare se il materiale corretto è assegnato al nostro componente. Per questo usiamo il menu "Materials" con il comando "Assign". Cliccando su "Assign" si apre una finestra che ci mostra i rispettivi materiali per tutti i componenti.

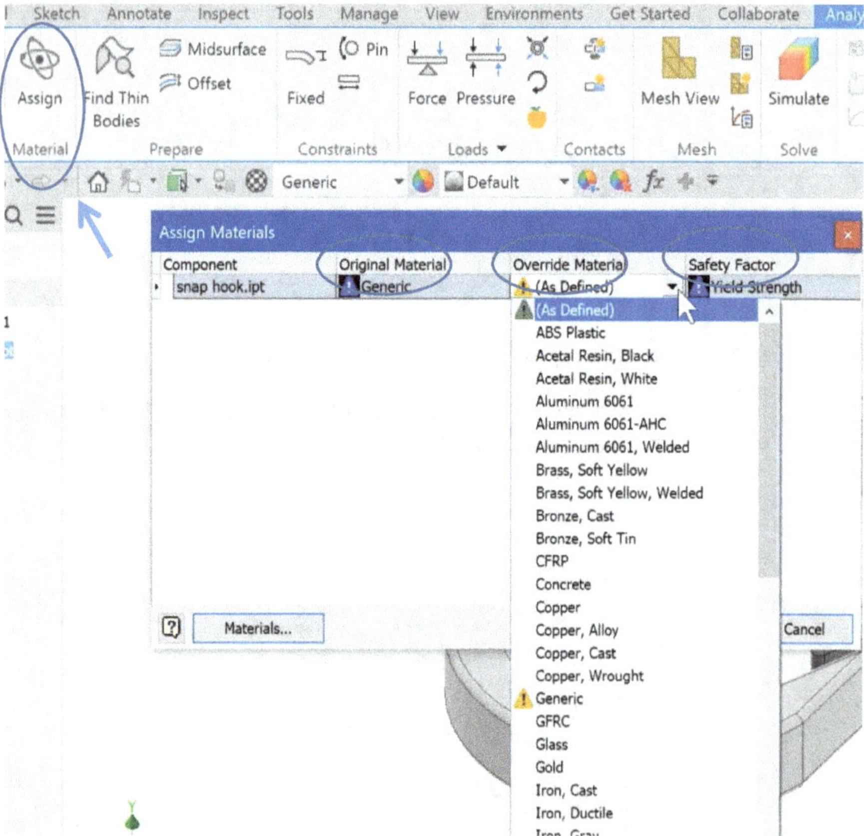

Figura 279: Imposta il materiale del componente per lo studio di carico con "Assign"

In questo caso ne abbiamo solo uno, perché è una parte singola. A seconda di ciò che abbiamo selezionato come materiale nella costruzione, ci viene mostrato il materiale sotto "Original Material". Nel campo "Override Material" possiamo ora selezionare il materiale del componente per questo studio. Al momento è impostato su "As defined", quindi il materiale reale dell'oggetto è usato per il nostro studio di carico. Se vogliamo selezionare un materiale diverso, ad esempio per un altro studio di carico, lo selezioniamo semplicemente dal menu a tendina. In alternativa, possiamo cambiare il materiale nell'ambiente di progettazione, ma questo richiederà più tempo per studi multipli. Per questo semplice moschettone, per esempio, ora selezioniamo "Aluminium" come materiale per il calcolo, poiché l'acciaio avrebbe un modulo di elasticità troppo alto per aprire il moschettone in questo caso, cioè avrebbe una resistenza troppo alta alla deformazione. Per il calcolo del fattore di sicurezza, dovrebbe essere utilizzato il limite di snervamento del materiale ("Yield Strength"), cioè il punto in cui si verifica la deformazione plastica nel materiale a causa del carico. Se necessario, potremmo anche selezionare la resistenza alla trazione, la "Ultimate Tensile Strength", cioè lo stress massimo che il materiale può sopportare.

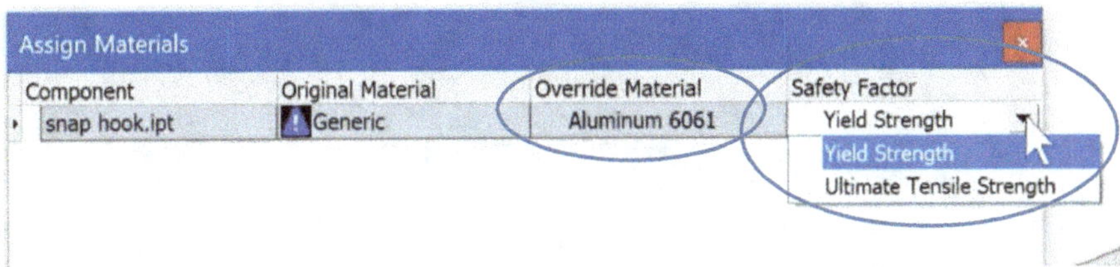

Figura 280: Seleziona ad esempio "Aluminium 6061" come materiale; "Yield Strength" come fattore di sicurezza

Il secondo passo prima di iniziare il calcolo della simulazione è quello di selezionare "Constraints" e "Contacts" per il calcolo. Abbiamo bisogno di "Contacts" solo per un assemblaggio con diversi componenti, perché con "Contacts" definiamo il trasferimento del carico tra i singoli componenti, cioè i punti di connessione tra i componenti. Daremo un'occhiata più da vicino a questo nel secondo esempio.

Quindi qui dobbiamo solo definire i "Constraints". I "Constraints" nell'area "Simulation" rappresentano semplicemente dei vincoli. Cioè, in quali punti o superfici il nostro componente è fissato nello spazio o come o dove è sostenuto. Immaginalo in modo molto pratico: Prenderesti il moschettone in una mano e lo terresti con il palmo della mano contro il dorso o premi il dorso contro il palmo della mano, quindi scegliamo la superficie posteriore del moschettone come cuscinetto. Per questo creiamo un vincolo con il comando "Fixed" dalla sezione del menu "Constraints".

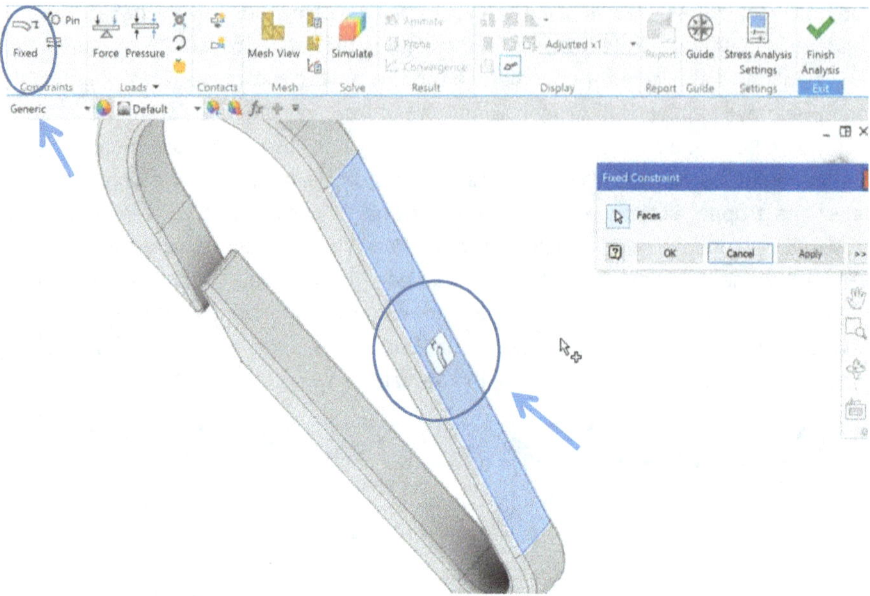

Figura 281: Per la creazione basta selezionare il comando "Fixed" e l'area desiderata

Qui possiamo scegliere tra "Fixed", "Pin", "Fricitonless". Per il moschettone scegliamo "Fixed" come vincolo più semplice e assumiamo come semplificazione che questo si applica in tutte le direzioni, cioè il moschettone non si muove un po' nel palmo della mano.

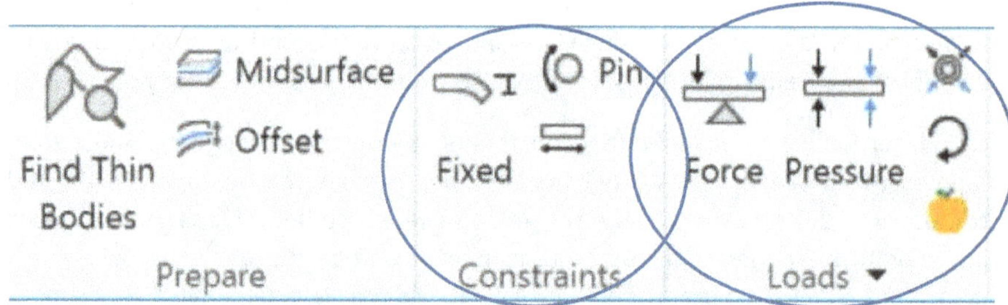

Figura 282: I "Constraints" disponibili (centro) e i tipi di carico (destra)

Poi, nel terzo passo, abbiamo bisogno di un carico, ovviamente. Consideriamo come il moschettone viene effettivamente caricato. Nella presente geometria, l'elemento anteriore del moschettone viene caricato premendo per allargare l'apertura del moschettone, ad esempio per infilare una corda. Per esempio, si premerà con l'indice e o il medio contro il bordo superiore del moschettone, cioè appena prima dell'apertura. Per la simulazione di questo carico selezioniamo il comando "Loads" e come tipo una forza, cioè "Force". Potremmo anche applicare un "carico di pressione", un "momento" o un altro carico qui, a seconda della situazione.

Poi selezioniamo l'arrotondamento anteriore superiore del moschettone, appena prima dell'apertura, e inseriamo un valore per la forza, ad esempio 100 N. Questo corrisponde ad un carico di circa 10 kg.

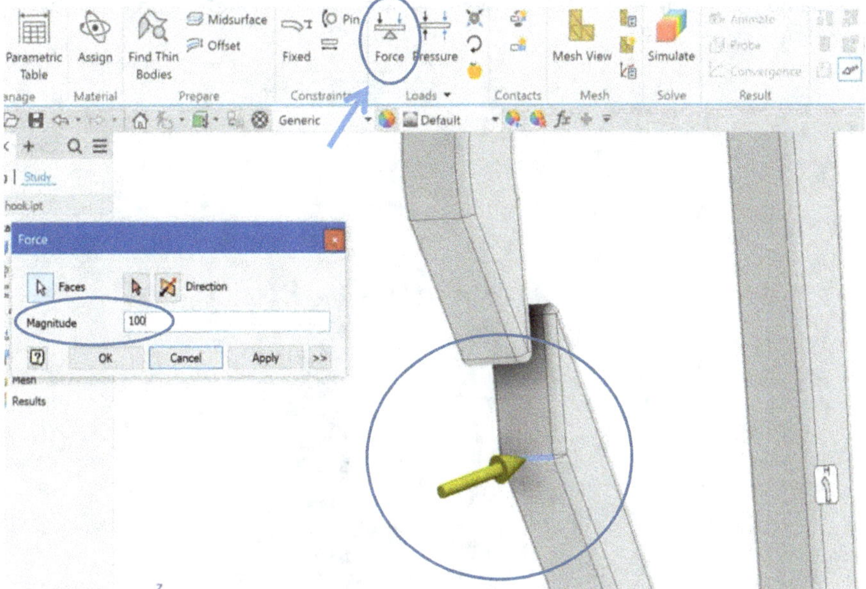

Figura 283: Seleziona "Force", seleziona il bordo dell'apertura e inserisci 100 N come grandezza

A proposito, un uomo può esercitare fino a 500 N di forza di presa come standard, cioè circa 50 kg, se si sforza di più. Assumiamo qui una direzione perpendicolare della forza sulla superficie. Tuttavia, potremmo anche cambiare la direzione del vettore forza qui.

Allora abbiamo quasi tutto ciò di cui abbiamo bisogno. Nel quarto e ultimo passo, prima di poter iniziare il calcolo della simulazione e visualizzare i risultati, dobbiamo generare una mesh. Nel metodo FEM, il calcolo viene effettuato utilizzando una mesh con nodi che viene posizionata sopra il corpo solido. Lo facciamo semplicemente cliccando su "Mesh View" nella barra del menu superiore sotto "Mesh". La mesh generata viene quindi visualizzata.

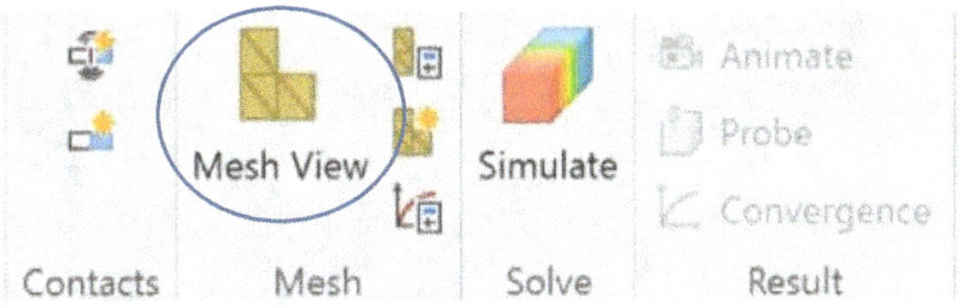

Figura 284: Selezionando "Mesh View" per creare o visualizzare la mesh

In realtà potresti saltare questo passaggio, perché il software crea comunque automaticamente la mesh durante un calcolo.

Facciamo poi calcolare i risultati premendo il pulsante "Simulate" in alto e avviando la simulazione con "Run".

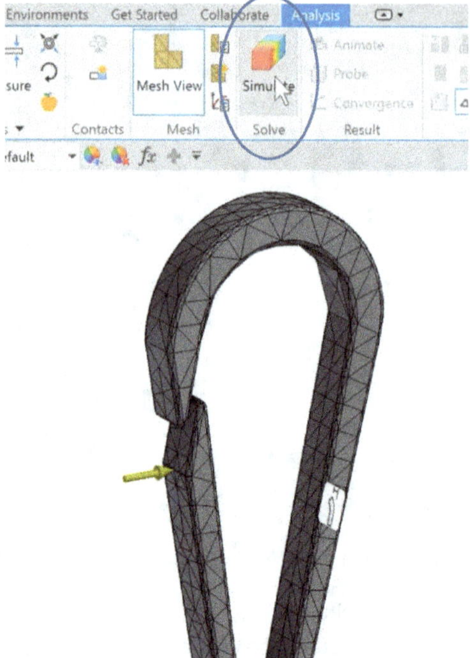

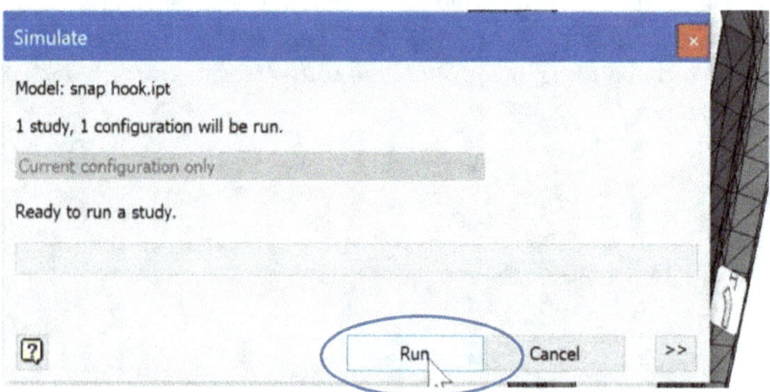

Figura 285: La rete è stata creata e la simulazione può essere avviata

Dopo il calcolo, i risultati vengono visualizzati graficamente utilizzando un gradiente di colore. Il gradiente di colore nel componente indica quale valore è presente in quale area.

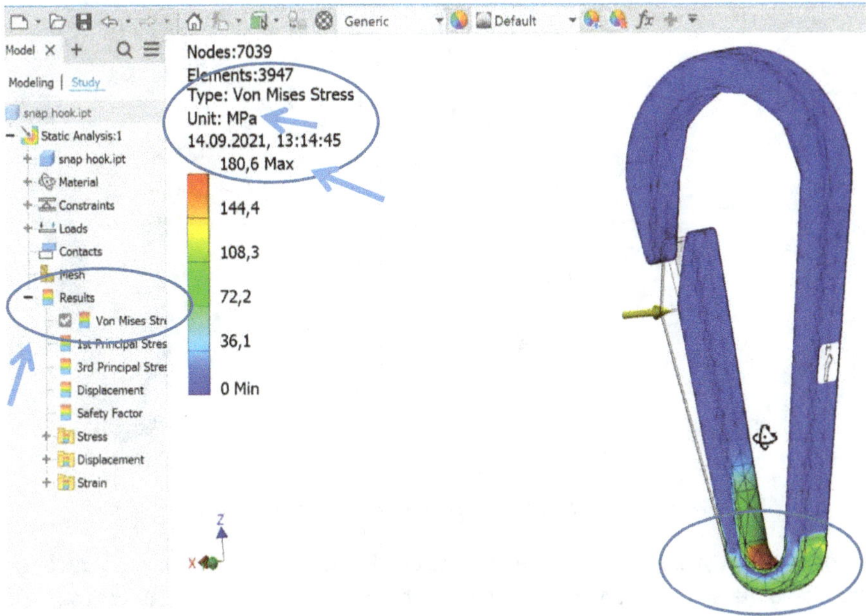

Figura 286: Il risultato della simulazione (tensione di Von Mises; la più grande in basso)

Attualmente viene selezionato lo "stress di von Mises" nell'albero della struttura, cioè lo stress equivalente secondo l'ipotesi del cambiamento di forma. Nell'area della curvatura inferiore del componente, si può vedere che prevale uno stress probabilmente di circa 180 MPa. Questo era prevedibile con questo carico di flessione e lo stress nel componente reale sarà anche il più alto qui. Se il moschettone si rompe quando viene aperto, si romperà prima da qualche parte in questa zona.

Per visualizzare gli spostamenti o il fattore di sicurezza, passiamo al rispettivo risultato nell'area dell'albero della struttura.

Visualizzando lo spostamento, vediamo che con la forza applicata potremmo aprire il moschettone di circa 1,8 mm nella direzione x negativa. Da un lato, questo è graficamente esagerato, dall'altro è ovviamente troppo poco per aprire il moschettone. Dovremmo quindi applicare più forza e, se necessario, rafforzare il nostro moschettone nella zona inferiore se il fattore di sicurezza non fosse più sufficiente.

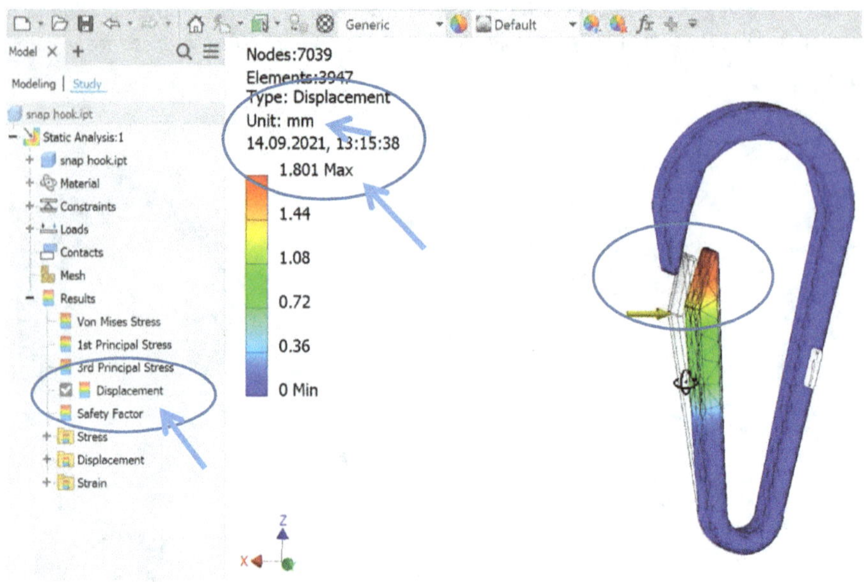

Figura 287: Visualizzazione degli spostamenti ("Displacement") nel componente

Perfetto! Questa era la prima parte della sezione "Simulation". Con questa conoscenza, possiamo già simulare un semplice componente per una situazione di carico. Nella seconda parte, daremo un'altra occhiata al nostro modello di motore. Resta sintonizzato, continua in modo eccitante!

7.2 Esegui uno studio di simulazione con un assemblaggio

In questo capitolo vogliamo approfondire le nostre conoscenze e abilità nella simulazione per mezzo di un assemblaggio. Ci sono alcune piccole differenze tra le singole parti da considerare qui. Abbiamo scelto il nostro esemplare motore a 4 cilindri come modello. Iniziamo un nuovo studio sul modello del motore.

Prima di iniziare, semplifichiamo il modello per i nostri scopi. Vogliamo simulare le forze che agiscono su un pistone e per questo considereremo solo un pistone, con spinotto, biella e albero motore. Pertanto, rimuoviamo tutti gli altri componenti. Puoi farlo facilmente cliccando con il tasto destro del mouse sui componenti di cui non hai bisogno nell'albero della struttura e selezionando "Exclude from Study". Per una migliore visualizzazione, sopprimiamo anche la visibilità di questi componenti.

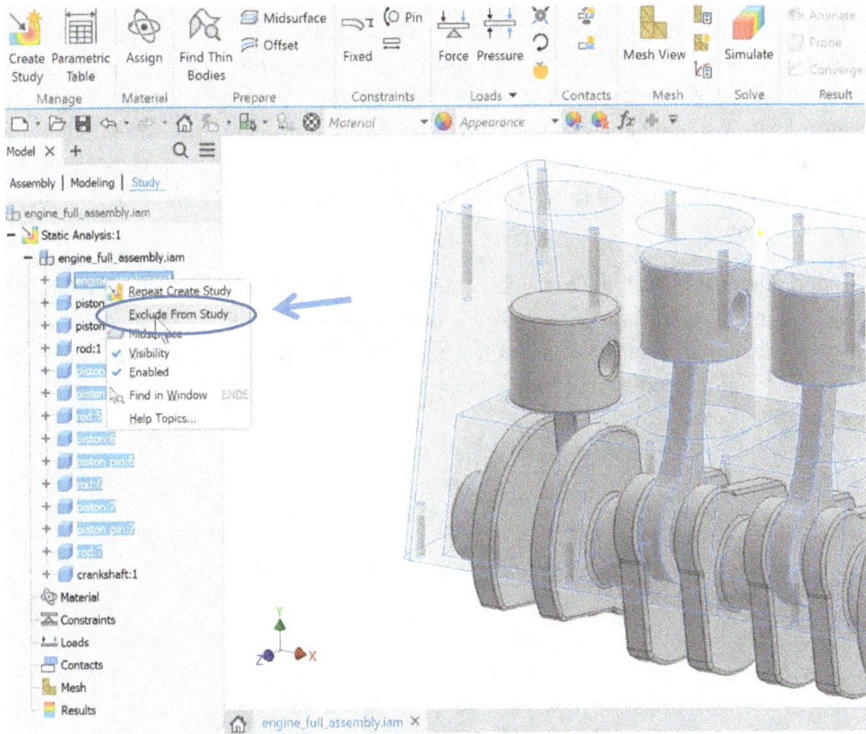

Figura 288: Escludi i componenti dallo studio di carico con "Exclude from Study"

La simulazione in un assemblaggio funziona in modo relativamente identico alla simulazione per una parte individuale, cioè dobbiamo prima selezionare il materiale corretto. Nel nostro caso abbiamo scelto per tutti i componenti: acciaio.

Component	Original Material	Override Material	Safety Factor
engine_full_assembly.iar			
engine_crankcase:1	Generic	(As Defined)	Yield Strength
piston:1	Generic	Steel	Yield Strength
piston pin:1	Generic	Steel	Yield Strength
rod:1	Generic	Steel	Yield Strength
piston:5	Generic	Steel	Yield Strength
piston pin:5	Generic	Steel	Yield Strength
rod:5	Generic	Steel	Yield Strength
piston:6	Generic	Steel	Yield Strength
piston pin:6	Generic	Steel	Yield Strength
rod:6	Generic	Steel	Yield Strength
piston:7	Generic	Steel	Yield Strength
piston pin:7	Generic	Steel	Yield Strength

Figura 289: Seleziona "Steel" per tutti o solo per i tre componenti rimanenti

Nel prossimo passo dobbiamo definire i "Constraints" e i "Contacts". Cosa sono i "Constraints" e come li definiamo, lo abbiamo già spiegato nel capitolo precedente. In questo capitolo, però, abbiamo anche bisogno di "Contacts" perché dobbiamo determinare come il carico che in seguito vogliamo applicare verticalmente dall'alto alla superficie del pistone viene trasferito attraverso i componenti. "Contacts" definisce quindi il trasferimento del carico tra i singoli componenti, cioè i punti di connessione tra i componenti.

Ci sono due possibilità qui. Possiamo lasciare che il software crei "automatic contacts" o usare "manual contacts", cioè creare tutti i "contacts" noi stessi. In genere si è dimostrato utile utilizzare prima i "automatic contacts" e poi controllarli manualmente e, se necessario, cambiarli secondo i propri desideri.

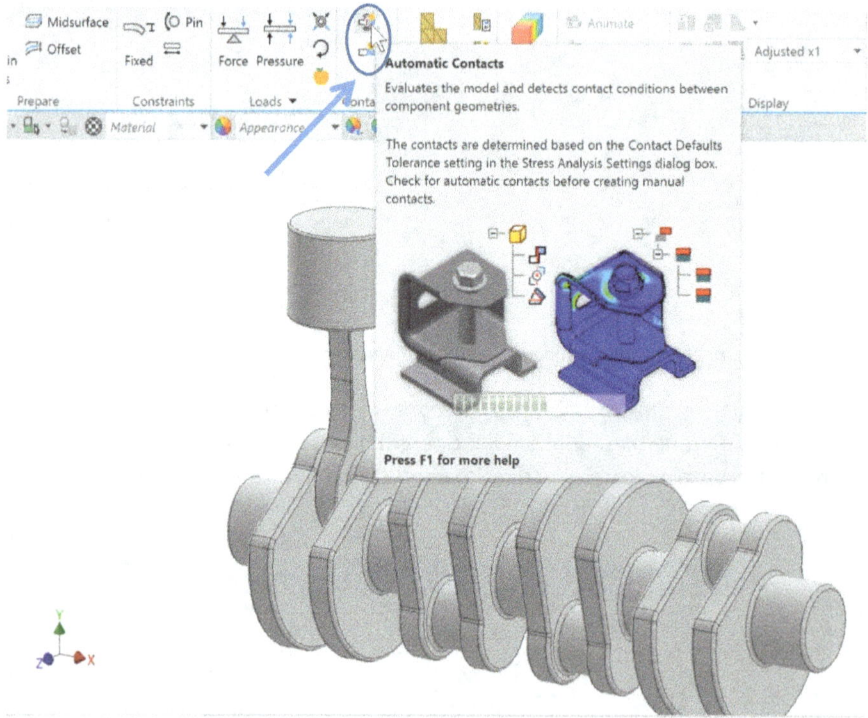

Figura 290: Creare "Automatic Contacts" con un clic sul comando

Se abbiamo attivato il comando "Automatic" in "Contacts", vediamo i contatti creati nella struttura ad albero nella cartella "Contacts". Nel nostro caso abbiamo bisogno di: connessioni tra pistone e spinotto, tra spinotto e biella, e tra biella e albero motore. Con un clic destro su un contatto e "Edit" possiamo modificarlo.

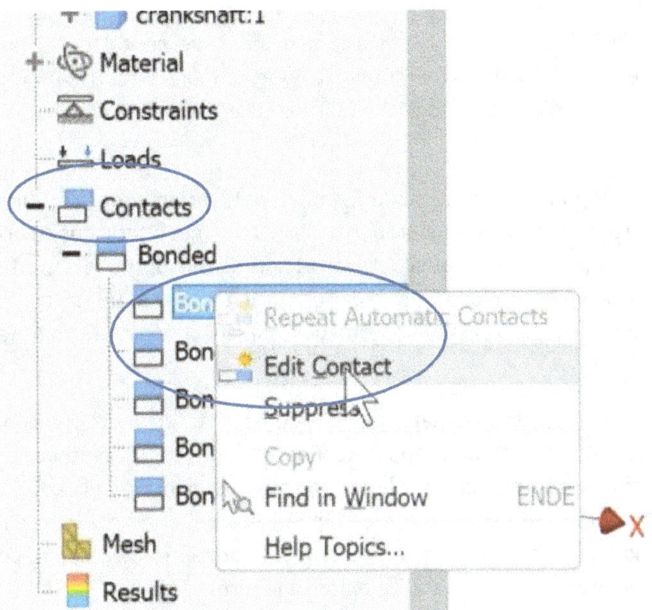

Figura 291: I contatti creati automaticamente nella struttura ad albero; modifica con il clic destro

Possiamo poi selezionare il "Contact Type". Ci sono sei "Contact Types" di base disponibili come tipi.

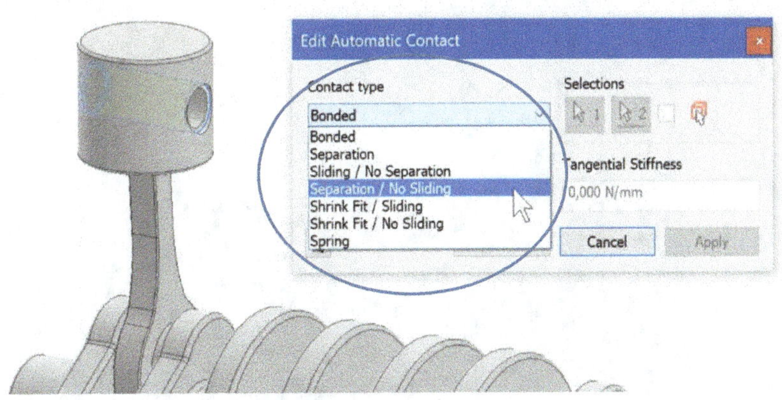

Figura 292: I diversi "Contact Types" che sono disponibili per la selezione

"Automatic contacts" ha il tipo "Bonded" selezionato di default, che corrisponde ad uno stato di connessione fissa o bonded. Nel nostro caso, lasciamo tutti i "Contact Types" impostati su "Bonded" per eseguire un calcolo semplificato sul nostro modello già semplificato. Tuttavia, daremo brevemente un'occhiata più da vicino a come selezionare il corretto "Contact Type" in una creazione manuale del contatto. Per fare questo, è importante conoscere i singoli "Contact Types". I più importanti sono "Bonded", "Separation" e "Sliding". Ci sono anche "Shrink Fit" e "Spring" e combinazioni con e senza "Sliding / Separation".

"Bonded", come già detto, dà una connessione fissa, incollata insieme, per così dire. "Separation" permette ai corpi di allontanarsi l'uno dall'altro durante il caricamento. Lo "Sliding" non permette ai componenti di allontanarsi l'uno dall'altro, ma le superfici possono muoversi tangenzialmente l'una verso o dall'altra, cioè scorrere l'una sull'altra. Nel nostro modello, tuttavia, usiamo solo "Automatic Contacts" in questo corso per principianti.

Cosa ci manca ancora per un calcolo? Esattamente! "Constraints", cioè la fissazione nello spazio, così come un carico che viene applicato. Come "Constraints" selezioniamo tutte le superfici dell'albero a gomito con cui l'albero a gomito è montato nel carter. Li fissiamo in tutte le direzioni e selezioniamo come "Type": "Fixed", il che significa che in questo caso simuliamo che l'albero motore non si muova, normalmente ruoterebbe. Tuttavia, vogliamo simulare solo un caso statico e non dinamico.

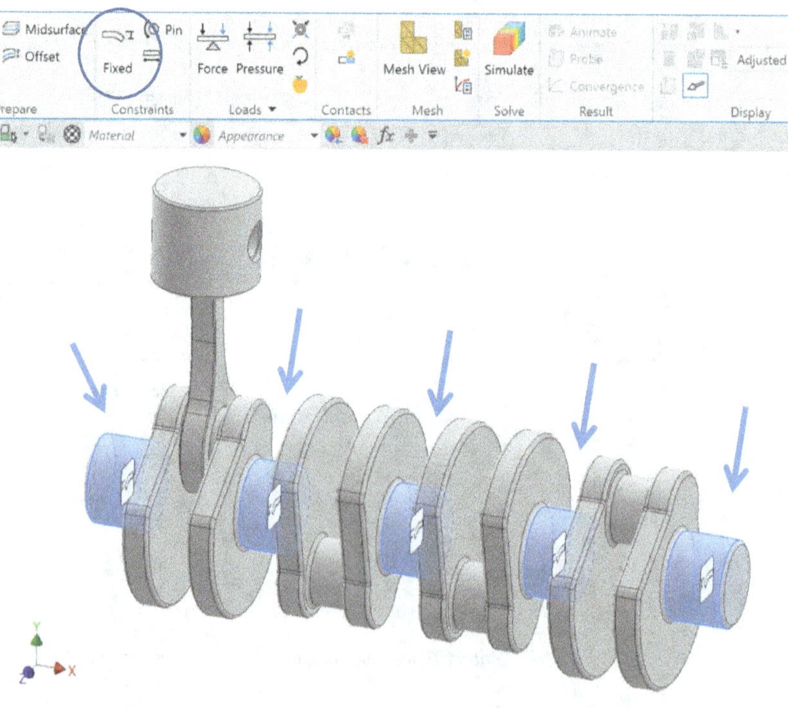

Figura 293: Fissare l'albero motore ai perni dei cuscinetti principali

Infine, definiamo un carico, perpendicolare alla superficie del pistone, ad esempio 1000 N.

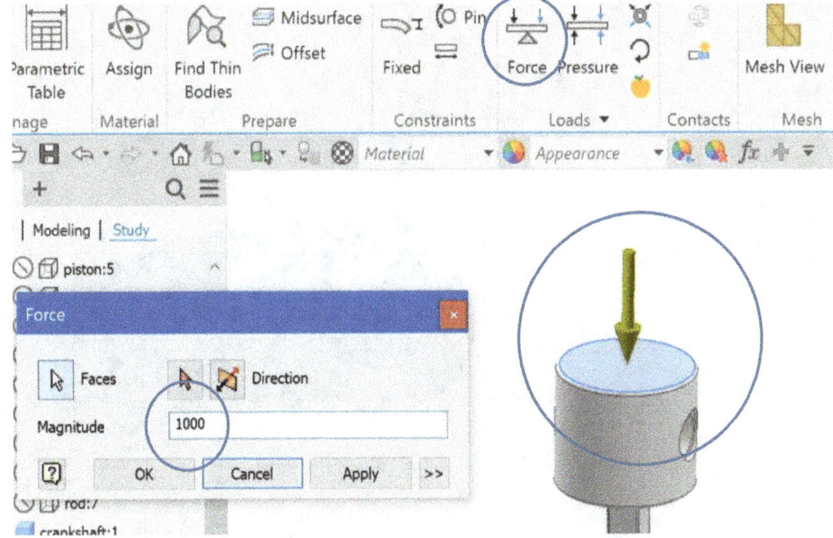

Figura 294: L'ultimo passo è applicare una forza di 1000 N con "Force"

Ora potremmo creare la mesh, ma con un clic su "Simulate" il software lo farà per noi automaticamente. Dopo che il modello è stato calcolato con successo, possiamo di nuovo visualizzare i risultati desiderati come lo stress, la deformazione o il fattore di sicurezza. Nel nostro caso, possiamo vedere come la biella si deformerebbe sotto carico. Naturalmente questo è ancora una volta molto esagerato.

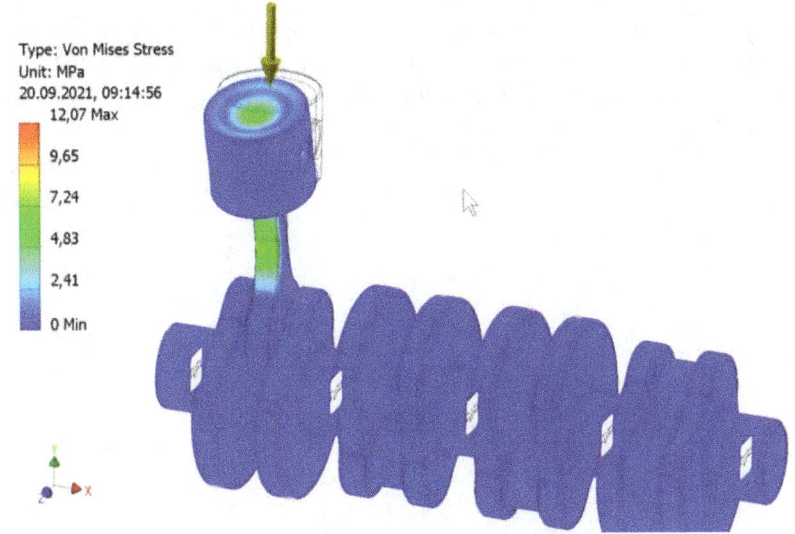

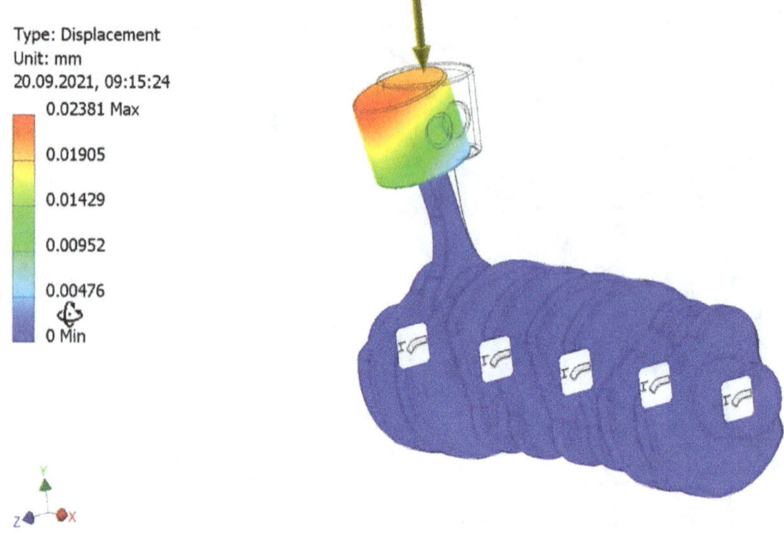

Figura 295: I risultati dello studio delle sollecitazioni;
Le sollecitazioni di von Mises (immagine in alto) e gli spostamenti (immagine in basso).

Molto bene! Questo dovrebbe essere sufficiente come introduzione al mondo della simulazione FEM con "Inventor". Hai imparato come effettuare uno studio di carico su una parte individuale e su un insieme.

Casi di studio più avanzati e altre applicazioni andrebbero oltre lo scopo di questo corso per principianti. Non vedo l'ora di continuare il corso avanzato!

"Inventor", come qualsiasi altro programma CAD professionale, ora ci offre anche la possibilità di creare disegni tecnici che possiamo poi passare ad un'azienda di produzione. Vedremo come funziona nel prossimo e ultimo capitolo. Ci siamo quasi, passiamo all'ultimo capitolo!

8 Disegni tecnici con "Inventor" - Un'introduzione

Bentornati all'ultimo capitolo di questo corso! Come già menzionato nel capitolo precedente, possiamo ovviamente anche utilizzare "Inventor" per creare un disegno tecnico per un'azienda di produzione. Per questo creeremo una singola parte molto semplice che sarà prodotta ad esempio tramite lavorazione CNC. Per favore progetta la parte di esempio molto semplice per conto tuo usando le seguenti dimensioni e come mostrato qui sotto.

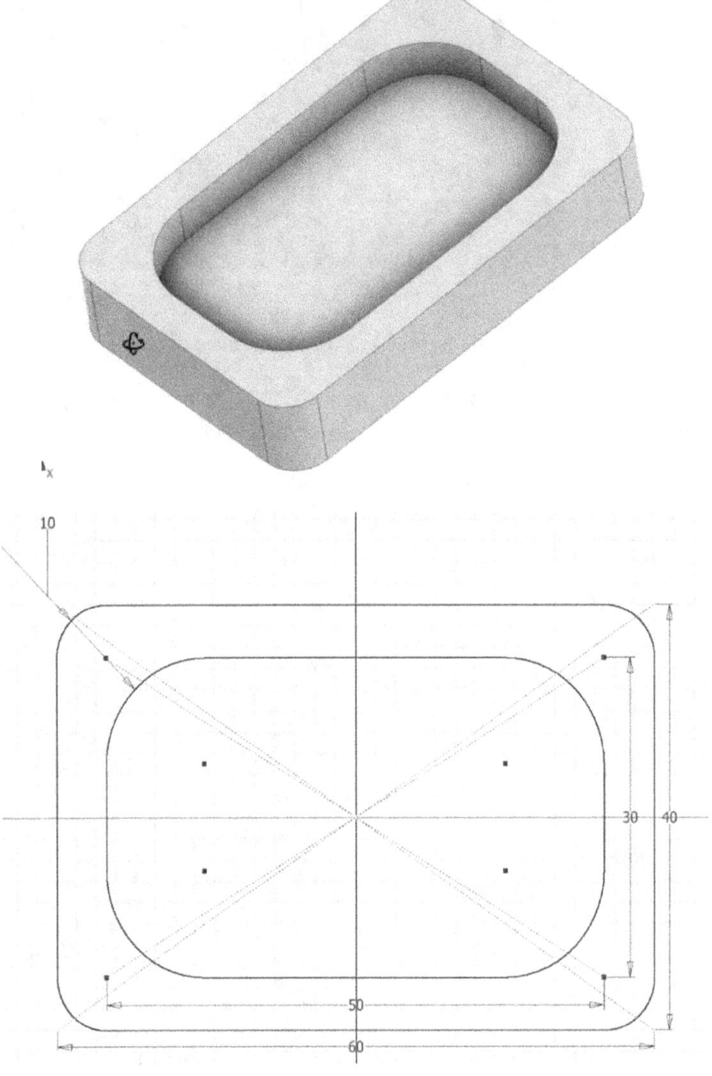

Figura 296: Costruisci questa singola parte; estrusione: 10 mm; profondità del taglio: 5 mm

Poi aggiungiamo quattro fori da 5 mm al nostro modello semplice, che dovrebbero attraversare il componente e avere una distanza di 5 mm dal bordo superiore e inferiore e 15 mm da ciascuno dei bordi laterali.

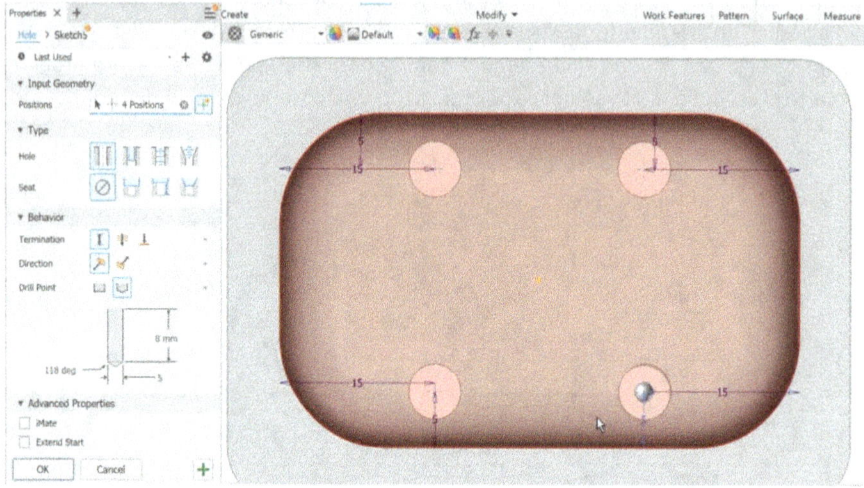

Figura 297: Poi completa la parte con quattro fori

Per creare un disegno tecnico da questo modello CAD, creiamo un disegno con "File" e "New". Per prima cosa decidiamo un formato di carta o un modello.

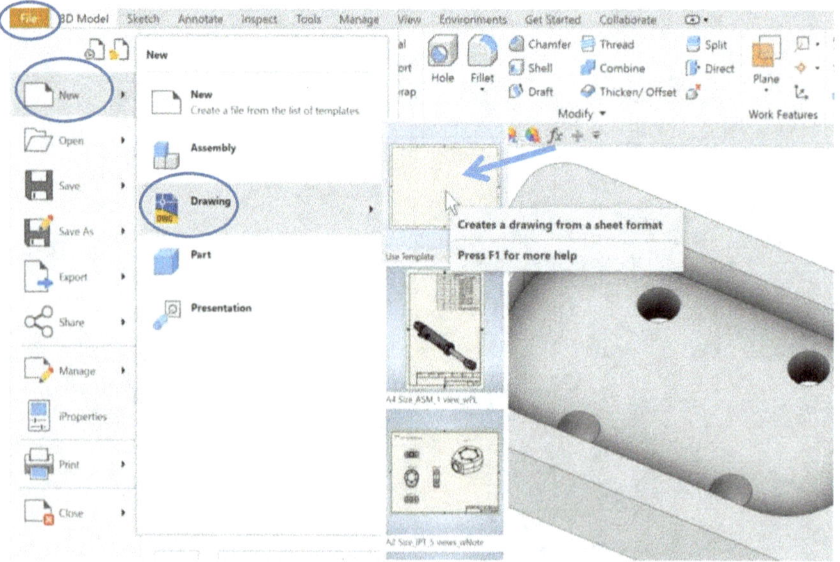

Figura 298: Selezionare un modello per il disegno tecnico

Il programma ci porta poi nell'ambiente per i disegni tecnici. Nel primo passo dobbiamo posizionare la vista di base del componente sul disegno. Per farlo, selezioniamo il comando "Base" e poi il componente o la sua posizione di memorizzazione. Possiamo anche fare molte altre impostazioni qui, ma non ne abbiamo bisogno per il momento - tranne che per la scalatura. Dopo aver scalato la vista del disegno un po' più grande, per esempio, creiamo la prima vista con "Ok".

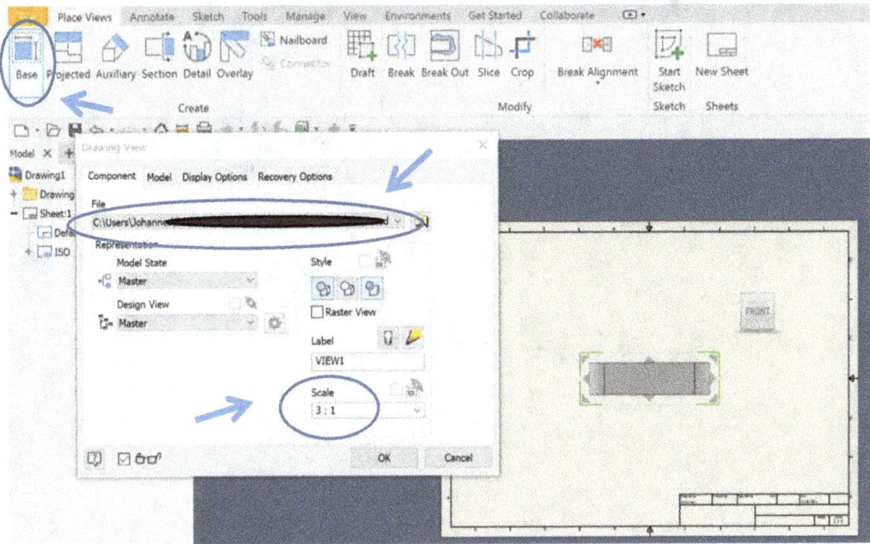

Figura 299: Crea la prima vista del componente con "Base"

A seconda della cosiddetta piegatura, viene creato un disegno tecnico sotto forma di una vista a tre pannelli. In termini semplici, questo significa che il componente viene mostrato dall'alto, dal lato e, se necessario, dal davanti per poter collocare tutte le dimensioni necessarie e altre designazioni. Inoltre, di solito viene aggiunta una vista isometrica per facilitare l'immaginazione spaziale. Per posizionare una nuova vista, in questo caso una vista derivata, sul foglio, usiamo il comando "Projected" e creiamo una seconda vista desiderata cliccando sul componente da cui vogliamo derivare una vista.

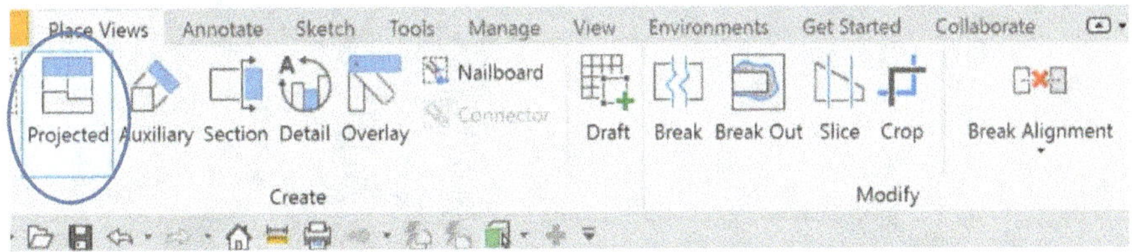

Figura 300: creazione di viste derivate di un componente con "Projected"

A seconda di dove muoviamo il nostro cursore del mouse, viene derivata la vista di riferimento. Se ci muoviamo in alto o in basso, per esempio, viene visualizzata la vista dalla parte anteriore o posteriore del componente, e lo stesso vale per i lati. Se ci muoviamo in diagonale, ci viene mostrata una vista isometrica. Per posizionare una o più viste, clicchiamo sul livello di disegno. Quando abbiamo posizionato tutte le viste desiderate, le creiamo cliccando con il tasto destro e selezionando "Create".

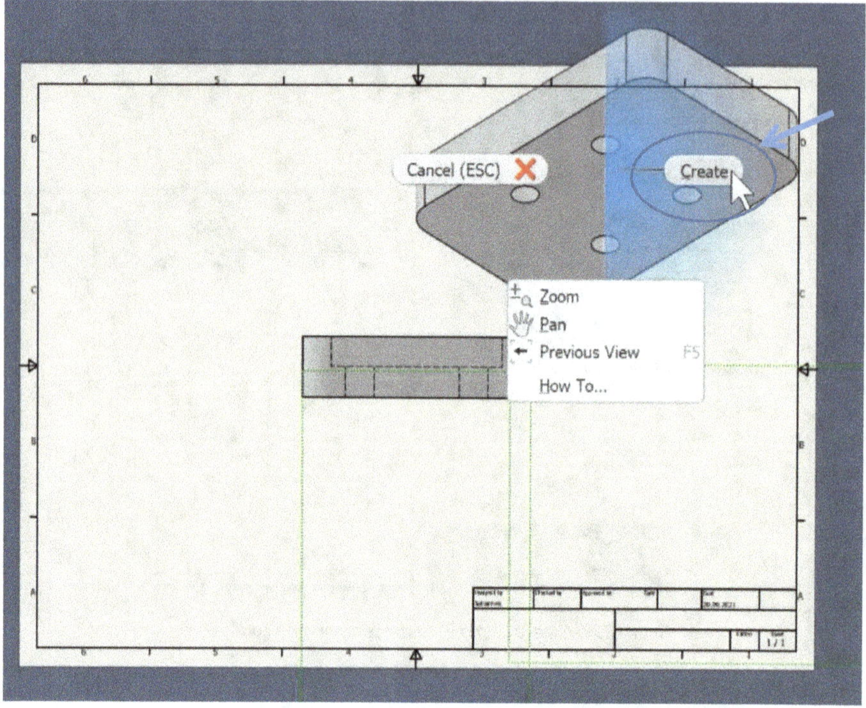

Figura 301: posiziona diverse viste (cornici verdi) e creale con un clic destro e "Create"

La vista isometrica sembra un po' troppo grande, quindi la modifichiamo con un clic destro e "Edit View". Possiamo quindi scegliere una scala diversa, ad esempio 1:1.

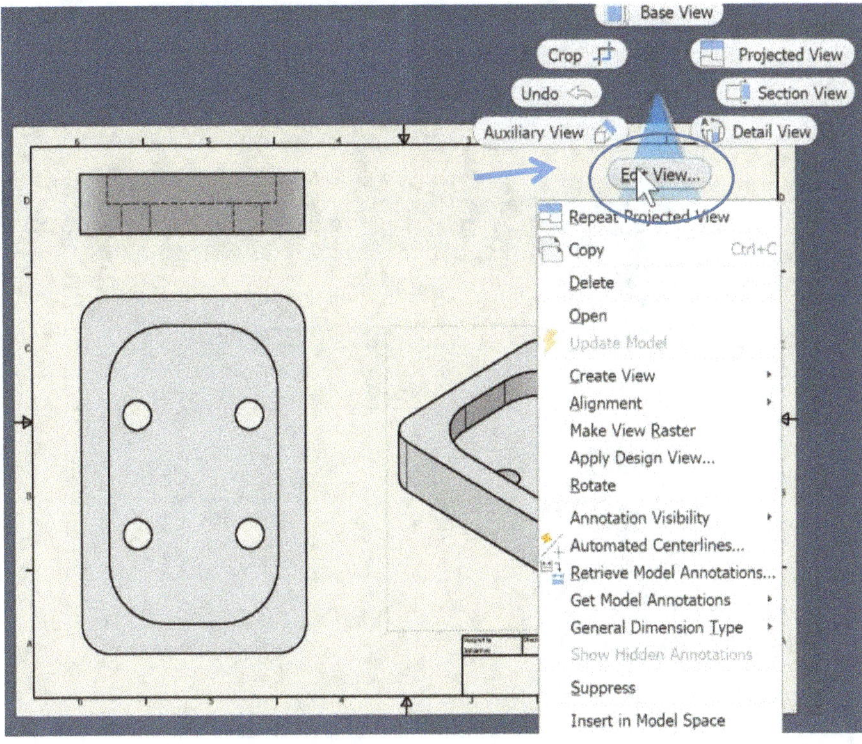

Figura 302: Modifica della vista isometrica o di qualsiasi altra vista con "Edit View" vista

Nel menu in alto a sinistra potremmo anche creare una vista di sezione: "section", una vista di dettaglio: "detail", un'uscita: "break out" e altro.

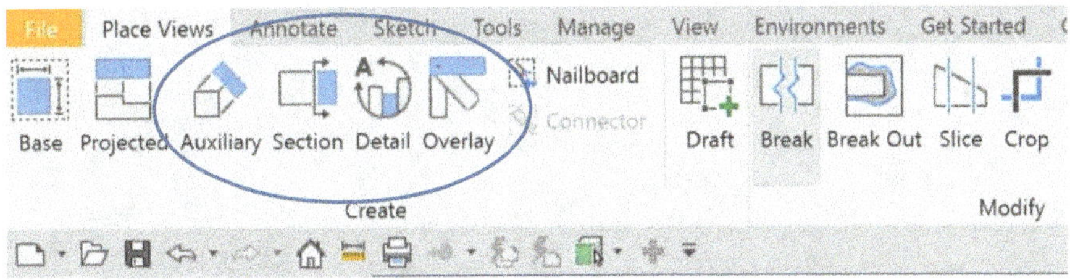

Figura 303: Aggiungere diversi tipi di vista

La funzione principale per le dimensioni e le varie annotazioni sono nella sezione del menu "Annotate".

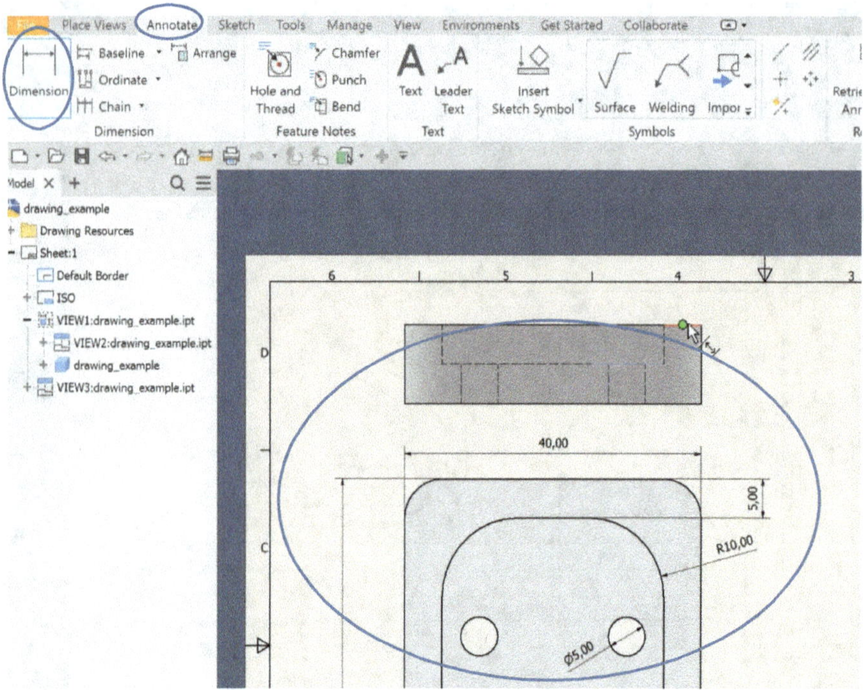

Figura 304: aggiungere le dimensioni per il disegno tecnico con "Dimension"

Con l'aiuto di "Dimension" possiamo creare dimensioni per il nostro componente. Questo è quasi lo stesso che creare uno schizzo 2D, tranne che in questo caso forniamo al nostro componente finito delle dimensioni già definite che servono come informazioni per la produzione. Con gli elementi nell'area "Symbols", possiamo anche disegnare informazioni geometriche come una linea centrale o, in questo caso, linee di simmetria e centri di cerchio.

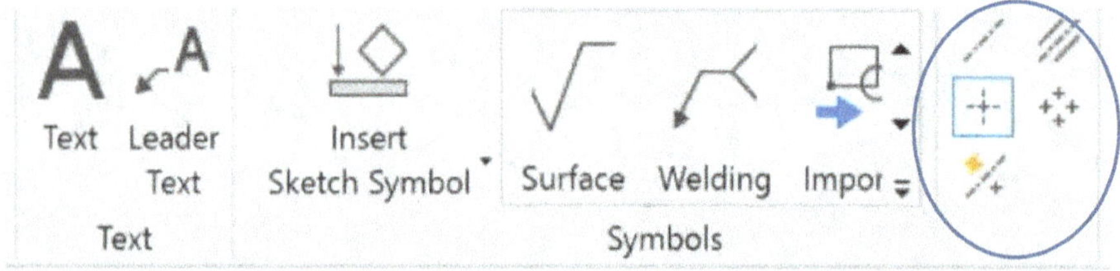

Figura 305: Aggiungi simboli come i centri dei cerchi e le linee di simmetria

Per la linea di simmetria selezioniamo semplicemente due linee parallele del componente e per i centri dei cerchi selezioniamo semplicemente i fori o i cerchi desiderati. A proposito, con un clic sulle designazioni delle dimensioni possiamo anche modificarle o aggiungere ulteriori dati, come un numero. Perfetto, ora tutte le informazioni di cui un'azienda ha bisogno per la produzione sarebbero già sul disegno.

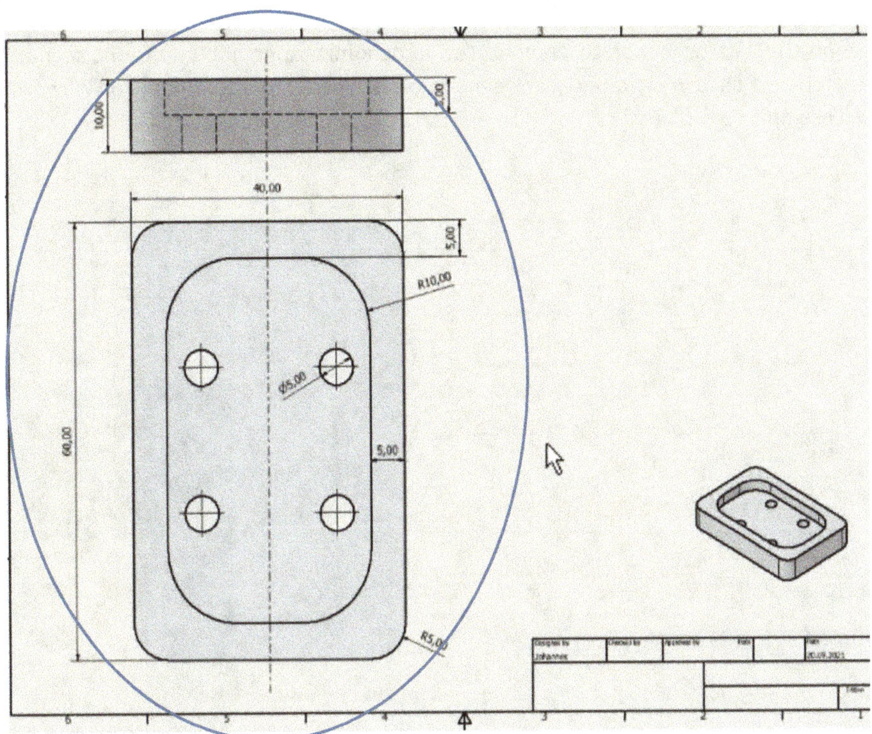

Figura 306: Il disegno tecnico completamente dimensionato

Tutte le lunghezze e le larghezze così come le posizioni dei fori e degli incavi sono dimensionate. Se sono necessari dei caratteri speciali per indicare le tolleranze di forma e posizione, le finiture di superficie o anche altri testi, questi possono essere trovati anche nell'area "Symbols". Il modo più semplice per creare un altro foglio è quello di cliccare con il tasto destro e selezionare "New Sheet" se non abbiamo abbastanza spazio su una pagina.

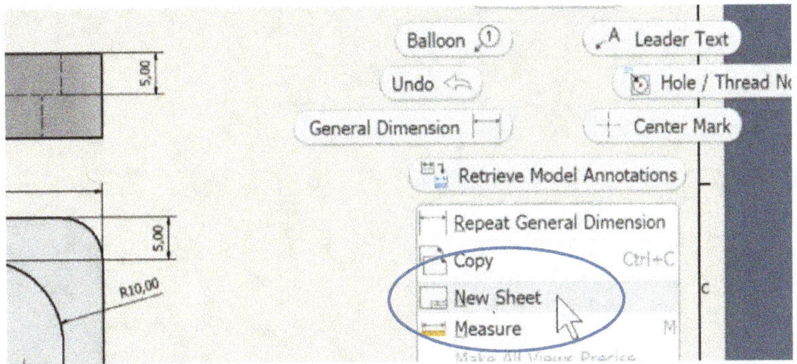

Figura 307: Aggiungere un nuovo foglio con un clic destro e "New Sheet"

Dopo che il cartiglio è stato riempito con la denominazione, il numero di disegno, il materiale e altre informazioni, il disegno può essere salvato e stampato con "Export", ad esempio come ". pdf"!

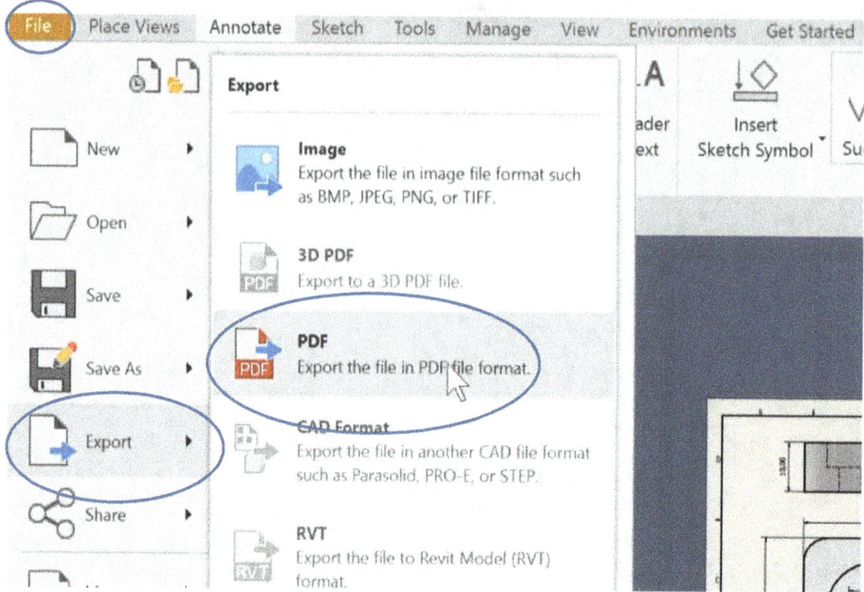

Figura 308: Esportare il disegno tecnico come "PDF"

Parole di chiusura

Molto bene! Ce l'hai fatta, con questo capitolo terminiamo il corso per principianti del programma "Inventor" di Autodesk!

Ora è il tuo turno di approfondire ciò che hai imparato e, soprattutto, di applicarlo. Ora dovresti avere la padronanza delle funzioni più importanti di "Inventor" e puoi affrontare nuovi progetti, disegni CAD, simulazioni e tutto ciò che ne consegue sotto la tua responsabilità! Congratulazioni!

In questo corso hai imparato tutte le operazioni e le caratteristiche rilevanti per i principianti. Questo ti permette di costruire, simulare, renderizzare, animare e produrre i tuoi file CAD in modo facile e veloce. Insieme abbiamo ottenuto molto in questo corso! Sii giustamente orgoglioso di te stesso se sei arrivato a questa lezione!

E come menzionato all'inizio del corso, si dà anche un'occhiata alla stampa 3D. È tremendamente divertente e ha grandi benefici quando puoi materializzare le tue costruzioni.

In questo modo puoi creare parti da zero e avere una soluzione a portata di mano per tutti i tipi di pezzi di ricambio che non sono più disponibili ma che sono urgentemente necessari. Il modo migliore per farlo è utilizzare il mio libro: "Stampa 3D | Passo dopo Passo" e procuratene una copia oggi stesso.

Se ti è piaciuto il corso "Inventor", sarei molto felice se mi lasciassi una valutazione e un breve feedback, oltre a raccomandare il libro! Grazie mille per questo!

Libri che potrebbero piacerti anche

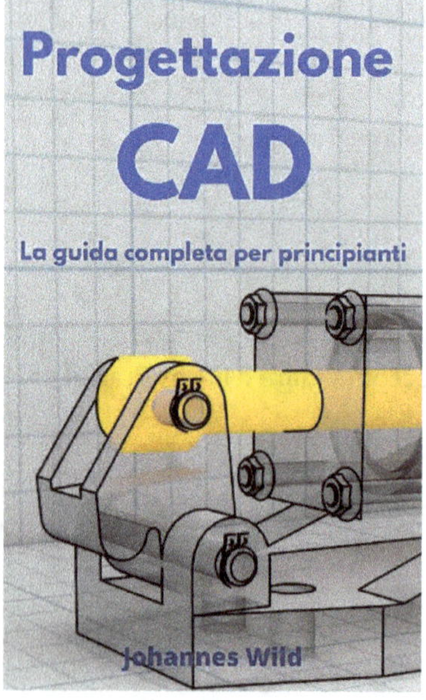